Germanistische
Arbeitshefte 38

Herausgegeben von
Gerd Fritz und Franz Hundsnurscher

Michael Becker-Mrotzek / Rüdiger Vogt

Unterrichtskommunikation

Linguistische Analysemethoden und Forschungsergebnisse

2., bearbeitete und aktualisierte Auflage

Max Niemeyer Verlag
Tübingen 2009

Bibliografische Information der Deutschen Nationalbibliothek

Die Deutsche Nationalbibliothek verzeichnet diese Publikation in der Deutschen Nationalbibliographie; detaillierte bibliographische Daten sind im Internet über *http://dnb.ddb.de* abrufbar.

ISBN 978-3-11-023049-9   ISSN 0344-6697

© Max Niemeyer Verlag, Tübingen 2009
Ein Imprint der Walter de Gruyter GmbH & Co. KG
http://www.niemeyer.de
Das Werk einschließlich aller seiner Teile ist urheberrechtlich geschützt. Jede Verwertung außerhalb der engen Grenzen des Urheberrechtsgesetzes ist ohne Zustimmung des Verlages unzulässig und strafbar. Das gilt insbesondere für Vervielfältigungen, Übersetzungen, Mikroverfilmungen und die Einspeicherung und Verarbeitung in elektronischen Systemen. Printed in Germany.
Gedruckt auf alterungsbeständigem Papier.
Gesamtherstellung: AZ Druck und Datentechnik GmbH, Kempten

Vorwort zur zweiten Auflage

Für die Neuauflage unserer Arbeit „Unterrichtskommunikation" sind im Wesentlichen zwei gleichermaßen erfreuliche Gründe verantwortlich: Zum einen ist die erste Auflage aus dem Jahre 2001 vergriffen und zum anderen gilt es einige neuere Entwicklungen einzuarbeiten. In jüngerer Zeit ist ein verstärktes Interesse an der linguistischen Forschung zur Unterrichtskommunikation zu verzeichnen, das sicherlich auch mit dem gewachsenen Interesse von Nachbardisziplinen wie der Pädagogik oder pädagogischen Psychologie im Kontext der aktuellen Diskussionen über das Bildungssystem zusammenhängt. Denn hier kommt der Kommunikation im Unterricht eine zentrale Bedeutung zu, für die unsere Arbeit ein Referenzwerk in Bezug auf linguistische Ansätze darstellt.

Mindestens ebenso bedeutsam für eine Überarbeitung sind jedoch die neueren Entwicklungen und Arbeiten seit der ersten Auflage. Aus der Linguistik stammen umfangreiche korpusbasierte Studien zum Diskutieren, Moderieren und Präsentieren; darüber hinaus sind einige bedeutsame empirische Arbeiten zur Unterrichtskommunikation aus der Pädagogik zu verzeichnen. Die Ergebnisse dieser Studien möchten wir gerne in unsere Darstellung einarbeiten. Des Weiteren gibt es neue Forschungsergebnisse aus der Gesprächsdidaktik zu vermelden, die im Kontext der aktuellen Entwicklung von Kompetenzmodellen stehen. Hier geht es im Kern um die Frage, wie sprachliche (und andere) Kompetenzen modelliert, gefördert und auch evaluiert bzw. getestet werden können.

Die Überarbeitung ist so konzipiert, dass die Neuerungen im Wesentlichen als Ergänzungen in den bisherigen Text eingearbeitet worden sind, entweder als neue Unterkapitel oder als neue Abschnitte. Dadurch wird es möglich sein, beide Auflagen nebeneinander zu nutzen. Insgesamt haben wir uns bemüht, den Umfang der Arbeit nur moderat auszuweiten.

Köln und Ludwigsburg im April 2009

Inhalt

1. Was ist Unterricht? 1
   1.1. Unterricht als Gegenstand der Wissenschaften am Beispiel des Faches Deutsch ... 3
   1.2. Unterricht als kommunikatives Ereignis 4
   1.3. Unterricht als institutionelles Ereignis 5
   1.4. Unterricht als öffentliches Ereignis 7
   1.5. Unterricht als Lehr-Lern-Prozess 8

2. Linguistische Ansätze zur Analyse von Unterrichtskommunikation 10
   2.1. Von der *Lehrprobe* zur *Transkription*: Die Linguistisierung der
        Unterrichtsforschung 10
   2.2. *Towards an Analysis of Discourse*: Der Beitrag der Diskursanalyse 15
      2.2.1. Grundlagen 15
      2.2.2. Voraussetzungen und Ziele der Unterrichtsanalyse 16
      2.2.3. Das analytische Begriffssystem 16
      2.2.4. Kritik 23
   2.3. *Learning Lessons:* Der Beitrag der ethnomethodologischen Konversations-
        analyse 24
      2.3.1. Grundlagen 24
      2.3.2. Voraussetzungen und Ziele der Unterrichtsanalyse 27
      2.3.3. Ergebnisse 28
      2.3.4. Kritik 31
   2.4. *Muster und Institution:* Der Beitrag der funktionalen Pragmatik 32
      2.4.1. Grundlagen 32
      2.4.2. Voraussetzungen und Ziele der Unterrichtsanalyse 36
      2.4.3. Methoden 38
      2.4.4. Ergebnisse 39
      2.4.5. Kritik 43
   2.5. Weiterentwicklungen der linguistischen Unterrichtsanalyse 44
      2.5.1. Pädagogische Situationen: Allgemeine Didaktik und Gesprächsforschung ... 44
      2.5.2. Vom Umgang mit Zahlen: Im Mathematikunterricht 49
      2.5.3. Sprache und Bewegung: Im Sportunterricht 53
      2.5.4. Verstehensprozesse organisieren: Im Literaturunterricht 54
      2.5.5. Anleitung zu praktischen Tätigkeiten: In der betrieblichen Ausbildung ... 56
      2.5.6. Naturgesetze: Das Gespräch im naturwissenschaftlichen Unterricht ... 58
      2.5.7. Kontroversen führen: Diskutieren und Argumentieren 59
   2.6. Resümee 62

VIII

3. Unterricht als geplantes Instruieren 64

   3.1. Der Lehrervortrag 65
       3.1.1. Linguistik und Didaktik des (Lehrer-)Vortrags 65
       3.1.2. Der „Lehrervortrag mit verteilten Rollen" 66
       3.1.3. Probleme und Widersprüche des Handlungsmusters 72
       3.1.4. „Was will uns der Autor damit sagen?": Das Handlungsmuster im Literaturunterricht 73

   3.2. Das Lehrgespräch: Fragend-entwickelnder Unterricht 77
       3.2.1. Problemlösender Unterricht: Die Position Aeblis 78
       3.2.2. Differenzen zwischen Lehren und Lernen: Die Position Herrlitz' 80
       3.2.3. Unökonomisch und unehrlich: Die Position Janks und Meyers 81
       3.2.4. Zwischenbilanz: Didaktische und linguistische Analysen im Vergleich 83
       3.2.5. Das fragend-entwickelnde Unterrichtsgespräch in funktional-pragmatischer Perspektive 84
       3.2.6. Weitere Beispiele 93
       3.2.7. Resümee 101

   3.3. Das Schülergespräch: Diskussionen im Unterricht 102
       3.3.1. Zur Linguistik und Didaktik der Diskussion 102
       3.3.2. Unterrichtsszenen: Schüler im Gespräch: 106
       3.3.3. Kontroverse Sequenzen in der Schule 113

   3.4. Schüler arbeiten zusammen: Gruppenunterricht 114
       3.4.1. Zur Linguistik und Didaktik des Gruppenunterrichts 114
       3.4.2. Unterrichtsszenen: Schüler arbeiten in Schreibkonferenzen 116
       3.4.3. Verlaufsformen von Gruppenunterricht 129

   3.5. Schüler präsentieren Produkte 130
       3.5.1. Zur Linguistik und Didaktik des Präsentierens 130
       3.5.2. Unterrichtsszenen: Schülerbeiträge im öffentlichen Raum 132
       3.5.3. Prozeduren des Präsentierens 140

   3.6. Inhaltliche Zusammenhänge erschließen: Erklären im Unterricht 141
       3.6.1. Linguistik und Didaktik von Erklärprozessen 141
       3.6.2. Unterrichtsszenen: Phasen des Erklärprozesses 144
       3.6.3. Erklärprozesse organisieren 151

4. Die Organisation von Unterricht 152

   4.1. Die Struktur von Unterricht 152

   4.2. Die Eröffnungs- und Abschlussphase 156
       4.2.1. „Der Bär auf dem Försterball": Rahmende Phasen 156
       4.2.2. Die Eröffnungsphase: Eröffnungen und Thematisierungen 161
       4.2.3. Die Abschlussphase 164
       4.2.4. Unterbrechungen 165

   4.3. Die Verlaufsformen des Unterrichts bearbeiten: Phasierungen 167

| | 4.3.1. Phasenabgrenzungen .... 167 |
| | 4.3.2. Phasierungen und Phasenschließungen .... 169 |

4.4. Thematische Ordnungen im Unterricht: Strukturierungen 172
     4.4.1. „Der Bär auf dem Försterball: Die thematische Ordnung 172
     4.4.2. Formen und Funktionen von Strukturierungen 175

4.5. Kommunikative Ordnungen: Variationen der *turn*-Organisation 179
     4.5.1. Die lehrerzentrierte kommunikative Ordnung 180
     4.5.2. Die schülerzentrierte kommunikative Ordnung 184
     4.5.3. Die verfahrensgeregelte kommunikative Ordnung 187
     4.5.4. Zusammenfassung 190

4.6. Die Aufrechterhaltung der kommunikativen Ordnung: Disziplinierungen 191
     4.6.1. Die Disziplinierung: Ein sprachliches Handlungsmuster 191
     4.6.2. Formen der Disziplinierung 193
     4.6.3. Zusammenfassung 198

4.7. Die Organisation von Unterricht: Lehreräußerungen im Überblick 198

5. Didaktische Konsequenzen 200

5.1. Wissen und Kompetenzen entwickeln 200

5.2. Didaktische Maximen 202

Hinweise zu den Transkripten 206

Literatur 207

1. Was ist Unterricht?

Die Schule, wie wir sie kennen, ist historisch eine relativ junge Errungenschaft. In ihrer heutigen Selbstverständlichkeit erscheint sie vielen als eine beinahe naturwüchsige gesellschaftliche Einrichtung. Bereits ein kurzer Blick in die deutsche Geschichte zeigt jedoch, dass die Vorläufer der heutigen Schule erst zu Beginn des 19. Jahrhunderts entstanden sind und seitdem erhebliche Veränderungen erfahren haben. Im Mittelalter und teilweise bis hinein in das 18. Jahrhundert war schulische Bildung ein Privileg des Adels und des Klerus', mithin einer sehr kleinen gesellschaftlichen Minderheit. Ihr Nachwuchs wurde in den sog. *Lateinschulen* unterrichtet, aus denen dann später u.a. die heutigen *Gymnasien* hervorgehen sollten. Die breite Masse lebte jedoch in Abhängigkeit der jeweiligen Feudalherren, ohne schulische Bildung und ohne Schriftkenntnisse.

Gegen Ende des Mittelalters gewannen das Handwerk und der Handel an Bedeutung und verdrängten zunehmend die auf Agrarwirtschaft begründeten Feudalstrukturen. Durch neue Formen der bürgerlich-industriellen Produktion erhielt die Bildung einen neuen Stellenwert. Zahlreiche Tätigkeiten erforderten Kenntnisse in Lesen, Schreiben und Rechnen. So entstanden in den Städten bereits ab dem 15./16. Jh. die sog. *Schreibschulen*, die neben Kindern insbesondere Erwachsene gegen Bezahlung unterrichteten. Schriftkundige wie Drucker und Stadtschreiber lehrten in ihren Wohnungen Lesen und Schreiben. Daneben gründeten zahlreiche Städte eigene *Elementarschulen* mit ähnlichen Inhalten. Aus ihnen sollten später die *Volksschulen* hervorgehen.

Im Unterschied zu unserem heutigen Schulsystem gab es zu dieser Zeit aber weder eine Schulpflicht noch eine speziell ausgebildete Lehrerschaft. An den Lateinschulen, die in Trägerschaft der Kirchen waren, unterrichteten Geistliche die Schüler in Latein, Griechisch und Philosophie. Sie waren für den männlichen adeligen Nachwuchs bestimmt; später nahmen die Bürgersöhne an den unteren Klassen teil, um Lesen und Schreiben zu lernen. Die Schreib- bzw. Elementarschulen beruhten auf freiwilliger Teilnahme, standen jedoch auch Mädchen und Frauen offen. Sie wurden von Schriftkundigen betrieben, die ebenfalls keine spezifische didaktische Ausbildung hatten; später kamen in den Elementarschulen ausgediente Soldaten dazu.

Ab dem 18. Jh. differenzierte sich das Schulsystems weiter aus. Mit dem Ende des Feudalismus hatten die Lateinschulen endgültig ihren gesellschaftlichen Zweck verloren; aus ihnen ging – soweit sie nicht geschlossen wurden – ein Teil der Gymnasien hervor. Daneben entstanden die *Realschulen*, die ihren Namen dem naturwissenschaftlich-ökonomischen Fächerkanon verdanken. Diese neu entstandenen Schulformen benötigten wegen ihrer gestiegenen gesellschaftlichen Bedeutung und zur Wahrung ihrer Unabhängigkeit von der Kirche eine anders ausgebildete Lehrerschaft. So wurde zu Beginn des 19. Jh. das sog. *Staatsexamen* eingeführt, ein von der Kirche unabhängiges Examen. Es schloss ein fachwissenschaftliches Studium ab, das künftig als Eingangsvoraussetzung für Gymnasiallehrer diente. Etwa zur gleichen Zeit wurden die *Lehrerbildungsanstalten* gegründet, die der Ausbildung der Volksschullehrer dienten. Aus ihnen sollten im 20. Jahrhundert die pädagogischen Hochschulen hervorgehen, die dann wiederum später in einigen Bundesländern als eigenständige Institute für die Didaktik eines Faches in die Universitäten eingegliedert wurden. Hier liegen die historischen Wurzeln für die unterschiedliche Zuständigkeit der Lehrerausbildung: die Universitäten für die Gymnasial- bzw. Sekundarstufen-II-Lehrer mit einem achtsemestrigen Studium und die Pädagogischen Hochschulen bzw. die entsprechenden Institute und Seminare für die Grund- und Hauptschullehrer mit einer sechssemestrigen Ausbildung.

Mit der Einführung der allgemeinen Schulpflicht (in Preußen z.B. 1717), dem Verbot der Kinderarbeit (in Preußen 1839) und der Einführung der einheitlichen Grundschule für alle (im Deutschen Reich 1919) manifestierte sich das gesellschaftliche Interesse an einer breiten Bildung. Damit hatte sich zu Beginn des 20. Jahrhunderts endgültig ein – im soziologischen Sinn – modernes Schulsystem entwickelt, das neue Organisations- und Kommunikationsformen benötigte. Der Schule waren auf diese Weise zwei zentrale gesellschaftliche Funktionen bzw. Zwecke zugewachsen, die bislang von anderen Institutionen (Familie, Handwerk) wahrgenommen wurden: Zum einen hatte sie sich – aus Sicht des Individuums – zum Träger bürgerlicher Bildung entwickelt; die Schule vermittelt dem Einzelnen wesentliche Teile seines Wissens. Auf der anderen Seite hatte die Schule nun aber auch die Aufgabe übernommen, das wachsende gesellschaftliche Wissen an die jeweils nachfolgende Generation weiterzugeben. Die Leistungsfähigkeit einer Gesellschaft insgesamt ist damit abhängig geworden von den Qualifizierungsmöglichkeiten des Schulsystems. Das ist der Hintergrund für die seit den 90er Jahren durchgeführten internationalen Vergleichsstudien zur Leistungsfähigkeit der Schüler. Die Heftigkeit, mit der der Qualifizierungsgrad der Schüler als ökonomischer Faktor des Wirtschaftsstandortes diskutiert wird, belegt eindrucksvoll die herausragende gesellschaftliche Bedeutung der Schule – auch wenn mit der Überbetonung ökonomischer Aspekte die Bedeutung sozialer und kultureller Faktoren für das Wohlergehen einer Gesellschaft weitgehend ausgeblendet werden. Damit ist zugleich auch ein zentrales Spannungsfeld von individuellen und gesellschaftlichen Ansprüchen aufgezeigt, in dem Schule seitdem steht.

Die Etablierung eines modernen Schulsystems, das alle Kinder umfassend unterrichten soll, brachte neue organisatorische, didaktische und methodische Aufgaben – und vor allem Probleme – mit sich. Mit der Massenhaftigkeit erhalten Schule und Unterricht eine neue Qualität; das Verhältnis von Lehrer und Schüler verändert sich und die Frage der Verantwortung für bzw. der Aufsicht über das Schulwesen stellt sich neu. Die Ausweitung ihrer gesellschaftlichen Zwecke sowie ihrer Klientel führt notwendigerweise zu einer Veränderung ihrer inneren Struktur und Funktionsweise. Insgesamt kommt es also zu massiven Veränderungen der Institution Schule. Mit der steigenden Bedeutung wurde Schule zugleich zum Gegenstand öffentlicher Diskussionen und wissenschaftlicher Disziplinen.

1.1. Unterricht als Gegenstand der Wissenschaften am Beispiel des Faches Deutsch

Eine wesentliche Folge der Veränderungen war, dass es an geeigneten Unterrichtsverfahren für die neuen Bedingungen mangelte. Zum einen fehlte es an Überlegungen für neu hinzutretende Bereiche gänzlich; zum anderen erwiesen sich die traditionellen Unterrichtspraktiken als unzureichend, das didaktische Brauchtum (Ivo, 1977) war obsolet geworden. Denn bis zu diesem Zeitpunkt gab es nur für vereinzelte Bereiche methodisch-didaktische Überlegungen; hierzu zählen etwa das Lehrgebäude der klassischen Rhetorik, die sie im 19. Jh. weitgehend ersetzende Aufsatzdidaktik oder die Methodiken zum Schrifterwerb. Ein Grund für ihr Scheitern liegt in der neuen Klientel und den veränderten Zielen.

So trägt die Lesefibel von Valentin Ickelsamer aus dem Jahre 1527 den programmatischen Titel „Die rechte weis aufs kürzist lesen zu lernen", was angesichts der Klientel von Schreibschulen nicht überrascht; denn wer seinen Unterricht selber bezahlt, will schließlich schnell zum Ziel kommen. Eine solche Methode musste ihr Ziel von da an verfehlen, als an die Stelle der erwachsenen Lerner große Schulklassen mit sechsjährigen Schülern traten. Für die Aufsatzdidaktik hat Otto Ludwig (1988) beschrieben, dass hier die Reformbemühungen ganz zentral von den Volksschullehrern getragen wurden, etwa von Adolf Jensen und Wilhelm Lamszus (1910), weil der gebundene Aufsatzunterricht des Gymnasiums für ihre Klientel ungeeignet war. Und dass die klassische Rhetorik nicht als Modell für die mündliche Kommunikation im Unterricht geeignet ist, liegt auf der Hand.[1] So entstehen für das Fach Deutsch ab den 20er Jahren des 20. Jh. die sog. Unterrichtsmethodiken, beispielsweise von Susanne Engelmann (1925), Erika Essen (1955) oder Robert Ulshöfer (1963). Sie fassen die Erfahrungen von Praktikern zusammen und überliefern damit ein praktisches Wissen an nachfolgende Lehrergenerationen.

Ab den 60er Jahren gelingt es dann, die Fachdidaktik als wissenschaftliche Disziplinen an den Hochschulen zu etablieren. Mit der Erweiterung der Perspektiven auf ihren Gegenstand Ende der 60er Jahre hat auch die Sprachwissenschaft dazu beigetragen, das kommunikative Geschehen und das sprachliche Lernen im Unterricht anders zu betrachten. Es ist hier nicht der Platz, die Entwicklung der Disziplinen im Detail nachzuzeichnen; es lässt sich jedoch aus der Rückschau erkennen, dass etwa neue Grammatiktheorien, die Soziolinguistik oder die linguistische Pragmatik je spezifische Aspekte von Sprache und Kommunikation ausgeleuchtet und damit neue Gesichtspunkte auch in die fachdidaktische Forschung und Unterrichtspraxis eingebracht haben.[2] Eine ähnliche Entwicklung ist auch in der allgemeinen Didaktik zu beobachten. Ausgehend von den geisteswissenschaftlichen Ursprüngen entstanden im Laufe des 20. Jh. – z.T. unter Rückgriff auf andere Disziplinen – unterschiedliche didaktische Modelle, so etwa das bildungstheoretische (Klafki 1963), das

---

[1] Um ein mögliches Missverständnis zu vermeiden: Damit soll nicht das Verdienst der angesprochenen Konzepte in Abrede gestellt werden; es geht hier nur darum zu illustrieren, dass sie unter veränderten Rahmenbedingungen nicht mehr funktionierten.

[2] Für eine kritische Darstellung dieser Entwicklung vgl. Becker-Mrotzek (1997).

informationstheoretische (v. Cube 1968), das lerntheoretische (Heimann/Otto/Schulz 1965) oder das kritisch-kommunikative (Winkel 1986).

1.2. Unterricht als kommunikatives Ereignis

Die Geschichte der Disziplin verweist damit auf einen zentralen Aspekt von Unterricht: seine Komplexität. Das Unterrichtsgeschehen ist ein vielschichtiges Zusammenspiel von kommunikativen, sozialen, emotional-affektiven und kognitiven Prozessen. Insbesondere die kritisch-kommunikative Didaktik lässt erkennen, dass dem kommunikativen Geschehen eine Schlüsselrolle zukommt:

- Die soziale Wirklichkeit des Unterrichtsgeschehens wird ganz wesentlich mittels Kommunikation hergestellt; so macht der Lehrer in seiner Redeweise den Schülern beispielsweise nicht nur deutlich, dass der Unterricht begonnen hat, sondern legt auch seine Beziehungsdefinition offen. Eine wichtige Rolle für die Kommunikation im Klassenzimmer spielt auch die non-verbale Kommunikation, ausgedrückt durch Mimik, Gestik und/oder Körperhaltung.
- Es sind vor allem sprachliche Äußerungen – von Lehrern und Schülern – die Lernprozesse auslösen und sichtbar machen. Das bedeutet, der Wissenserwerb – oder mit anderen Worten, der kognitive Prozess – ist eng verbunden mit der Kommunikation im Unterricht. Es sind beispielsweise die Aufgabenstellungen des Lehrers, die Schüler zum Nachdenken anregen sollen; und es sind die mündlichen und schriftlichen Antworten der Schüler und Schülerinnen, die dem Lehrer Auskunft über ihr Wissen geben.
- Aber auch die emotionalen Aspekte sind aufs Engste mit dem kommunikativen Geschehen verknüpft. Lobende, kritische oder mahnende Äußerungen von Lehrern und Schülern können bestimmte Gefühle auslösen.

Damit ist nun der Gegenstand dieses Buches umrissen: Es geht um die vielfältigen kommunikativen Aspekte des Unterrichtsgeschehens. Diese sollen aus unterschiedlichen Perspektiven ausgeleuchtet werden. So soll gefragt werden:

- wie Schüler und Lehrer gemeinsam Unterricht veranstalten,
- welcher sprachlichen und nicht-sprachlichen Mittel sie sich dabei bedienen,
- welche Handlungsmöglichkeiten für sie bestehen,
- welche Missverständnisse und Störungen auftreten,
- welche Regelmäßigkeiten sich erkennen lassen.

Für die Beantwortung dieser Fragen bedienen wir uns der Methoden der linguistischen Pragmatik. Damit ist eine linguistische Teildisziplin angesprochen, die es sich in den letzten 30 Jahren zur Aufgabe gemacht hat, das sprachliche Handeln in seinen Strukturen und Funktionsweisen zu untersuchen. Es geht um die Frage, wie wir mittels Sprache handeln:

- Wie geben wir ein Versprechen?
- Wie erzählen wir Geschichten?
- Wie führen wir Verhandlungen?
- Oder eben auch: Wie vermitteln wir Wissen?

Das Spezifische der linguistischen Pragmatik liegt darin, möglichst auf authentische Kommunikationsereignisse zurückzugreifen. Untersucht werden also echte Gespräche, die mittels Ton- oder Videoband aufgezeichnet und anschließend transkribiert (verschriftet) werden. Auf diese Weise können die zahlreichen Aktivitäten, die während des Kommunizierens gleichzeitig ablaufen, wie mit der Zeitlupe nacheinander betrachtet werden. Zugleich können so auch verschiedene Gespräche gut miteinander verglichen werden.

Auf diese Weise wird zugleich deutlich, was nicht geleistet wird: Es geht nicht um eine allgemeine Didaktik oder Methodenlehre. Im Mittelpunkt steht das Bemühen, Methoden und Ergebnisse der Unterrichtsanalyse vorzustellen. Dazu gehört zunächst einmal das Bereitstellen einer Begrifflichkeit, denn unsere Alltagssprache enthält nur sehr vage und unzulängliche Ausdrücke für die Beschreibung mündlicher Kommunikation. Das hängt zum einen mit der Selbstverständlichkeit und weitgehenden Problemlosigkeit zusammen, mit der wir uns im Alltag verständigen; zum anderen liegt es daran, dass uns Sprache, wenn wir sie zum Gegenstand des Nachdenkens machen, als geschriebene Sprache gegenübertritt. Des Weiteren werden verschiedene Konzepte für die Unterrichtsanalyse vorgestellt, bevor typische Unterrichtsformen wie der Lehrervortrag oder die Unterrichtsdiskussion behandelt werden. In einem weiteren Schritt wird der Versuch unternommen, eine Unterrichtsstunde in ihrer Gesamtheit als kommunikativen Prozess zu beschreiben. Den Abschluss bilden linguistisch begründete Handlungsempfehlungen für den Unterricht.

1.3. Unterricht als institutionelles Ereignis

Wenn soeben der Unterricht in seinen kommunikativen Aspekten im Fokus stand, so darf dabei nicht übersehen werden, dass es weitere wichtige Aspekte zu berücksichtigen gilt. Unterricht ist heute – und das hat der kurze Blick in die Geschichte deutlich gemacht – ein institutionelles Geschehen. „Das gesamte Schulwesen steht unter staatlicher Aufsicht", so heißt es unmissverständlich in § 7 des Grundgesetzes. Das Schulwesen gehört damit zu den zentralen Institutionen unserer Gesellschaft. Dabei verstehen wir unter Institutionen verfestigte gesellschaftliche Einrichtungen, die mit speziell ausgebildetem Personal wiederkehrende Aufgaben nach festgelegten Regeln erledigen. Neben der Schule gehören etwa die Justiz oder die Verwaltung zu den staatlichen Institutionen, die industrielle Produktion oder der Handel zu den privaten. Es leuchtet unmittelbar ein, dass die Institution Schule Einfluss nimmt auf den Unterricht, der hier stattfindet. Oder anders ausgedrückt: Lehrer und Schüler sind nicht frei, in dem was sie tun oder lassen. Dadurch unterscheidet sich Unterricht auch mehr oder weniger klar von anderen Lehr-Lern-Situationen, wie sie etwa in der Eltern-Kind-Interaktion oder in Peer-Groups zu finden sind.

Schüler sind aufgrund der Schulpflicht zum Schulbesuch verpflichtet; die Lehrer arbeiten hier als abhängig Beschäftigte. Aber auch die Unterrichtsinhalte und die Methoden sind in weiten Teilen durch die Institution vorgegeben. In den Richtlinien ist für die einzelnen Fächer detailliert aufgelistet, welche Inhalte zu vermitteln und z.T. auch welche Methoden dabei anzuwenden sind. Es ist festgelegt, was die Schüler wissen müssen und wie dies überprüft wird. All dies ist geregelt in umfangreichen Gesetzen, Rechtsverordnungen und Erlassen; so hat die *Bereinigte Amtliche Sammlung der Schulvorschriften* (BASS, 1996) des Landes Nordrhein-Westfalens einen Umfang von eng beschriebenen 1.183 Seiten. Geregelt sind des Weiteren die Stundentafel, die Ferienzeiten oder die Klassengröße.

Ein weiterer zentraler Aspekt der Institution Schule ist ihre Selektionsfunktion. Mittels Benotung der Schülerleistungen entscheidet die Schule über Versetzung und Nichtversetzung und damit auch über Schulabschlüsse, an die unmittelbar Ausbildungsmöglichkeiten und Berufswahl geknüpft sind. Die Benotung ist dabei nicht auf bestimmte Situationen, etwa Prüfungen oder Klausuren beschränkt, sondern prägt den gesamten Unterricht, weil auch die Beteiligung am Unterrichtsgeschehen unter dem Stichwort *sonstige Mitarbeit* in die Gesamtnote einfließt. Die Schüler sehen sich damit einer dauernden Beobachtung und Beurteilung ausgesetzt, die nicht ohne Auswirkungen auf ihr kommunikatives Verhalten bleibt.

Die Schule nimmt aber nicht nur massiv Einfluss auf das Lernverhalten der Schüler, sondern auch auf ihr sonstiges Handeln. In der Schulordnung ist detailliert festgelegt, wo sich die Schüler wann aufhalten dürfen, was sie zu tun bzw. zu unterlassen haben. Der Schulalltag ist auf diese Weise klar geregelt, die Schüler in ihrem Handeln in weiten Bereichen festgelegt. Neben der Vermittlung von Wissen kommt Schule damit auch die Aufgabe zu, kulturelle und soziale Handlungsweisen einzuüben[3].

Schulunterricht lässt sich so als ein Handlungsraum charakterisieren, der alle Kennzeichen einer Disziplinaranlage i.S. Foucaults (1977, 173ff.) als eines leistungsfähigen Apparats zur Herstellung von Normalität aufweist: Die Subjekte finden ihren festen Platz in einem Tableau, ihre Tätigkeiten unterliegen einer permanenten Kontrolle durch den Institutionsagenten, der darüber hinaus mit einer gezielten Stoffaufbereitung ihre kognitive Entwicklung organisiert. Die Techniken der „guten Abrichtung", nämlich der hierarchischen Überwachung und der normierenden Sanktion, sichern diese Ordnung gegen Störungen und dienen so dem Herstellen von Normalität. Zwischen beiden konstituiert sich also ein Machtverhältnis. In dieser Sichtweise erscheinen Schüler als strukturell in ihren Handlungsmöglichkeiten eingeschränkte Subjekte, während Lehrer die Disziplinaranlage repräsentieren. Im Unterschied zu vergleichbaren Einrichtungen wie etwa dem Militär können sich über diese Strukturen ausgeprägte soziale Beziehungen entwickeln: aus anderen Zusammenhängen bekannte Verhältnisse wie etwa das einer auf dem Alterunterschied aufbauender Autorität oder das des Expertentums, so dass die strukturellen Bedingungen für die Beteiligten nicht immer deutlich erfahrbar sind.

---

[3] Zur Vermeidung von Missverständnissen sei darauf hingewiesen, dass es sich hierbei zunächst einmal um die Beschreibung von Rahmenbedingungen handelt, und keinesfalls um eine Bewertung ihrer Legitimität oder Zweckmäßigkeit.

1.4. Unterricht als öffentliches Ereignis

Der Ausdruck *Klassenzimmer* bezeichnet einen Raum im Schulgebäude, der das Unterrichten einer Lerngruppe ermöglicht. Größe und Form bestimmt sich durch architektonische Vorgaben, während die technische Ausstattung (Wandtafel, Overheadprojektor und magnetische Schiebewandtafel etc.) und Mobiliaranordnung von den didaktischen Anforderungen einerseits und den finanziellen Möglichkeiten einer Schule andererseits bestimmt sind. Die Präsenz einer Lerngruppe in einem Klassenzimmer konstituiert einen zwangsweise hergestellten öffentlichen Raum (vgl. Weingarten/Pansegrau 1993). Die Qualifizierung *zwanghaft* verweist auf die allgemeine Schulpflicht, die die Heranwachsenden zur Teilnahme am Unterricht verpflichtet, während der Ausdruck *öffentlich* nicht auf die Bedeutungskomponente ‚allgemein zugänglich' abhebt, sondern auf die jederzeit mögliche Überprüfung des Unterrichtsgeschehens zielt, i.S. einer potentiell herstellbaren Publizität. Darüber hinaus geht in diese Bestimmung ein, dass die Tätigkeiten aller im Klassenzimmer präsenten Personen potentiell für alle wahrnehmbar sind und insofern kontrolliert werden. Wenn beispielsweise ein Lehrer einen Schüler im Verlauf eines Streits ohrfeigt, ihn also körperlich züchtigt, sind alle anderen Schüler Zeugen dieses Geschehens. Der betroffene Schüler – oder dessen Eltern – können sich über die nicht angemessene Verhaltensweise des Lehrers beschweren und so die Geschehnisse publik machen.

Auch den Handlungsmöglichkeiten von Schülern und Lehrer sind durch den öffentlichen Charakter des Unterrichts Grenzen gesetzt. Den Beteiligten wird die Ausrichtung der Aufmerksamkeit auf einen einheitlichen kognitiven und sozialen Prozess abverlangt. Dem Lehrer obliegt es, für eine möglichst erfolgreiche, die Aufmerksamkeit aller Schüler einbindende Gestaltung des Unterrichts zu sorgen, während die Schüler alle Möglichkeiten nutzen können, die ein solch öffentlicher Rahmen bietet: Sie richten in der Regel ihre Aufmerksamkeit auf den Unterricht selbst, aktiv mitgestaltend, in Zwischenrufen ernst oder ironisch kommentierend, in Partnergesprächen begleitend. Darüber hinaus bleiben ihnen die bekannten Möglichkeiten, andere Aktivitäten zu entfalten, sog. Nebenkommunikationen (vgl. Rehbock 1981) bzw. Nebendiskurse (vgl. Redder 1984) zu betreiben, oder aber, angesichts der Massenhaftigkeit, einfach ‚abzuschalten'. Die kommunikativen Verhältnisse des Klassenzimmers sind besondere, vergleichbar etwa mit denen in einem „Vereinslokal" (Mitgliederversammlung), Konferenzraum für eine Mitarbeiterbesprechung oder einem Universitätsseminar.

Die Konzeptualisierung des Unterrichts als öffentlicher Situation hat Auswirkungen auf die Modellierung der kommunikativen Verhältnisse: Wir unterscheiden zwischen einer kommunikativen und einer thematischen Ordnung des Unterrichts. Die kommunikative Ordnung sichert den öffentlichen Charakter der Situation, die thematische dagegen den fachlichen Bezug. Unabhängig von den Inhalten stellen Lehrer Unterrichtsöffentlichkeit her und halten sie aufrecht; die so erzeugte Aufmerksamkeitsausrichtung nutzen sie für die Vermittlung fachlicher Inhalte.

1.5. Unterricht als Lehr-Lern-Prozess

Zu den zentralen Aufgaben des Unterrichts zählt mit Sicherheit die Vermittlung von Wissen. Dabei verstehen wir Wissen hier in einem weiten Sinn, der Kenntnisse und Fertigkeiten gleichermaßen erfasst. Einen ersten Überblick über die relevanten Inhalte vermitteln die Stundentafeln; neben den sprachlichen Fächern nehmen die mathematisch-naturwissenschaftlichen dort eine wichtige Rolle ein; fest verankert sind auch die sozialwissenschaftlichen und musischen (Kunst, Musik, Sport) Fächer. Was in den einzelnen Fächern unterrichtet wird, ist abhängig von Schulstufe und Schulform und unterliegt zudem einem historischen Wandel.

Die Vermittlung dieses Wissens geschieht systematisch, d.h. in methodisch geplanter Form. Ein wesentlicher Teil der Lehrerausbildung ist der Frage gewidmet, wie die ausgewählten Inhalte an die Schüler und Schülerinnen zu vermitteln sind. Grundlegende Entscheidung über die Vermittlungsmethoden sind jedoch bereits mit den organisatorischen Rahmenbedingungen getroffen. Hierzu zählen u.a. folgende Bedingungen:

1. altershomogene Gruppen, d.h. alle Kinder eines Jahrgangs besuchen die gleiche Klassenstufe;
2. weitgehend leistungshomogene Gruppen; mit Ausnahme der Grund- und Gesamtschule hat das dreigliedrige Schulsystem zur Folge, dass die Aufteilung auf die verschiedenen Schultypen (Hauptschule, Realschule, Gymnasium, Sonderschule) entsprechend der Leistungsfähigkeit erfolgt bzw. erfolgen soll;
3. geschlechtsheterogene Gruppen, d.h. der gemeinsame Unterricht von Mädchen und Jungen (Koedukation), auch wenn dieser in jüngster Zeit einer kritischen Revision unterzogen wird;
4. die Aufteilung der jährlichen Unterrichtszeit in Schulhalbjahre und der täglichen in Schulstunden zu 45 Minuten;
5. die Erteilung von Fachunterricht, der sich an fachlichen, oft wissenschaftlichen Disziplinen orientiert.

Diese strukturellen Rahmenbedingungen beeinflussen das Lehrer-Schüler-Verhältnis sowie die möglichen Vermittlungsverfahren in erheblicher Weise. Lehrer und Schüler stehen sich als Wissende und Nicht-Wissende bzw. Lehrende und Lernende gegenüber. Der Lehrer bestimmt nicht nur die Inhalte, sondern auch die Vermittlungsverfahren; zudem beurteilt er die Leistungen der Schüler und entscheidet somit über deren Schul- und Berufsbiographie. Die Schüler haben demgegenüber die Anweisungen des Lehrers zu befolgen; ihre Mitsprachemöglichkeiten sind beschränkt und vielfach in die Entscheidungskompetenz des Lehrers gestellt. Es besteht also ein grundsätzlich asymmetrisches Verhältnis zwischen ihnen, d.h. die Handlungsmöglichkeiten der Beteiligten sind ungleich verteilt.

Methodisch dominieren nach wie vor lehrerorientierte Verfahren, die dadurch bestimmt sind, dass der Lehrer Fragen oder Aufgaben stellt, die die Schüler beantworten bzw. lösen sollen. Auf diese Weise werden sie sehr kleinschrittig durch den Unterricht geführt und eigene Aktivitäten größeren Umfangs weitgehend ausgeschlossen. Daneben existieren andere Formen wie die Einzel- und Gruppenarbeit, der Projektunterricht oder der Einsatz von Selbstlernmaterialien.

Zusammenfassend kann man also festhalten, dass Unterricht ein komplexes, institutionell organisiertes Geschehen ist, an dem kommunikative, soziale, affektive und kognitive Prozesse beteiligt sind, das dem Zweck dient, der nachfolgenden Generation das nötige fachliche, soziale und kulturelle Wissen einer Gesellschaft zu vermitteln.

2. Linguistische Ansätze zur Analyse von Unterrichtskommunikation

Konzepte der pragma-linguistischen Dokumentation, Beschreibung und Erklärung von kommunikativen Prozessen im Unterricht stehen im Mittelpunkt dieses Kapitels. Zwischen 1975 und 1986 sind drei einschlägige Arbeiten publiziert worden, die die unterschiedlichen Zugriffsweisen pragmatischer Paradigmen auf Unterricht zeigen: Während Sinclair/Coulthards *Towards an Analysis of Discourse* die angelsächsische Diskursanalyse repräsentiert (2.2), ist die Arbeit Mehans *Learning Lessons* (1979) ethnomethodologisch bzw. konversationsanalytisch orientiert (2.3); die Monographie Ehlich/Rehbeins *Muster und Institution* (1986) schließlich ist der funktionalen Pragmatik verpflichtet (2.4). Gemeinsam ist diesen Arbeiten nicht nur ihre empirische Fundierung durch die Dokumentation von authentischen Unterrichtssituationen in Form von Transkripten, sondern auch ein analytischer Zugriff, der an der Verteilung sprachlicher Formen im Vollzug von Lehr-Lern-Interaktionsprozessen ansetzt und für diesen Zweck ein Analyseinstrumentarium entwickelt. Die linguistische Perspektive steht in Beziehung zu anderen Disziplinen, die sich ebenfalls mit Unterrichtsforschung beschäftigen, nämlich die allgemeine Didaktik, die Pädagogik und die pädagogische Psychologie: Ihre Beiträge zur Unterrichtsforschung werden zunächst in historischer Perspektive dargestellt (2.1). Schließlich kommen die Folgen der „linguistischen Wende" in den Blick: Wir fragen nach den Weiterentwicklungen der linguistischen Unterrichtsanalyse (2.5). Ein Resümee beschließt das Kapitel (2.6).

2.1. Von der *Lehrprobe* zur *Transkription*: Die Linguistisierung der Unterrichtsforschung

Lange bevor die Linguistik in den 60er Jahren begann, die kommunikativen Verhältnisse im Klassenzimmer mit ihrem begrifflichen Instrumentarium zu beschreiben und zu erklären, haben sich andere Disziplinen wie die Didaktik, die Pädagogik oder die Psychologie aus unterschiedlicher Perspektive mit diesem Gegenstand beschäftigt. Eine erste Anregung zur empirischen Erforschung des Unterrichts hat Rudolf Hildebrand (1824–1894) gegeben:

> Mir fällt dabei ein, ob es nicht gut wäre, wenn in pädagogischen Zeitschriften zwischen den beliebten allgemeinen Erörterungen über Prinzipien und Theorien auch solche bestimmten Fälle in dieser und anderen Richtungen aus dem Schulleben mitgeteilt würden, in aller Wirklichkeit, wenn es ginge geradezu nach stenographischer Niederschrift! Darüber ließe sich reden! Das würden alle lesen, nicht nur die, welche gerade die besprochene Theorie lieben oder bekämpfen, während andere sich wohl daran machen, aber bald gähnen. (Hildebrand 1867, 34/331)[1].

Aus diesen Worten spricht der Wunsch nach möglichst genauer Erfassung des unterrichtlichen Geschehens, wie die Angabe des dafür verfügbaren Verfahrens der Stenographie

---

[1] Den Hinweis auf diese Stelle verdanken wir Winnefeld 1963, 19.

deutlich macht. Üblich war zu dieser Zeit der in der Tradition Friedrich Herbarts entwickelte Unterricht nach Formalstufen. So finden sich in den auf die Praxis hin orientierenden Schriften sog. „Lehrproben", also vorbildhafte Unterrichtsentwürfe, die die stoffliche Verarbeitung entsprechend der Herbartschen Formalstufentheorie sichern sollten (vgl. Rein et al. 56f). Diese Texte hatten instruierenden Charakter, nicht dokumentierenden. Das Interesse richtet sich auf die präzise Durchdringung des Vermittlungsprozesses: der Stoff und seine didaktische Aufbereitung stehen hier im Mittelpunkt. Dieser Zugriff ist ein didaktischer, weil hier Planung und Erteilung von Unterricht im Mittelpunkt stehen.

Die empirische Wendung innerhalb dieses Paradigmas vollzog F.E.O. Schultze als Vertreter der pädagogischen Psychologie mit seinem Konzept des „pädagogischen Anschauungsunterrichts", das die universitäre Lehrerausbildung durch eine Verbindung von Empirie des Unterrichts mit pädagogischen Reflexionen verknüpfte (1926, 1–18). Eine von Studierenden hospitierte Unterrichtsstunde wurde zunächst möglichst genau protokolliert, dann untersucht. Dieses induktive Vorgehen eröffnete nunmehr einen Zugang zum tatsächlich erteilten Unterricht, indem es diesen in dem Dreischritt von Beobachtung, Beschreibung und Analyse wissenschaftlich zugänglich machte. Die Unterrichtsprotokolle entstanden auf der Grundlage der Mitschriften von zwei Studenten – denn Stenographen standen nicht zur Verfügung –, von denen der eine die Fragen, der andere die Antworten möglichst genau mitgeschrieben hatte. Sie hatten die Aufgabe, ein „brauchbares Bild" (14) von der Stunde zu liefern, genauer: „pädagogische Tatsachen" zu dokumentieren. Die Unschärfen dieses Verfahrens benennt Schultze ebenso wie die Differenz zwischen dem selbst wahrgenommenen Unterricht und dem Protokoll. Auch dieses didaktische Konzept zielte auf die Organisation des Unterrichts, indem es die Vermittlungsprozesse in den Mittelpunkt stellte.

Die Reformpädagogik des ausgehenden 19. Jahrhunderts orientierte sich dagegen an dem Leitbild eines „natürlichen Unterrichts", der ein Lernen „vom Kinde aus" postulierte. Das veränderte die Sicht auf Unterricht, der nun die eigenständige Entwicklung der Schüler gewährleisten sollte. Nicht mehr der vom Lehrer vorab strukturierte Gegenstand sicherte die Ordnung der Unterrichts, sondern die Interessen und Bedürfnisse der Schüler. Diese Ideen stützten auch das Konzept des Gesamtunterrichts, das Bertold Otto (1859–1933) zu Beginn des 20. Jahrhunderts entwickelte. Der Gesamtunterricht war ein wichtiger Bestandteil eines „natürlichen Unterrichts" ohne Jahrgangsklassen und Fachunterteilung: Er verband alle Schüler und Lehrer der Schule. Hier wurden – ausgehend von den Fragen der Anwesenden – die unterschiedlichsten Probleme besprochen.

> Ein Schüler beginnt mit irgendeinem Thema. Andere, ältere Schüler ergänzen. Erst wenn die Kenntnisse der Schüler nicht weiterreichen, bemühen sich die Lehrer zu antworten, er darf aber auch sagen: das weiß ich nicht. (Otto 1963, 127)

Mit diesem Arrangement sollte das Interesse des Kindes an der Entdeckung der Welt gefördert werden, seinem Forscherdrang ein angemessener Rahmen gegeben werden. Dieser Gesamtunterricht ist in zahlreichen Protokollen dokumentiert (vgl. Otto 1907), wohl auch, um die Qualitäten dieser Unterrichtsform herauszustellen. Die Protokolle wurden von Otto selbst nachträglich auf der Grundlage von Mitschriften angefertigt und sind dementsprechend ungenau. In den zwanziger Jahren wurden dann von Otto-Schülern Stenogramme von Unterrichtsstunden erstellt. Aber auch hier waren sich die Pädagogen der Grenzen ihres Aufschreibsystems bewusst:

> Ein Unterrichtsgespräch ist Leben, ist Bewegung; und das Leben läßt sich nicht einfangen, die Bewegung läßt sich nicht fest=stellen, nicht fest=halten. Der Tonfall, in dem etwas gesagt wurde, die Miene des Sprechenden, die begleitenden Gesten: das sind alles Sprachmittel, die kein Stenogramm uns wiedergeben kann. (Braune/Krüger/Rauch 1930, 106)

Die Weiterentwicklung dieses pädagogisch orientierten Ansatzes stellte die „Pädagogische Tatsachenforschung" dar, die Peter Petersen (1884–1952) seit den 20er Jahren in Jena entwickelt hatte. Sie beanspruchte, alle Vorgänge des Unterrichts in ihrer Gesamtheit als pädagogische zu erfassen. Auch sie war der Reformpädagogik verpflichtet, denn sie verdankte ihre empirische Fundierung i.W. der Beobachtung des Unterrichts in der – von Petersen selbst geleiteten – Jenaer Universitätsschule (Jena-Plan-Schule).[2] Sie konzentrierte sich auf die drei Aspekte Kind, Lehrer und pädagogische Situation („Lehrer und Kinder in ihren Äußerungen umfassend", Petersen/Petersen 1965, 130). Für diese drei Bereiche wurden zwischen 1930 und 1952 Protokollierungstechniken entwickelt, die Einzelaufnahme (eines oder mehrerer Schüler), die Lehreraufnahme und die Gesamtaufnahme. Wir konzentrieren uns auf die Gesamtaufnahme, die den Zweck hat, Unterricht „in seiner Ganzheit" darzustellen (vgl. Petersen/Petersen 1965, 205ff). Dazu fertigen die Beobachter zunächst eine Mitschrift an, die dann in einem zweiten Schritt in die Spalte „Aufnahmeverlauf" eines „Aufnahmebogens" übertragen wird. Dessen verbleibende vier Spalten „Zeit", „Leistung/Gang" (Arbeitsschritte), „Deutungen, Bemerkungen" sowie „Auswertung, Einordnung" werden schließlich in einem dritten Arbeitsgang bearbeitet. Die so entstandenen Aufnahmen dokumentieren also nicht nur die beobachtbaren „Tatsachen", sie erzeugen darüber hinaus auch pädagogische Deutungen der Situation. Die Aufnahmen wurden vor allem seit den fünfziger Jahren durch Magnetton- und Schmalfilmaufzeichnungen erweitert (vgl. Winnefeld 1963, 47–51), so dass die Mitschrift durch den Einsatz technischer Hilfsmittel validiert werden konnte.

Die Verknüpfung von Reformvorstellungen und empirischer Unterrichtsdokumentation bestimmt auch die erziehungspsychologischen Arbeiten Reinhard Tauschs in den 60er und 70er Jahren. In der Tradition der humanistischen Psychologie versuchte Tausch, die Überlegenheit von nicht-direktivem Lehrerhandeln im Vergleich zu traditionellen Verhaltensweisen zu belegen. Tonbandaufnahmen und Transkriptionen dienen dazu, in Gegensatzpaaren definierte Beziehungsmaximen valide, also durch mehrere unabhängige Beobachter, an

---

[2] Die Abgrenzung zur traditionellen Schule wird im folgenden Zitat deutlich: „Die freie und volle Möglichkeit zur Erforschung kindlichen Bildungserwerbs besteht überhaupt nicht in der überlieferten Schulwelt. Wo die Kinder stundenweise in Bänken sitzen und den Gedankengängen des Lehrers zu folgen haben, wo sie nur einzeln nach vorherigem Melden sprechen, oft nur antworten dürfen, da wird von eigener Initiative, eigenem Denken, eigenen Arbeitswegen nicht viel sichtbar und somit eine Erforschung etwa der Fragen: ‚wie lernen, wie arbeiten, wie helfen sich die Kinder?', ‚wie kommen Kinder zum Schreiben, Lesen, Rechnen?' usw. völlig unmöglich gemacht." (Petersen/Petersen 1965, 133)

dokumentiertem Unterricht festzumachen. So nennt er etwa für die Dimensionen „Achtung – Wärme" bzw. „Missachtung – Kälte" neun empirisch fundierte Beiträge, die zeigen, dass beide Beziehungsdefinitionen etwa gleich verteilt sind (1991, 134). Aus der Untersuchung folgt die ebenfalls empirisch gestützte These, dass sich auch die Verhaltensdimensionen „Achtung – Wärme" positiv auf das Lernklima auswirken (147f.).

Eher deskriptiv orientiert ist dagegen das von Flanders (1960) in den USA vorgeschlagene interaktionsanalytische Verfahren zur Unterrichtsbeobachtung, nach dem die sprachlichen Äußerungen im Unterricht auf der Grundlage von zehn Kategorien klassifiziert werden: Sieben davon beziehen sich auf Lehreräußerungen, geordnet nach indirekter und direkter Beeinflussung, zwei auf Schüleräußerungen, und eine dient als Restkategorie für Situationen des „Schweigens und Durcheinanders" (vgl. Hanke et al. 1973, 28). Diese Zuordnungen sollen die Beobachter jeweils in einem Abstand von drei Sekunden vornehmen und sie in eine entsprechende Matrix eintragen, ob nun „live" im Klassenzimmer oder anhand einer Tonbandaufzeichnung. Dieses Verfahren hat ebenfalls die Aufgabe, Lehrerverhalten zu beschreiben und Veränderungsmöglichkeiten aufzuweisen. Allerdings zeigte sich auch, dass die Zuordnung nach Zeitintervallen zu großen Schwierigkeiten führte.

So waren es vor allem didaktische und pädagogische Interessen, die bis in die 60er Jahre eine genaue Beobachtung von Unterricht reklamierten. Sie stützten sich dabei auf das Verfahren der Protokollierung, das aus der Psychologie für pädagogisch-didaktische Zwecke adaptiert wurde. Die linguistischen Beschreibungs- und Klassifizierungsmöglichkeiten wurden noch bis Mitte der 60er Jahre nicht genutzt. Die Gründe für die Abstinenz lagen in der Dominanz der Sprachinhaltsforschung in der Bundesrepublik und des Strukturalismus in den angelsächsischen Ländern: Während die erstgenannte Richtung an geistesgeschichtlichen Dimensionen sprachlicher Formen interessiert war, beschränkte sich die zweite auf die Beschreibung und Erklärung satzinterner Relationen sprachlicher Formen. Erst mit der diszplinbezogenen Rezeption der Sprachspiel-Theorie Wittgensteins und der sich daraus entwickelnden Modellierung der „normalen Sprache" in der Sprechakttheorie wurden die sprachlichen Verhältnisse im Klassenzimmer zu einem Gegenstand der sich nunmehr entfaltenden Teildisziplin der Pragmatik.

Die erste Arbeit, die sich linguistischer Verfahren bediente, war dennoch pädagogisch motiviert: die in den 60er Jahren entstandene Studie von Bellack et al. „Die Sprache im Klassenzimmer" (1974). Sie beschäftigt sich vor allem mit der Entwicklung eines Kategoriensystems zur Beschreibung von unterrichtlichem Geschehen, versucht aber auch, den Zusammenhang zwischen Unterricht und Lernerfolg zu bestimmen. Empirisch fundiert wird sie durch die auditive Dokumentation des Unterrichts in 15 *high-school*-Klassen zum Thema Außenhandel im Fach *social studies* (Sozialkunde), die eine genaue Transkription ermöglichte. Diese orientierte sich jedoch an schriftlichen Normen, so dass Feinheiten mündlichen Sprachgebrauchs wie Pausen, Akzente oder Korrekturen nicht registriert wurden. Das war in diesem Arrangement auch nicht nötig, denn es ging den Autoren darum, Klassifizierungsprozeduren auf eine verlässliche Grundlage zu stellen. Ausgehend von dem bekannten Wittgensteinschen Sprachspiel-Theorem, die Bedeutung von Wörtern sei ihr Gebrauch in der Sprache, entwickeln sie eine Typologie von den Unterricht konstituierenden Spielzügen in charakteristischen Kombinationen: den einleitenden Zügen des Strukturierens und Aufforderns stehen die bezugnehmenden des Fortführens und des Reagierens gegenüber. Die darin geleisteten „Bedeutungsübertragungen" lassen sich nach ihrer Orientierung ordnen: Die Unterscheidung von sach- und unterrichtsbezogenen Bedeutungen reflektiert das Zusammenspiel von thematischen und kommunikativen Aspekten im Unterricht. Die Verbindung von Struktur- und Prozessanalyse zeigt sich auch in der Klassifizierung von charakteristischen Zugkombinationen, standardisierten Ablaufmustern von Spielzügen, die in quantitativer Perspektive zu wesentlichen Ergebnissen der Beschreibung von Unterrichtskommunikation führt; dass nämlich der Lehrer derjenige ist, der nahezu 90% der Zugkombinationen initiiert und dass die Kombination von Auffordern, Reagieren und Fortsetzen die höchste Frequenz hat. Die Stärke der Untersuchung liegt in einer empirisch fundierten Kategorienbildung, die in eine konzentrierte Regelbeschreibung der Züge mündet; während ihr zweiter, pädagogischer Aspekt, nämlich die Überprüfung des Lernerfolgs, eher knapp ausfällt, weil es nach Meinung der Autoren unwahrscheinlich sei, „daß sich eine konsistente Beziehung zwischen irgendeiner einzelnen beschriebenen Dimension der Unterrichtssprache und irgendeiner einzelnen Dimension des Lernerfolgs herausstellt." (251)

Mit dieser Arbeit begann die Aneignung des Gegenstands Unterrichtssprache durch die Linguistik, die in unterschiedlichen Traditionszusammenhängen jeweils spezifische Beschreibungs- und Klassifizierungsvorschläge entwickelte. Gegenüber den damals etablierten Kodierungsverfahren in der Tradition Flanders' stellte die auditive und die audiovisuelle Dokumentation von Unterricht einen erheblichen Fortschritt dar, da das beobachtete Geschehen im Klassenzimmer nun relativ genau durch Transkriptionsverfahren erfasst werden konnte.

Im Zuge der kommunikativen Wende zu Beginn der 70er Jahre wurde das Spektrum durch verhaltenstheoretische und pragmalinguistische Modelle erweitert: neben dem sprechakttheoretischen Ansatz wurde auch das Modell menschlicher Kommunikation auf den Unterricht bezogen. Beispielhaft für diesen transkriptbasierten Entwicklungsstrang steht die Arbeit von Diegritz/Rosenbusch zum Vergleich der kommunikativen Verhältnisse in Frontal- und Gruppenunterricht (1977). In ihrer „pragmatisch-dynamischen Methodenkombination" bringen die Autoren das verhaltenstheoretische Modell Watzlawicks und den sprechakttheoretischen Ansatz zusammen. Dieses Verfahren besteht i.W. aus drei Schritten (46–53): Einer quantitativen Analyse der Interaktionsrichtungen und -frequenzen folgt eine „qualitative Verlaufsanalyse", die den Interaktionsprozess unter Berücksichtigung der Teilnehmerperspektiven nachzeichnen soll; eine „Sprechhandlungsklassifikation" ordnet schließlich die einzelnen Äußerungen den Sprechakttypen der Konstativa, Positionale und Evaluativa zu. Im Vergleich der Leistungen zweier Lehrformen zeigen die Autoren ihre pädagogische Orientierung ebenso wie in den abschließenden Hinweisen zur Unterrichtspraxis: Die linguistischen Ansätze dienen hier dazu, die kommuikativen Praktiken im Klassenzimmer zu verändern.

Zwischen 1975 und 1986 erschienen dann drei Arbeiten, die sich vor dem Hintergrund unterschiedlicher Traditionszusammenhänge der linguistischen Pragmatik den Gegenstand Unterrichtskommunikation wählten. Während die (angelsächsische) Diskursanalyse an der analytischen Überwindung der Satzgrenze arbeitet, auf die sich die Grammatiktheorie beschränkt hat, fokussiert die ethnomethodologische Konversationsanalyse die interaktionalen Verhältnisse; und die funktionale Pragmatik erweitert die Sprechakttheorie in Hinblick auf Prozessualität und Funktionalität. Diese drei Ansätze wollen wir in den folgenden Abschnitten genauer vorstellen.

2.2. *Towards an Analysis of Discourse:* Der Beitrag der Diskursanalyse

2.2.1. Grundlagen

Im Allgemeinen beschäftigt sich die Diskursanalyse angelsächsischer Provenienz[3] mit den sprachlichen Verhältnissen in übersatzmäßigen Einheiten wie Texten oder Gesprächen. Ihre Wurzeln liegen im Strukturalismus von Harris sowie im Konzept der funktionalen Sprachanalyse, wie sie in der britischen Tradition von Firth im phonologischen Bereich unternommen wurden. Ausgangspunkt ist in den 60-er Jahren die Auseinandersetzung mit dem Ansatz der generativen Transformationsgrammatik, die mit der reduktionistischen Konzentration auf die linguistische Einheit des Satzes zum Widerspruch anregte. Die Diskursanalyse hat es sich zum Ziel gesetzt, auf der Grundlage der für den Satz entwickelten Kategorien übersatzmäßige Einheiten zu bestimmen. Dabei nehmen ihre Vertreter einerseits Bezug auf eine eher funktionale Grammatik wie die Hallidays, andererseits auf die einschlägigen sprachakttheoretischen Arbeiten Austins und Searles sowie auf die Tradition der Ethnographie der Kommunikation (Hymes, Gumperz), in der – grob ausgedrückt – die Funktion von sprachlichen Äußerungen in ihrem sozialen Kontext entwickelt wird. Der englische Titel eines der paradigmenstiftenden diskursanalytischen Hauptwerke, das 1975 veröffentlichte „Towards an Analysis of Discourse", drückt das Erkenntnisinteresse aus, das seine Autoren Coulthard und Sinclair verfolgten: Es ging ihnen um die Entwicklung von Analysekategorien für linguistische Einheiten, die größer sind als ein Satz. Dahinter scheint die Kritik des generativen Ansatzes auf mit seiner Konzeption von Linguistik als einer auf die Intuition bauenden Disziplin, die selbstgenügsam innerhalb von Satzgrenzen verbleibt. Gegen dieses in den 60er Jahren dominierende Paradigma der Universalien-Forschung setzten sie das durch Firth und Malinowski inspirierte Konzept einer funktionalen Sprachanalyse, eines Zugriffs, der sprachliche Äußerungen in Hinblick auf ihre Umgebungen in den Blick nahm. Gespräche rückten deshalb in den Mittelpunkt ihres Interesses, verstanden als von mehreren Subjekten erzeugte kohärente Äußerungsfolgen. Deren Funktionen und Strukturen gerieten so in den Mittelpunkt des analytischen Interesses.

---

[3] Wir akzentuieren die Herkunft dieses Ansatzes deshalb, um ihn einerseits von dem epistemologischen Paradigma in der Tradition Foucaults (*analyse du discours*) einerseits und der (deutschen) Weiterentwicklung in der funktionalen Pragmatik abzugrenzen.

2.2.2. Voraussetzungen und Ziele der Unterrichtsanalyse

Im Mittelpunkt dieses Abschnitts steht die exemplarische Beschäftigung mit dem diskursanalytischen Hauptwerk zur Unterrichtsanalyse, nämlich Sinclair/Coulthardts Arbeit „Towards an Analysis of Discourse". Nicht die Unterrichtssituation steht im Mittelpunkt ihres Interesses, es geht beiden Autoren vielmehr darum – wie der Untertitel bereits ausdrückt –, eine systematische Ableitung der Strukturbeschreibung des Diskurses zu entwickeln. Die Entscheidung, dieses Ziel durch eine exemplarische Beschäftigung mit der Unterrichtssprache zu erreichen, begründen die Autoren mit den großen Problemen, die die Untersuchung alltäglicher Kommunikation nach sich ziehen würde (vgl. Sinclair/Coulthard 1977, 17–19):

1. Im Gegensatz zum nicht planbaren Verlauf von „normalen" Unterhaltungen weist der Unterrichtsdiskurs mehr Struktur und Richtung auf.
2. Während die Gleichberechtigung der Teilnehmer in alltäglicher Konversation dazu führt, dass Abschweifungen bzw. eine Änderung der Gesprächsorientierung jederzeit erwartbar sind, sorgt der Lehrer im Unterrichtsdiskurs für eine gewisse Stringenz in der Themenbehandlung.
3. Die Mehrdeutigkeit sprachlicher Äußerungen kann im alltäglichen Gespräch zu Verständigungsproblemen führen, während im Unterricht wegen des eher ernsthaften Charakters der Kommunikation eindeutige Feststellungen zu erwarten sind.

Das Interesse an Unterrichtskommunikation war also methodologisch begründet:

> In unserem Bemühen, die Dinge für den Anfang so einfach wie möglich zu gestalten, wählten wir Unterrichtssituationen, in denen der Lehrer vor der Klasse „frontal unterrichtete" und deshalb wohl ein Maximum an Kontrolle über die Struktur des Unterrichtsgesprächs ausübte. (19)

Die Daten, die aufgrund dieser Entscheidung erhoben wurden, waren (auditive) Aufnahmen von sechs Schulstunden, die der jeweilige Klassenlehrer mit Kleingruppen (bis zu acht 10- bis 11-jähriger Schüler) gehalten hatte. Auf der Grundlage dieser Erhebungen wurde das Kategoriensystem entwickelt (s. u.) und anhand von neuem, allerdings nicht weiter spezifiziertem Material verfeinert.[4] Die jeweils erhobenen auditiven Daten werden verschriftlicht; und auf der Grundlage dieses Materials werden jene funktionalen Kategorien entwickelt, die sich in übersatzmäßigen Zusammenhängen bewähren sollen. Die Transkription berücksichtigt beispielsweise Pausen, Akzente und Intonationsverläufe; die Dokumentation der mitgeschriebenen Äußerungen erfolgt so, dass sie die entwickelten Strukturmuster abbildet.

2.2.3. Das analytische Begriffssystem

Analog zu dem in der Grammatik entwickelten hierarchischen Kategoriensystem – vom Morphem über das Wort und die Wortgruppe zum Satz und den Satzverknüpfungen – ha-

---

[4] Sinclair/Coulthard weisen ausdrücklich darauf hin, dass sie nur das Funktionieren von Frontalunterricht im Blick haben, nicht aber andere Lehr- bzw. Sozialformen (1977, 19).

ben Sinclair/Coulthard ein Analyseinstrumentarium für die Ebene des Diskurses entwickelt, das aus den folgenden, hierarchisch konstruierten Komponenten besteht, die geeignet sind, die kommunikativen Ereignisse sequentiell zu analysieren. Das System der aufeinander aufbauenden Einheiten wird auf einer Stufenskala dargestellt.

Übersicht 2.1: Ebenen und Stufen des Diskurses (Sinclair/Coulthard 1977, 53)

außerlinguistische Organisation		Diskurs	*Discourse*	Grammatik	*Grammar*
Kurs	*– course*				
Unterrichtsstunde	*– period*	Lektion	*– lesson*		
Thema	*– topic*	Phase	*– transaction*		
		Äußerungsfolge	*– exchange*		
		Schritt	*– move*	Satz(gefüge)	*– sentence*
		Akt	*– act*	(Teil-)Satz	*– clause*
				(Wort-)Gruppe	*– group*
				Wort	*– word*
				Morphem	*– morpheme*

Die Position auf der obersten Ebene nimmt die *lesson* (*Lektion*) ein – das entspricht im Wesentlichen dem Umfang einer Unterrichtsstunde –, die sich aus *transactions* (*Phase* oder *Transaktionen*) zusammensetzt. Allerdings bleibt diese Zuordnung ebenso vage wie problematisch: Weder geben die Autoren Auskunft über die Verknüpfung von *transactions* zu *lessons*, noch können sie plausibel begründen, dass die größte Diskurseinheit gerade die Bezeichnung trägt, die institutionenspezifisch ist. Genauer werden die *transactions* beschrieben: Sie sind durch einrahmende strukturierende Äußerungen gekennzeichnet. *Transactions* bestehen aus *exchanges* (*Äußerungsfolgen* oder *Redewechseln*), nämlich den strukturierenden – sie erfüllen eine strukturierende oder organisierende Funktion – und den didaktischen – mit deren Hilfe der Lehrer den Lernprozess organisiert. Die charakteristische Struktur dieser *exchanges* ist dreischrittig: Einer Initiierung folgt eine Respondierung und dieser ein Feedback. Diese Organisation in *moves* (*Schritte* oder *Züge*) wird weiter ausdifferenziert in *acts* (*Akte*), die nicht selbständig auftreten können.

Innerhalb dieses Rahmens nun differenzieren Sinclair/Coulthard die einzelnen Ebenen nach funktionalen Kriterien: Sie bestimmen sowohl die sequentielle Struktur einer Ebene als auch deren Strukturelemente. Letztere werden explizit mithilfe der Funktionsklassen, die ihrerseits durch Kategorien der jeweils darunter liegenden Ebene erläutert werden. Die kleinste Einheit in diesem System sind die Akte. Sie sind im Gegensatz zur grammatischen Kategorie des Satzes funktional bestimmt nach ihrem Beitrag zur Entwicklung des Diskurses. So lässt sich die Äußerung *Wann wurde Julius Caesar ermordet?* grammatisch als Interrogativsatz, sprechakttheoretisch als Frage und diskursanalytisch als Auslöser betrachten. Während die grammatische Interpretation die Form thematisiert, erfasst die sprechaktanalytische ihre kommunikative Funktion, indem sie die Bedingungen der Situation mit berücksichtigt; die diskursanalytische Sicht schließlich sieht darin einen Auslöser, also einen einleitenden Schritt, dem verschiedene Schüleraktivitäten folgen können. Auch andere sprachliche Tätigkeiten sind geeignet, die Position des einleitenden Schritts auszufüllen: Informieren – die Weitergabe von Wissensbeständen – und Anweisen – die Aufforderung zu einer nicht-sprachlichen Handlung. Die folgende Übersicht macht die unterschiedlichen Zugriffsweisen deutlich.

Übersicht 2.2: Kategorien – Diskurs, Situation, Grammatik (Sinclair/Coulthard 1977, 59)

Diskurskategorien	Situationskategorien	grammatische Kategorien
Informationsakt	Feststellung	Aussage
Auslöse-Akt	Frage	Interrogation
Anweise-Akt	Befehl	Imperativ

Das folgende Dokument zeigt, wie eine diskursanalytische Behandlung sprachlicher Äußerungen in diesem Gefüge funktioniert.

Dokument 1: Grammatik, Situation und Diskurs (Sinclair/Coulthard 1977, 59-62)[5]

Der Interrogativsatz „Worüber lacht ihr?" läßt sich ebenso als Frage interpretieren wie als Befehl, mit dem Lachen aufzuhören. Im Unterricht ist es gewöhnlich das Letztere. Auf einem unserer Bänder spielt ein Lehrer die Aufnahme einer Fernsehsendung vor, in der ein Psychologe mit einer „piekfeinen" Aussprache auftritt. Der Lehrer möchte die Einstellung der Kinder zum Akzent und die Werturteile, die sie davon ableiten, kennenlernen.
Nach dem Ende der Aufnahme fängt der Lehrer an:

Lehrer: Was glaubt ihr, was das für ein Mensch ist?
    Habt ihr – worüber lachst du?
Schülerin: Über nichts.

Die Schülerin hat den Fragesatz des Lehrers als Anweisung verstanden, mit dem Lachen aufzuhören, obwohl dies gar nicht die Absicht des Lehrers war. Er hatte seine erste Frage zurückgezogen, weil er merkte, daß das Gelächter der Schülerin ihre Einstellung zeigte; und wenn er sie dazu bewegen könnte, zu erklären, warum sie lachte, dann hätte er eine ausgezeichnete Eröffnung für das Thema. Er fährt fort, und die Schülerin bemerkt ihren Irrtum:

Lehrer: Wie bitte?
Schülerin: Nichts.
Lehrer: Du lachst über nichts, über gar nichts?
Schülerin: Nein. Es ist wirklich zum Lachen, weil sie gar nicht merken, daß da einer ist, sonst wär ihnen das nicht recht. Und das klingt ziemlich geschwollen.

Der Fehler des Mädchens lag darin, daß sie nicht den Satz mißverstanden hatte, sondern die Situation. Das Beispiel zeigt die entscheidende Rolle der Situation bei der Diskursanalyse.

---

[5] © Verlag Quelle & Meyer, Heidelberg.

Wir können im Moment nur einen rudimentären Versuch machen, die Situation zu erfassen. Wir schlagen vier Fragen vor, die man im Hinblick auf die Situation stellen kann, und je nach den Antworten auf diese Fragen und der grammatischen Form des Satzes schlagen wir drei Regeln vor, die in den meisten Fällen die korrekte Interpretation von Lehreräußerungen vorherzusagen erlauben. Die Fragen, die wir stellen, sind:

1. Ist in einem Interrogativsatz der Adressat auch das Subjekt?
2. Welche Tätigkeiten oder Aktivitäten sind zum Zeitpunkt der Äußerung physisch möglich?
3. Welche Tätigkeiten und Aktivitäten sind zum Zeitpunkt der Äußerung untersagt?
4. Welche Tätigkeiten und Aktivitäten waren bis zum Zeitpunkt der Äußerung vorgeschrieben?

Mithilfe der Antworten auf diese Fragen können wir drei Regeln formulieren, um vorherzusagen, wann ein Aussage- oder Interrogativsatz etwas anderes als eine Feststellung oder Frage realisieren dürfte. (...)

Regel 1:
Ein Interrogativsatz muß als *Befehl etwas zu tun* interpretiert werden, wenn er alle folgenden Bedingungen erfüllt:
I. er enthält eines der Modalverben *can, could, will, would* (und manchmal *going to);*
II. das Subjekt des Satzes ist auch der Adressat;
III. das Prädikat beschreibt eine Tätigkeit, die zum Zeitpunkt der Äußerung physisch möglich ist. (...)
1. Kannst du Klavier spielen, John? – Befehl
2. Kann John Klavier spielen? – Frage
3. Kannst du eine Länge schwimmen, John? – Frage.

Beim ersten Beispiel handelt es sich um einen Befehl, weil der Satz die drei Bedingungen erfüllt – dabei ist unterstellt, daß sich ein Klavier im Raum befindet. Beim zweiten handelt es sich um eine Frage, weil Subjekt und Adressat nicht dieselbe Person sind.

Der dritte Beispielsatz stellt auch eine Frage dar, weil die Kinder sich im Klassenzimmer befinden und die Tätigkeit daher zum Zeitpunkt der Äußerung nicht möglich ist. Da wir bisher keine Ausnahmen von dieser Regel entdeckt haben, würden wir jedoch voraussagen, daß Beispiel 3, wenn die Klasse im Schwimmbad wäre, als Befehl interpretiert würde und auf diese Äußerung ein Aufklatschen folgen würde.

Regel 2:
Jeder Aussage- oder Interrogativsatz muß als *Befehl zum Aufhören* interpretiert werden, wenn er sich auf eine Tätigkeit (...) bezieht, die zur Zeit der Äußerung untersagt ist.
1. Da lacht doch jemand – Befehl
2. Lacht jemand – Befehl
3. Worüber lachst du – Befehl
4. Worüber lachst du – Frage

Der Aussagesatz als Befehl, wie im ersten Beispiel, ist bei einigen Lehrern sehr beliebt. Oberflächlich gesehen gibt der Satz eine Beobachtung wieder, aber seine einzige Relevanz zum Zeitpunkt der Äußerung liegt darin, die Aufmerksamkeit von „jemandem" auf sein Gelächter zu lenken, so daß er zu lachen aufhört. Die Beispiele 2 und 3 (die der Form nach Interrogationen sind) funktionieren trotzdem in genau der gleichen Weise. Beispiel 4 wird nur dann als Frage interpretiert, wenn Gelächter nicht als verbotene Aktivität betrachtet wird.

Regel 3:
Jeder Aussage- oder Interrogativsatz muß als *Befehl etwas zu tun* interpretiert werden, wenn er sich auf eine Aktivität oder Tätigkeit bezieht, von der Lehrer und Schüler wissen, daß sie hätte ausgeführt oder zu Ende gebracht werden sollen, daß das aber nicht geschehen ist:
1. die Tür ist noch offen   – Befehl
2. hast du die Tür zugemacht   – Befehl
3. hast du die Tür zugemacht   – Frage

Beispiel 1 stellt eine Tatsache fest, die alle relevanten Anwesenden schon kennen; in Beispiel 2 handelt es sich offenbar um eine Frage, auf die alle Anwesenden die Antwort kennen. Beide dienen dazu, die Aufmerksamkeit auf etwas zu lenken, was nicht getan worden ist, um jemanden zu veranlassen, es zu tun. Beispiel 3 ist nur dann als Frage zu verstehen, wenn der Lehrer *nicht* weiß, ob die Tätigkeit ausgeführt worden ist.

Die insgesamt 24 Akte des diskursanalytischen Systems zur Untersuchung von Unterricht lassen sich nach sequentiellen und funktionalen Gesichtspunkten wie folgt ordnen[6]:

Strukturierende Akte: markieren (m), starten (s), sich vergewissern (v), erläutern (er), betonte Pause (A), zusammenfassen (z);
initiative Akte: auslösen (elizitieren) (al), anweisen (anw), informieren (i), antreiben (ant), einhelfen (ein);
responsive Akte: antworten (aw), ausführen (aus);
evaluative Akte: akzeptieren (ak), bewerten (b);
kommunikative Akte: antreiben (ant), einhelfen (ein), zum Melden auffordern (auf), Melden (me) aufrufen (ar), nachfragen (n), zur Kenntnis nehmen (ke), Meta-Aussagen machen (ma), beiseite sprechen (bei).

Die nächst höhere Einheit, der Schritt (*move*), besteht aus einzelnen Akten und nimmt nun seinerseits einen Platz in der Struktur von Äußerungsfolgen ein. Dabei sind zunächst die rahmensetzenden und die zentrierenden Schritte zu beachten, die die Interaktion insgesamt in Form von strukturierenden Äußerungsfolgen realisieren. Sie treten oft in einer sequentiellen Verknüpfung auf mit der Funktion, ein Stadium des Unterrichts abzuschließen und ein neues zu beginnen. Die eröffnenden, antwortgebenden und auswertenden Schritte realisieren die sachbezogenen Äußerungsfolgen. Die eröffnenden Schritte können relativ komplex

---

[6] Die entsprechenden Siglen stehen in Klammern; sie finden anschließend Verwendung im Transkript auf Seite 23.

strukturiert sein: Die Kernelemente des Auslösers und der Anweisung können mittels einer Hinführung vorbereitet werden; mit der Position des Abschlusses und der Auswahl eröffnet sich die Möglichkeit für die Schüler, den entsprechenden antwortgebenden Schritt zu übernehmen.

Übersicht 2.3: Struktur und Funktion des eröffnenden Lehrerschritts (Sinclair/Coulthard 1977, 77)

Funktionsklasse des Schrittes		Struktur des Schrittes	Funktionsklasse der Akte
eröffnend	Ein Volk benutzte Symbole als Schrift. Sie verwendeten Bilder, anstatt wie wir in Wörtern zu schreiben.	Hinführung	starten
	Wißt ihr, wer dieses Volk war?	Kernelement	auslösen
	Ich bin sicher, daß ihr es wißt	Abschluss	antreiben
	Joan.	Auswahl	aufrufen

Ähnlich sind auch die antwortgebenden und auswertenden Schritttypen strukturiert, wenn auch nicht so komplex, denn es fehlt die Auswahl: Ein obligatorischer Kern, die Antwort, die Beurteilung, wird durch fakultative Elemente gerahmt, die Hinführung und der Abschluss, die ihrerseits wieder durch unterschiedliche Akte realisiert werden.

Die Äußerungsfolgen schließlich lassen sich in zwei Typen unterteilen: Während die strukturbezogenen dazu dienen, den Anfang oder das Ende einer Unterrichtsphase aus der Sicht des Lehrers zu markieren, organisieren die sachbezogenen die thematische Arbeit innerhalb dieses Rahmens. Diese lassen sich wiederum nach dem Kriterium der Abhängigkeit differenzieren nach freien und gebundenen Folgen.

Entsprechend der Hauptfunktionen Information, Anweisung, Auslösung und Vergewisserung, die sich aus dem Kernelement des entsprechenden Schrittes ableiten lassen, ist bei freien Äußerungsfolgen zu unterscheiden, ob Schüler oder Lehrer den Eröffnungsschritt machen. Im Wesentlichen sind sie dreischrittig: Einer Eröffnung (E) folgt eine Reaktion (R), die ein Feedback (F) hervorruft.

1. Die *Lehrer-Information* wird genutzt, wenn der Lehrer verbal Wissensbestände den Schülern mitteilt. (E (R))
2. Die *Lehrer-Anweisung* dient dazu, Schüler zu aktionalen Tätigkeiten zu veranlassen. (ER (F))
3. Der *Lehrer-Auslöser* soll sprachliche Handlungen der Schüler herbeiführen. (E R F)
4. Mittels einer *Vergewisserung* informiert sich der Lehrer darüber, ob die Schüler mit der ihnen gestellten Aufgabe zurechtkommen. Hier ist der Auswertungsschritt jedoch nur fakultativ. (E R (F))

5. Der (seltene) *Schüler-Auslöser* hat die Aufgabe, Fragen an den Lehrer zu formulieren. In der Strukturbeschreibung (E R) fehlt der Auswertungsschritt – „die Bewertung einer Lehrerantwort wäre unverschämt." (Sinclair/Coulthard 1977, 82)
6. Von einer *Schüler-Information* kann dann gesprochen werden, wenn Schüler Informationen einbringen, die sie für wichtig halten – und die der Lehrer entsprechend würdigt. In diesem Fall fehlt der Antwortschritt: E F.

Gebundenen Äußerungsfolgen fehlt der Eröffnungsschritt. Das liegt daran, dass sie auf nicht erfolgreich abgeschlossene freie Äußerungsfolgen anschließen; sie sind diesen insofern untergeordnet. Gemeinsam ist ihnen zudem, dass sie nur vom Lehrer initiiert werden können. (Sie sind in der folgenden Zusammenstellung durch ein ^{g} markiert.)

7. *Wieder-Eröffnungen* nutzt der Lehrer, wenn er keine Antwort erhalten hat (Typ 1 mit der Struktur: E R E^g R F) oder aber eine falsche (Typ 2: E R F (E^g) R F).
8. Das *Sammeln* von Antworten dient dazu, entweder mehrere Schüler zu Wort kommen zu lassen oder aber mehrere durch einen offenen Impuls implizierte Möglichkeiten zu evozieren. Die so herausgearbeitete Struktur ist ähnlich der bei der Wiedereröffnung, E R F (E^g) R F, nur dass die gebundene Eröffnung durch das Aufrufen erfolgt.
9. Eine *Hilfestellung* leistet der Lehrer, wenn er bemerkt, dass Schüler nicht mit einer Aufgabe zurecht kommen. (Struktur: E R E^g R)
10. Zu einer *Wiederholung* kommt es, wenn Lehrer Schüleräußerungen nicht richtig verstanden haben oder aber sie aus anderen Gründen noch einmal hören wollen. (Struktur: E R E^g R F)

Eine *Phase* besteht aus einem vorbereitenden, einem (oder mehreren) zentralen sowie einem abschließenden Schritt(en). Diese Schritte setzten sich zusammen aus Äußerungsfolgen und lassen sich als strukturierende bzw. sachbezogene Funktionsklassen beschreiben. Die zentralen Funktionen der Unterrichtskommunikation finden sich hier wieder: Sinclair/Coulthard (1977, 86f.) unterscheiden zwischen Informations-, Anweisungs- und Auslösungs-Phasen. Ihre Strukturbeschreibung weisen sowohl am Anfang als auch am Ende Strukturierungen auf, während die Binnenstruktur die jeweils funktional charakterisierten Äußerungsfolgen aufweist. Schwierig ist die Bestimmung der *Lektion*, der größten diskursanalytischen Einheit: es reicht, sie als Aneinanderreihung von mehreren Phasen zu betrachten.

Mit dieser systematischen Ableitung der größeren Einheiten aus den kleineren ist es Sinclair/Coulthard gelungen, ein linguistischen Ansprüchen genügendes Beschreibungsinstrumentarium zu entwickeln, mit dessen Hilfe auch begrifflich der Zugang zu Prozessen der Unterrichtskommunikation möglich wurde. In Übersicht 2.4. wird das von ihnen entwickelte Aufschreibsystem vorgestellt (S. 23).

Übersicht 2.4: Diskursanalytische Unterrichtsdokumentation[7]

Typ der Äußerungsfolge	Eröffnungsschritt	Akt	Antwortschritt	Akt	Auswertungsschritt	Akt
Strukturierung	RAHMEN Ja gut.	m				
	ZENTRIERUNG Das sind also Warnzeichen.	z				
Auslöser	– habt ihr den Unterschied zwischen der ersten und der zweiten Quizfrage bemerkt?	a	Eins waren Wörter und eins ...	aw	Eins waren Wörter [4]	b
Wieder-E.	und eins waren nur –	ant	Zeichen	aw	Zeichen. [1–]	ak
Wieder-E	oder –	ant	Bedeutungen	aw	Sie haben Bedeutungen Ja. [1–]	ak
Wieder-E.			Warnungen	aw	Es sind alles Warnungen	ak
Wieder-E.	Ich dachte an ein viel einfacheres Wort	ein	Bilder.	aw	Bilder! [1+]	
					Es sind wirklich alles Bilder, nicht?	
					Es sind Bilder, die uns warnen können	

2.2.4. Kritik

Eine kritische Würdigung dieses Ansatzes zur linguistisch fundierten Beschreibung wollen wir auf drei Aspekte beschränken: die empirische Grundlage (a), die Bedingungen des Kontextes (b) und die Eindeutigkeit der Kategorienableitung (c).

(a) Die Hinweise auf die empirische Fundierung (s.o) zeigen deutlich, dass das Untersuchungsarrangement aus den Anforderungen der theoretischen Diskussion um den Gegenstandsbereich von Linguistik abgeleitet ist. Dieses Interesse bestimmt die gleichsam experimentelle Datenerhebung der Unterrichtung von kleineren Gruppen („bis zu acht Schüler"). Nicht Unterricht im institutionell gegebenen Rahmen leistet also die Fundierung der

---

[7] Es handelt sich um einen Ausschnitt aus einer bei Sinclair/Coulthard (1977, 97f.) dokumentierten Unterrichtsstunde zum Thema „Symbole". Einige Hinweise: Die horizontalen Linien markieren Grenzen von Phasen (über die ganze Breite) und Äußerungsfolgen (Spalten 1-3). Äußerungsfolgen, die miteinander verbunden sind, sind nicht durch eine Linie abgegrenzt. Das *E.* in der linken Spalte steht für „Eröffnung", die in Majuskeln gesetzten Wörter in der zweiten Spalte verweisen darauf, dass hier Schritte notiert sind, die außerhalb der üblichen Äußerungsfolgen liegen. Die Abkürzungen in den Spalten, in denen Akte klassifiziert sind, sind auf S. 20 erläutert. Die in eckigen Klammern gesetzten Ziffern und Symbole in der Spalte der Auswertungsschritte beschreiben die Intonation: [1–]: tief-fallend, akzeptierend; [1+]: hoch-fallend, stark zustimmend, [4]: steigend-fallend, mit Vorbehalten.

linguistischen Kategorien, sondern ein auf effektive Instruktion ausgerichtetes Setting. Die sprachliche und damit auch die soziale Realität des Unterrichts erfährt eine Zurichtung aufs Überschaubare; so mag es vielleicht gelingen, ein Instrumentarium zur Analyse von Diskursen zu konstruieren, das Interesse am Unterricht bleibt diesem so äußerlich. Es bleibt zu fragen, ob Kategoriensysteme konstruiert werden können, ohne auf den institutionellen Zusammenhang einzugehen. So ist etwa der Akt der Auswahl, mit dem der Lehrer entscheidet, welcher Schüler den folgenden Schritt ausführen soll, ohne diese Rahmung nicht angemessen zu analysieren.

(b) Auf einen ähnlichen Aspekt zielt der zweite Kritikpunkt: Die Kontextbedingungen von Unterricht scheinen für die Diskursanalyse unerheblich zu sein, so z.B. in der Unterscheidung von linguistischen und außerlinguistischen Einheiten. So ist die Unterrichtsstunde keineswegs eine bloß schulorganisatorische Entität, sondern eine, auf die mit sprachlichen Äußerungen Bezug genommen wird: Lehrer begrüßen die Schüler an ihrem Anfang und verabschieden sich an ihrem Ende. Diese Ebene der sprachlichen Organisation bleibt dem Ansatz verschlossen. Es lohnt sich auch nicht, die Wechselwirkung mit anderen Zugängen zur Unterrichtsrealität zu versperren, denn das konkrete sprachliche Handeln von Lehrern hängt auch von ihrem didaktischen Konzept ab, wie man an der Diskussion um die Lehrerfrage sehr schön zeigen kann. Den Autoren bleiben die kontextuellen Bedingungen der Interaktion äußerlich, sie dienen nur als Folie für eine linguistische Beschreibung.

(c) Aus diesen Gründen weist auch die linguistische Beschreibung selbst Probleme auf. Die eindeutige hierarchische Zuordnung von segmentierten Einheiten in Äußerungen zu Handlungen setzt voraus, dass genau spezifizierte Listen von Handlungen und Äußerungseinheiten vorliegen und aufeinander bezogen werden können (vgl. die Diskussion bei Levinson 1990, 290f.). Die Listen liegen auch vor, sie versprechen jedoch eine Sicherheit in der Zuordnung, die nicht zu erreichen ist. Die strukturell bedingte Mehrdeutigkeit sprachlicher Formen wird so scheinbar erledigt. Einen begrifflichen Apparat, der auch dies erfassen könnte, haben die Autoren nicht vorgelegt.

2.3. *Learning Lessons:* Der Beitrag der ethnomethodologischen Konversationsanalyse

2.3.1. Grundlagen

Es ist sicher nicht unproblematisch, mit der Bezeichnung „ethnomethodologische Konversationsanalyse" jene soziologischen Forschungsrichtungen zusammenzufassen, die sich seit den 60er Jahren mit der Beschreibung mikrostruktureller Bedingungen sozialen Handelns beschäftigen, da sich die beiden Bestandteile Ethnomethodologie und Konversationsanalyse zu selbständigen Forschungsrichtungen weiter entwickelt haben. Während sich die Konversationsanalyse auf die Untersuchung vor allem der sprachlichen Interaktion konzentriert, fokussiert die Ethnomethodologie auch andere Aspekte des sozialen Handelns. Dennoch wollen auch wir die eingeführte Kategorisierung beibehalten (wie z.B. auch Bergmann 1994), weil für unseren Gegenstand Unterrichtskommunikation eine wichtige Verbindung zwischen beiden Ansätzen besteht, auf die wir weiter unten ausführlich eingehen werden. Die gemeinsamen Wurzeln der Ansätze liegen sowohl in dem phänomenologisch orientierten Lebenswelt-Ansatz Alfred Schütz' als auch im symbolischen Interaktionismus in der Tradition George H. Meads, die in den 60er Jahren von Harold Garfinkel unter dem Stichwort „Ethnomethodologie" (grch. *ethnos* ‚Volk', *methodos* ‚Gang einer Untersuchung') zusammengeführt, gebündelt und weiter entwickelt wurde. Darunter ist ein Forschungsansatz zu verstehen, der die Konstitution sozialen Sinns durch die Beteiligten thematisiert, indem er fragt, mithilfe welcher Techniken oder Mechanismen die Handelnden selbst ihren Aktivitäten Sinn verleihen. Diese Methoden sind keineswegs wissenschaftliche, sondern alltagspraktische – darauf verweist das Präfix *Ethno*. Die Handelnden stellen im Vollzug eine Ordnung her, indem sie ihre Aktivitäten selbstreflexiv als Teil eines Sinnkonzepts darstellen:

> Ethnomethodological studies analyze everyday activities as members' methods for making those activities visibly-rational-and-reportable-for all practical-purposes, i.e. ‚accountable' as organizations of commonplace everyday activities. (Garfinkel 1967, VII)

Bekannt geworden sind jene Krisen-Experimente, mit denen Garfinkel die impliziten Sinnstrukturen alltäglicher Interaktionszusammenhänge deutlich gemacht hat, indem er beispielsweise seinen Studenten die Aufgabe gestellt hat, in einem Kaufhaus den eigentlich festen Preis einer Ware herunterzuhandeln. Die daraus resultierenden Interaktionskomplikationen machten den Beteiligten jene Ordnung deutlich, die ihr eigentlich untergeschoben wurde.

Aber auch kommunikativ hergestellte sinnhafte Strukturen gerieten in den Fokus der Ethnomethodologen. Es waren vor allem Harvey Sacks, Emanuell Schegloff und Gail Jefferson, die seit Ende der 60er Jahre jene Sinn stiftenden Eigenschaften gesprochener Sprache untersuchten und so die engere Richtung der Konversationsanalyse (frz. *conversation* ‚Umgang, Unterhaltung') begründeten. Im Laufe der Zeit entwickelte sich daraus, wie oben angedeutet, ein eigenes Paradigma, das die verschiedenen Ordnungsdimensionen verbaler Interaktion herausgearbeitet hat. Auf der Grundlage von genauen Transkriptionen von auditiv oder audio-visuell dokumentierten „natürlichen" Gesprächen, also keinen durch das wissenschaftliche Interesse selbst erzeugten Interaktionen, fokussiert die Konversationsanalyse die in den Oberflächenphänomenen vor allem lokal und sequentiell wirksam werdenden sozialen Ordnungen, wie sie von den Handelnden hergestellt werden, etwa das *turn-taking*-System, also die Regeln für die Verteilung des Rederechts im Gespräch, oder die regelhafte Abfolge von *turns* in Nachbarschaftspaaren (*adjacency pairs*), wie etwa das Verhältnis zwischen Frage und Antwort; sequentiell wirksam werdende Strukturierungsaktivitäten werden auch in der Beschreibung der Aktivitäten von Teilnehmern deutlich, die ein Gespräch zum Abschluss bringen wollen.

Am Beispiel der Beschreibung des *turn-taking*-Systems wollen wir nun die Arbeitsweise des konversationsanalytischen Ansatzes herausarbeiten. Es geht um das Problem, wie

Sprecher in einem Gespräch die Aufgabe bearbeiten, das Rederecht so zu verteilen, dass nicht mehr als ein Sprecher gleichzeitig spricht. Dem liegt die Beobachtung zugrunde, dass es verbal interagierenden Subjekten in unterschiedlichen Zusammenhängen gelingt, ihre Redewünsche so aufeinander abzustimmen, dass vergleichsweise selten parallel gesprochen wird und die Pausen zwischen den Beiträgen relativ kurz sind (vgl. auch Levinson 1990, 295). Auf der Grundlage von Transkripten erarbeiten nun Sacks, Schegloff und Jefferson in einem „klassischen" Aufsatz (1974) eine Beschreibung des Systems mithilfe von zwei Komponenten sowie einem Regelsystem: Die beiden Komponenten dienen der *turn*-Konstruktion (*turn-constructional component*) sowie der *turn*-Zuteilung (*turn-allocation-component*), das Regelsystem beschreibt die Prozeduren der Sprecherzuweisung. Die Redebeiträge (*turns*) verfügen über syntaktische und prosodische Einheiten, mit denen die Organisation bewältigt wird. Das Ende einer solchen redebeitragsbildenden Einheit stellt ein Punkt dar, an dem der aktuelle Sprecher entweder weitersprechen oder aber ein anderer das Rederecht übernehmen kann: das ist ein übergangsrelevanter Ort (*transition relevance place*). An dieser Stelle kommen nun die den Sprecherwechsel steuernden Regeln zum Einsatz: a) Die Verteilung kann erstens der aktuelle Sprecher vornehmen, der gerade das Rederecht ausübt – indem er beispielsweise einem Beteiligten eine Frage stellt. b) Wenn der Sprecher keinen Nachfolger bestimmt hat, kann sich ein Teilnehmer das Rederecht selbst wählen, indem er an einer dafür geeigneten Stelle, z.B. einer Pause, die Initiative ergreift und einen Redebeitrag beginnt. c) Wenn dies nicht funktioniert, kann der aktuelle Sprecher wieder zum Zug kommen. Die Regeln lassen sich wie folgt zusammenfassen:

Regeln des Sprecherwechsels[8]

Regel 1 – gilt zu Anfang für den ersten übergangsrelevanten Ort (TRP) jedes Redebeitrags:
  (a) Wenn A im laufenden Beitrag B auswählt, muss A aufhören und B als nächster sprechen, wobei der erste Übergang beim ersten TRP nach der Auswahl von B erfolgt.
  (b) Wenn A nicht B auswählt, kann jeder andere Teilnehmer sich selbst wählen, wobei der erste, der spricht, das Rederecht übernimmt.
  (c) Wenn A nicht B gewählt hat und kein anderer sich selbst unter Option (b) wählt, kann A weitersprechen (muss es aber nicht), d.h. eine weitere beitragsbildende Einheit beanspruchen.

Regel 2 – gilt für alle folgenden TRPs:
  Wenn Regel 1c von A angewandt worden ist, gelten beim nächsten TRP und rekursiv bei jedem nächsten TRP die Regeln 1 (a) – (c), bis ein Sprecherwechsel erfolgt.

Diese strikt sequentielle Beschreibung der Redewechselprozeduren ermöglicht es nicht nur, die einzelnen Bestandteile des Redebeitrags in Hinblick auf seine organisierenden Bestandteile zu überprüfen, sie zeigt darüber hinaus, wie die verbale Interaktion durch die Beteiligten selbst gemanagt wird. Zudem wird so deutlich, dass auch nonverbale Elemente wie kürzere Pausen oder längere Schweigephasen nach einem Redebeitrag Sinn konstituieren, indem sie den Raum für den nächsten Teilnehmer schaffen, das Wort zu ergreifen.

---

[8] Die Rekonstruktion erfolgt in einer eigenen Bearbeitung der Regelformulierungen bei Sacks/Schegloff/Jefferson (1974) sowie bei Levinson (1990).

Während die Konversationsanalyse zu Beginn hauptsächlich die das Gesprächsverhalten strukturierenden Regeln in alltäglichen Zusammenhängen thematisierte, erweiterte sie das Spektrum zunehmend in Hinblick auf institutionelle Kontexte und Gespräche im Fernsehen etc. (vgl. die Beiträge im Sammelband *Talk at work*, Drew/Heritage ed. 1992). Zu jener in den sprachlichen Tätigkeiten alltäglicher Kommunikation interaktiv hergestellten Ordnung gesellt sich nun der gesetzte äußere Rahmen, auf den die Beteiligten ebenfalls Bezug nehmen. Diesen Zusammenhang erfasst das Konzept des Kontextes, indem die Äußerungen sowohl lokal als auch global implizit oder explizit auf die gegebene Rahmung verweisen. Diese neue Orientierung ermöglicht zugleich auch einen Vergleich mit den nicht-institutionalisierten Situationen der traditionellen Konversationsanalyse, so dass etwa spezifische Techniken der Zielorientierung oder der Machtausübung in den Blick kommen.

Die Schule hat bisher nur am Rande zu den Gegenständen der Konversationsanalyse gehört – wohl aber zu denen der Ethnomethodologie. Die ethnomethodologisch orientierte Arbeit Hugh Mehans *Learning lessons* wird immer noch als Bezugsarbeit – auch in der Konversationsanalyse – herangezogen, so dass hier die oben problematisierte Verknüpfung beider Forschungstraditionen unter einem Etikett endlich ihre Begründung findet.

2.3.2. Voraussetzungen und Ziele der Unterrichtsanalyse

Eine ethnographisch orientierte Analyse von Unterrichtskommunikation hat Mehan (1979) vorgelegt.[9] Er vertritt einen Ansatz, den er „constitutive ethnography" nennt, mit deren Hilfe das soziale Handeln im Klassenzimmer beschrieben wird. Die Struktur dieser besonderen sozialen Ordnung steht im Mittelpunkt des Interesses, und die Art und Weise, wie die Handelnden diese interaktiv herstellen. Dieser Ansatz grenzt sich einerseits von den aus der Unterrichtsforschung bekannten quantitativen Ansätzen (z.B. Flanders) ab, andererseits von der traditionellen Feldforschung. Welche strukturierenden Aktivitäten von Lehrern und Schülern konstituieren sozial organisierte Ereignisse wie den Unterricht?

> Constitutive studies put structure and structuring on an equal footing by showing *how* the social facts of the world emerge from structuring work to become external and constraining, as part of a world that is at once of our making and beyond our making. (Mehan 1979, 18)

Entsprechend entwickelt Mehan zunächst eine Beschreibung der Struktur von Unterrichtsstunden, die sich als geordnete Abfolge von Phasen darstellt, es folgt eine Auseinandersetzung mit der Frage, wie die Teilnehmer mittels der *turn*-Verteilungsmaschinerie diese organisieren, und schließlich geht es darum, wie Kinder die Fähigkeiten erwerben, zu einem kompetenten Mitglied der sozialen Organisation zu werden. Die methodologischen Standards sind explizit der ethnographischen Tradition verpflichtet (19-24): Verlässlichkeit der

---

[9] Weitere Arbeiten aus konversationsanalytischer Perspektive in diesem Bereich institutioneller Kommunikation haben Mehan 1985 – eine Kurzfassung von *Learning Lessons* – und Levinson 1992 vorgelegt, letzterer arbeitet u.a. am Beispiel des fragend-entwickelnden Unterrichtsgesprächs den durch Fragen bestimmten „Aktivitätstyp" heraus (bes. 86–93).

Daten, interpretative Datenauswertung, Konvergenz zwischen Forscher- und Teilnehmerperspektive und schließlich Fokussierung der Interaktion.

Eine audiovisuelle Dokumentation von neun Stunden in einer Klasse von Erstklässlern, Grundstufen-Schülern einer *elementary school* in San Diego, Kalifornien, fundiert die Arbeit. Die Themen der nach statistischen Kriterien – die erste Stunde eines Tages in regulären Abständen (26) – gewählten Stunden sind heterogen. Die Daten werden aus Gründen der leichteren Zugänglichkeit transkribiert und schaffen eine verlässliche Grundlage der Analyse. Die Transkriptionskonventionen sind nicht sehr ausgefeilt: Mehan bedient sich einerseits der Satzendzeichen als Intonationsmarkierer; darüber hinaus vermerkt er jedoch nur Pausen, Unterbrechungen und simultanes Sprechen, während andere wichtige Eigenschaften wie z.B. Akzente und Tempo keine Berücksichtigung finden. Die Transkripte sind, ebenso wie die Sinclair/Coulthards, kategorienorientiert, d.h., die Redezüge werden bereits in ihrer sequentiellen Ordnung zugänglich gemacht. Dieses Material erkundet der Forscher mit einer interpretativen Herangehensweise. Ausgehend von kleineren, übersichtlichen Abschnitten entwickelt er ein Beschreibungsmodell, das nun durch Erweiterungen modifiziert bzw. validiert wird. Schließlich soll es alle im Material dokumentierten Erscheinungsformen erfassen. Bei der Analyse bemüht sich der Forscher um eine Konvergenz mit der Teilnehmerperspektive, indem er die im konkreten Handeln deutlich werdenden Orientierungen rekonstruiert. Schließlich stehen die Interaktionen der Beteiligten im Mittelpunkt des Interesses. So erarbeitet Mehan nicht nur eine Beschreibung des sequentiellen und hierarchischen Arrangements der Struktur einer Stunde, sondern darüber hinaus auch die interaktionalen Aktivitäten, die einer Stunde ihre Organisationsform geben.

2.3.3. Ergebnisse

Die Phasen und die Organisation einer Unterrichtsstunde (*lesson*) stehen im Mittelpunkt der Untersuchungen Mehans. Der sequentiellen Analyse des Stundenverlaufs folgt die der Ordnung herstellenden Lehreraktivitäten, bezogen auf die Verteilung des Rederechts und auf die Disziplinierung derjenigen Schüler, die sich nicht an die geltenden Regeln halten.

Eine Unterrichtsstunde weist eine sequentielle Organisation auf, d.h., sie lässt sich in verschiedene, aufeinander folgende Abschnitte einteilen: die Eröffnungs-, die Instruktions- und die Abschlussphase (49). In der Eröffnungsphase legt der Lehrer seinen Schülern in einer informativen Sequenz das Programm der Stunde offen; eine direktive Sequenz bereitet die darauf folgende Phase vor. In der Instruktionsphase vermittelt der Lehrer den Schülern in direktiven und informativen Sequenzen die vorgesehenen Wissensbestände, während die Abschlussphase der evaluativen Rückschau über das zuvor Erarbeitete dient.

Die Phasen werden jeweils durch dreischrittige interaktionale Sequenzen gebildet, deren Positionen Mehan als *initiation*, *reply* und *evaluation* bezeichnet. Sie lassen sich als miteinander verknüpfte *adjacency pairs* klassifizieren: Die beiden ersten Schritte *initiation* und *reply* bilden nicht nur das erste dieser Paare, sondern auch zusammen den ersten Schritt des zweiten Paares, da sich die *evaluation* nicht nur auf die durch *reply* ausgedrückte Form bezieht, sondern auf das Paar.

Übersicht 2.5: Struktur Sequenzen in der Instruktionsphase (Mehan 1979, 54)

Die Abfolge und Anordnung dieser Sequenzen sind abhängig vom Thema, so dass sich eine gewisse Folge zu einem *topically related set* zusammenfassen lässt, das aus einer das Thema bestimmenden Basissequenz (*basic sequence*) und einer oder mehreren Folgesequenzen (*conditional sequences*) besteht (1979, 65). Insgesamt lassen sich die beschriebenen Strukturen als ein rekursives System aufschreiben, in der die hierarchisch höhere Kategorie jeweils durch elementarere Kategorien beschrieben werden können (vgl. Übersicht 2.6).

Übersicht 2.6: Rekursive Struktur einer Unterrichtsstunde (Mehan 1979, 75)

Lesson --------------------------->	Opening Phase + Instructional Phase + Closing Phase
Opening, Closing Phase ------>	Directive + Informative
Instructional Phase ------------>	Topically related Set (TRS) + TRS
TRS --------------------------------->	Basic + Conditional Sequence (or interactional Sequence)
Instructional Sequence -------->	Initiation + Reply + Evaluation

Diese Beschreibungskategorien dokumentiert Dokument 2.

Dokument 2: The internal Structure of Classroom Lessons (Mehan 1984, 121–123)[10]

Interactional sequences during the instructional phase of the lesson are organized round topics. As a result, the instructional phase of classroom lesson can be charakterized as a progression of topical related sets of interactional sequenzes (Mehan, 1979). The instructional topic is established in a basic sequence that appears on every occasion of teacher-student interaction. On some occasions, the discussion of the topic ceases with the completion of the basic sequence. On other occasions, teachers and students expand upon the basic topic with a series of conditional sequences, progressing through these topical related sets of sequences in a systematic fashion.

The following table from a lesson using namecards exemplifies this hierarchic arrangement. In this transcript the teacher (T) asks the students, Patricia (P) and Carolyn, (C) to identify the name printed on the card.

The teacher held up a namecard for identification (4:9). When Patricia identified her own card, the teacher gave further instructions and held up the card again (4:10). When Carolyn identified the namecard correctly (4:11), the teacher asked her to locate the student

---

[10] © Academic Press, London etc.

named (4:12) and asked Patricia to confirm the identification (4:13). As soon as that was done, the teacher lowered the namecard and said, *That's right*. The cadence of the teachers voice slowed as she pronounced these words. The lowered namecard, the changed cadence, and the use of *That's right* all marked the end of this topical related set of sequences. The identification of the namecard (4:9–4:11) was a basic sequence that established the topic. The linking of the card to the person (4:12) and the confirmation of that identification (4:13) were conditional sequences; their appearance was dependent upon the prior apearance of the basic identification of the namecard.

By raising another card and quickening the pace of her voice, the teacher began another topic (4:14). One topic followed another throughout the remainder of the instructional phase of the lesson.

Initiation	Reply	Evaluation
4:9 T: Who knows whose namecard this is? (holds up namecard)	P: Mine C: (raises hand)	T: Ah, if you are, if it's your namecard (card down) don't give the secret away. If you ...
4:10 T: Lets see. I'll just take some of the people who are here. Um, if it's your namecard, don't give away the secret, Whose namecard (card up) who could tell us whose namecard this is.	C: (raises hand)	
4:11 T: Carolyn	C: Patricia	
4:12 T: Can you point to Patricia?	C: (points to P.)	T: That's right.
4:13 T: Is this your namecard?	P: (nods yes)	T: All right (lowers namecard)
4:14 T: Whose namecard ist this? Now, don't give away the secret if it's yours, don't give away the secret if it's yours, give other children a chance to look (Holds up namecard)	E: C: (raises hand)	

This transcript also illustrates that interactional sequences between teachers and students in the instructional phases of lessons appear in three-part and extended forms. The three-part sequence occurs when reply called for by initiation occurs in the next turn and is immediately followed by an evaluation (line 4:12). The extended sequence occurs when the exspected reply does not appear immediately (see 4:9–4:11), because students do not answer or give partial or incorrect replies, or because of interruptions or distractions. At such times, the initiator employs a number of strategies including prompting after incorrect or incomplete replies and repeating or simplifying initiation acts in order to obtain the reply called for the first initiation act. The completion of extended sequences is marked in much the same way as three-part sequences; by the positive evaluation of the content of students' replies, slowed cadence, and manipulation of educational material

Die Art und Weise der interaktiven Herstellung dieser Strukturen gewährleistet der *turn*-Zuteilungsapparat, mit dessen Hilfe die Ordnung im Klassenzimmer hergestellt und aufrechterhalten wird. Im Wesentlichen muss das Problem gelöst werden, welcher Schüler die *reply*-Position besetzen darf. Im „Normalfall" organisiert die Lehrerin dieses Problem erstens durch gezieltes individuelles Aufrufen (*individual nomination*: *„where were you born, Prenda?"* 1979: 84), zweitens durch Einladungen zur Teilnahme (*invitation to bid*: *„raise your hand"* 90) und Einladungen zur Antwort (*invitations to reply*: T: *„I called the tractor a mm ..."* St: *„machine"*). So sorgt sie dafür, dass diese Position besetzt wird.

Schüler, die sich nicht an diese Regeln halten, laufen Gefahr, sanktioniert zu werden. Die Lehrerin hat für diese Fälle die folgenden Strategien entwickelt (1979, 108-118):

— das Nichts-Tun (*the work of doing nothing*): unaufgeforderte Schüleräußerungen werden übergangen;
— das Weitermachen (*getting through*): bei fehlenden Antworten setzt der Lehrer seine Aktivitäten fort, bis die Übergabe zur *reply*-Position gelingt;
— die stillschweigende Rederechterteilung (*opening the floor*): das Akzeptieren der richtigen Antwort eines unautorisierten Sprechers, nachdem der autorisierte eine falsche gegeben hat, und
— das Unerwartete akzeptieren (*accepting the unexspected*): dies betrifft vor allem nicht erwartete Antworten von nicht-autorisierten Sprechern, deren Regelverstoß implizit geduldet wird.

So erwerben die Schüler in der Schule eine spezifische kommunikative Kompetenz, die darin besteht, nach den impliziten Regeln der kommunikativen Ordnung des Klassenzimmers zu agieren und in diesem Rahmen zu kognitiven Wissensbeständen zu gelangen.

2.3.4. Kritik

Bei der Kritik an diesem Ansatz möchten wir zwei Aspekte herausstellen, nämlich erstens die Diskrepanz zwischen der Datenbasis und dem Allgemeinheitsgrad der Beschreibung (a), und zweitens den unscharfen Kontextbezug (b).

(a) Mehan beansprucht nicht mehr und nicht weniger, als Regeln für die Organisation des Instruktionsdiskurses zu formulieren. Wegen der eher soziologischen Interessen verpflichteten Orientierung des Ansatzes kommen die Unterrichtsstunde und die Struktur ihrer Phasen in den Blick, im Vergleich zur Diskursanalyse erweitert sich das Spektrum schon. Die wesentlichen Anteile sprachlicher Aktivitäten an der Organisation der interaktiven Prozesse werden in Form von Sequenz- und Beitragsverteilungsregeln expliziert, die ganz in der ethnographischen Tradition auf der Grundlage von genauen Transkriptionen auditiv dokumentierten Unterrichts beruhen. So lassen sich gut Beziehungen zu Instruktionsdialogen zwischen Erwachsenen und Kindern in der Vorschulzeit herstellen – die ebenfalls die dreigliedrige Struktur aufweisen (vgl. Levinson 1992) und so die Annahme einer relativ allgemeinen Gültigkeit dieses Sequenzplans stützen. Die methodologischen Prämissen sind erfüllt, aber nur auf den ersten Blick. Die Beschränkung der Datenerhebung auf eine Schuleingangslerngruppe hat nämlich zur Folge, dass möglicherweise die Beobachtung anders organisierter Stunden in gleichen oder höheren Jahrgangsstufen auch differente Organisationsmodalitäten offenlegen würde, so dass der in der Regelformulierung zum Ausdruck kommende Anspruch etwas bescheidener ausfallen müsste. Ein Blick in Klassenzimmer der verschiedenen Jahrgangsstufen (vgl. die Abschnitte 3.3 und 4.5) zeigt jedenfalls eine Variabilität der Unterrichtsgestaltung, die deutlich macht, dass die Modellierung schulischer Interaktion auf eng vom Lehrer kontrollierte Interaktionszusammenhänge zu kurz greift.

(b) Der zweite Punkt betrifft die Thematisierung der Institutionalität. Mehan geht auch auf die schulischen Bedingungen ein, die er jedoch nicht markiert – wie etwa die funktionale Pragmatik mit der Gegenüberstellung von alltäglichen und schulisch-institutionellen Handlungsmustern (vgl. Abschnitt 2.4.) –, sondern als gegeben und selbstverständlich voraussetzt. Auch die unterschiedlichen Diskurswelten der Disziplinen, die auf Schule einwirken, finden keine Berücksichtigung. Insofern bleiben seine Vorstellungen vom Zweck der Schule der Oberfläche des scheinbar Selbstverständlichen verhaftet.

2.4. *Muster und Institution:* Der Beitrag der funktionalen Pragmatik

2.4.1. Grundlagen

Die funktionale Pragmatik ist ein handlungstheoretischer Forschungsansatz, der in den letzten 30 Jahren gerade auch die schulische Kommunikation untersucht hat. Die funktionale Pragmatik stellt eine eigenständige Weiterentwicklung unterschiedlicher Forschungsansätze dar. Zu nennen ist hier zum einen die Sprechakttheorie, worauf der griechische Ausdruck *Pragmatik* (grch. *pragma* ‚Handlung') in ihrem Namen hindeutet. Die Sprechakttheorie hat wesentlich dazu beigetragen, den Handlungscharakter von Sprache in den Blick der linguistischen Analyse zu rücken. Denn mit Sprache machen wir nicht nur Aussagen über die Welt, sondern handeln auch ganz praktisch, etwa wenn wir ein *Versprechen geben*, eine *Frage stellen* oder eine *Aufforderung formulieren*. Allerdings beschränkt sich die Sprechakttheorie weitgehend auf den Sprecher, so dass die wichtige Rolle des Hörers unberücksichtigt bleibt. Weitere wichtige Impulse nahm die funktionale Pragmatik aus der soziologischen Handlungstheorie auf (vgl. Rehbein 1977). Der *Handlungsbegriff* steht dabei im Gegensatz zum *Verhaltensbegriff*; denn anders als das instinktgesteuerte Verhalten der Tiere ist der Mensch zu einem geplanten und reflektierten Handeln fähig. Der Mensch handelt bewusst, um ein bestimmtes Ziel zu erreichen. Der Ausdruck *funktional* verweist darauf, dass sprachliche Formen ganz bestimmte *Aufgaben* in der Kommunikation erfüllen. Oder anders ausgedrückt, die sprachlichen Formen dienen bestimmten Zwecken.

Dieser Zusammenhang von sprachlichen Formen und kommunikativen Zwecken steht im Zentrum des Erkenntnisinteresses.

Die funktionale Pragmatik unterscheidet zwischen mündlicher und schriftlicher Kommunikation. Die mündliche Kommunikation ist an die gemeinsame Anwesenheit von Sprecher und Hörer gebunden; die schriftliche Kommunikation zeichnet sich durch eine Zerdehnung der Sprechsituation (Ehlich 1983) aus, wodurch eine sprachliche Äußerung über Zeit und Raum hinweg transportiert werden kann. Die Analyse der mündlichen Kommunikation wird auch als *Diskursanalyse* bezeichnet. Will man Sprache in ihrem Handlungskontext untersuchen, bedeutet Sprachanalyse zugleich auch Kommunikationsanalyse; denn die Leistung der einzelnen sprachlichen Formen und Mittel wird erst in ihrem Gebrauch sichtbar. Des Weiteren schließt Kommunikationsanalyse eine Handlungsanalyse ein, weil die Kommunikation ihrerseits eingebunden ist in weitere Handlungszusammenhänge. Wenn wir gemeinsam handeln, dann nutzen wir Sprache zur Verständigung über unser Tun, beispielsweise wenn wir mit mehreren ein Möbelstück transportieren. Dass Kommunikation ihren Zweck in sich selbst hat, d.h. zum Selbstzweck wird, kommt gelegentlich auch vor, beispielsweise beim Erzählen im Kreis von Freunden; sehr viel häufiger ist sie jedoch Bestandteil übergeordneter Handlungen.

Da zahlreiche dieser Tätigkeiten in festen Institutionen stattfinden, schließt die Handlungsanalyse eine Institutionsanalyse ein; Handeln bedeutet vielfach Handeln in Institutionen. Ein gutes Beispiel hierfür ist die Institution Schule, deren Einfluss auf Lehren und Lernen wir in Kap. 1.4 dargestellt haben. Für die funktionale Pragmatik bedeutet das, dass es einen engen Zusammenhang von Sprache, Kommunikation und Institution gibt. Aus diesem Grund sind wesentliche Teile der Begrifflichkeit und Analyseverfahren von Ehlich und Rehbein am Beispiel der schulischen Kommunikation entwickelt und illustriert worden (vgl. das Düsseldorfer Projekt *Kommunikation in der Schule,* KidS). Denn Schule als eine weitgehend versprachlichte Institution eignet sich besonders gut, um den Zusammenhang von Sprache und institutionellem Handeln zu untersuchen. Brünner/Graefen (1994) fassen das so zusammen:

> Funktionale Pragmatik ist eine Analyseweise, die sprachliches Handeln als Teil der gesellschaftlichen Praxis untersucht. Das bedeutet, dass sie das sprachliche Handeln systematisch auf gesellschaftliche Zwecke und auf institutionelle Bedingungen bezieht. Zugleich analysiert sie es in seiner Vernetzung mit anderen (mentalen und praktischen) Formen des Handelns. Sie rekonstruiert die gesellschaftlichen Zwecke und bis zu einem gewissen Grad auch die individuellen Ziele aus den Formen sprachlicher Handlungen sowie aus der Verwendungsweise sprachlicher Mittel. Dabei verwendet sie empirische Daten in Form authentischer Diskurse und Texte (Brünner/Graefen 1994, 14).

Der zentrale Begriff der funktionalen Pragmatik ist der des *sprachlichen Handlungsmusters* (vgl. Ehlich/Rehbein 1979a, 1986). *Muster* sind gesellschaftlich ausgearbeitete Formen zur Bewältigung wiederkehrender kommunikativer Probleme. Wenn sich bestimmte kommunikative Probleme immer wieder stellen, dann wird daraus ein Standardproblem. Erfolgreiche Lösungen des Problems werden durch wiederholtes Ausführen zu Standardlösungen. Der Zusammenhang von (Standard-)Problem und (Standard-)Lösung geht im Muster eine feste

Verbindung ein, indem es die Lösungswege für eben dieses Problem bereithält. Diesen Zusammenhang zwischen einem Standardproblem und seiner Standardlösung nennt man den *Zweck* eines Musters. Der Zweck eines Musters liegt in der Standardverbindung von Problem und Lösung. Zwecke sind also verallgemeinerte Zielsetzungen, die von den individuellen Zielen zu unterscheiden sind.

Wir werden das nun am Beispiel von Frage und Antwort illustrieren: Ein Standardproblem, das jeder von uns kennt, besteht darin, dass wir eine Lücke oder ein Defizit in unserem Wissen bemerken; wir wissen beispielsweise nicht die aktuelle Uhrzeit. Wenn wir ein solches Wissensdefizit bemerken, dann müssen wir uns entscheiden, ob wir eine Uhr suchen und so unsere Wissenslücke schließen wollen oder ob wir eine andere Person fragen wollen. In diesem Fall werden wir eine Frage formulieren. Wenn der Hörer die Antwort weiß, so wird er etwa in Form einer Aussage das erfragte, fehlende Wissen versprachlichen, d.h., er wird uns die Uhrzeit nennen.

Man kann sagen, wir haben uns für unser Ziel, die Uhrzeit zu erfragen, des Frage-Antwort-Musters bedient. Der allgemeine Zweck dieses Musters besteht genau darin, Wissen aus dem Kopf der einen in den einer anderen Person zu transportieren. Hierfür hat sich dieses sprachliche Handlungsmuster herausgebildet; der hohe Grad der Standardisierung zeigt sich hierbei auch darin, dass für den Sprechakt der Frage eine eigene grammatische Form ausgebildet wurde. Denn dass es sich bei einer Äußerung um eine Frage handelt, erkennt der Hörer an der fragetypischen Wortstellung (Prädikat in Erststellung: *Kommst du heute?*), an der Verwendung von Fragewörtern (*Wie* spät ist es?) und an der Intonation (Stimme wird zum Äußerungsende angehoben). Zusammengefasst lässt sich das Frage-Antwort-Muster so beschreiben: Das Standardproblem besteht im Bemerken eines Wissensdefizits, die Standardlösung in einer Sequenz aus Frage und Antwort und der Zweck in der Weitergabe von Wissen.

Wenn die Menschen für das Erreichen ihrer Ziele in Kontakt mit anderen treten, dann bedienen sie sich der sprachlichen Muster. Auf diese Weise organisieren die Muster zugleich das Zusammenspiel, das gemeinsame Handeln oder – terminologisch – die *Interaktion* von Sprecher und Hörer. Mit dem Einstieg in ein Muster werden die weiteren Musterpositionen erwartbar, d.h., sie verpflichten Sprecher und Hörer zu bestimmten Aktivitäten. So entsteht in unserem Beispiel mit einer Frage eine starke Verpflichtung für den Hörer zu antworten. Dieser kann man sich nur unter bestimmten Voraussetzungen entziehen, beispielsweise bei eigenem Nicht-Wissen. Anderenfalls gilt man als grob unhöflich, weil man die sehr grundlegende Verpflichtung zur Kooperation missachtet.

Für die Analyse werden die Muster auch als Ablaufsysteme in Form von Flussdiagrammen dargestellt. Dabei werden jedoch nicht nur die hörbaren Äußerungen eingetragen, sondern auch notwendige mentale (kognitive) Prozeduren. Solche mentalen Prozeduren sind etwa *Entscheidungen, Bewertungen* oder *Vermutungen*. Im Beispiel des Frage-Antwort-Musters muss der Sprecher zunächst einmal *bemerken*, dass ihm ein bestimmtes Wissen fehlt, sodann muss er sich dafür *entscheiden*, sein Nicht-Wissen kundzutun – und nicht etwa andere Wissensquellen (Bücher u.ä.) zu Rate zu ziehen –, erst dann wird er seine Frage formulieren. Anschließend muss der Hörer *entscheiden*, ob er über das Wissen verfügt, bevor er eine Antwort geben kann. Auf diese Weise können drei Bereiche des sprachlichen Handelns unterschieden werden: a) der mentale Bereich des Sprechers, b) der mentale Bereich des Hörers sowie c) der gemeinsame interaktionale Bereich. Das Frage-Antwort-Muster ist in Diagramm 1 dargestellt.

Diagramm 1: Das Frage-Antwort-Muster

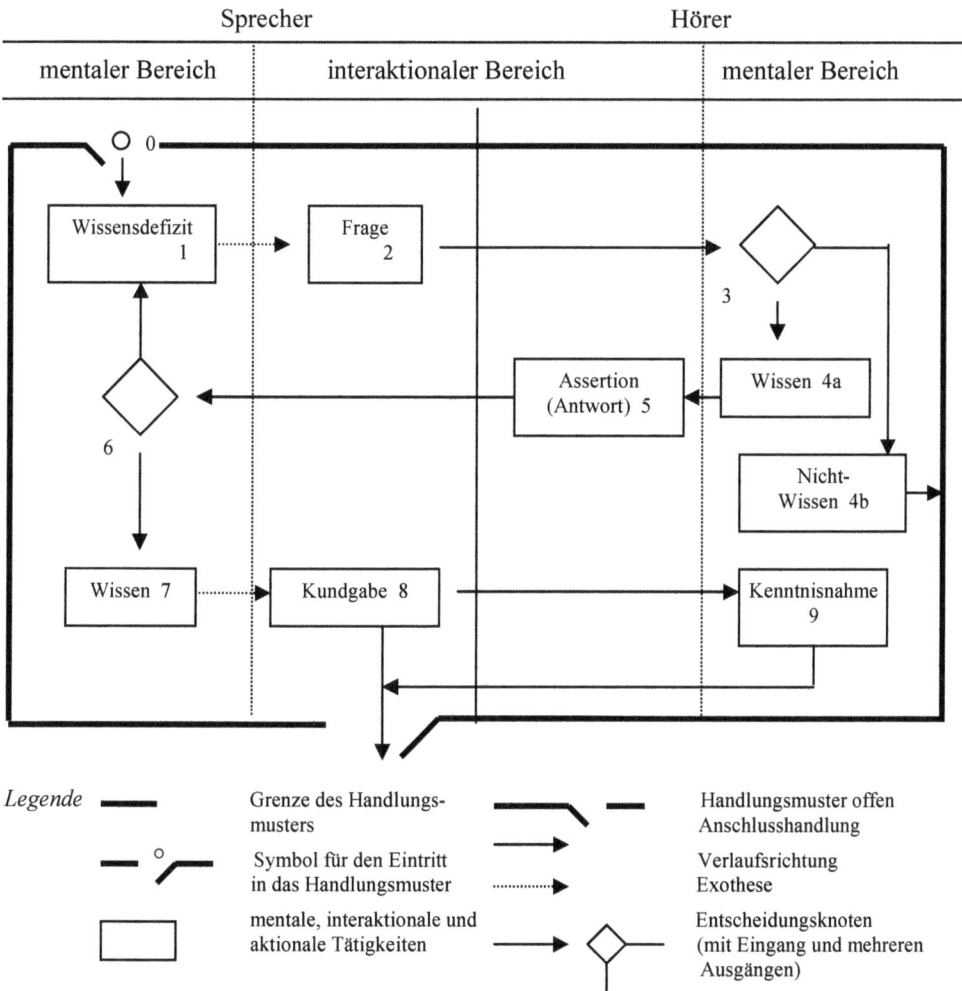

Das Ablaufdiagramm zeigt, dass die Muster über eine Binnenstruktur verfügen; sie setzen sich ihrerseits aus kleineren Einheiten zusammen: den nicht-wahrnehmbaren mentalen Prozeduren und den wahrnehmbaren Äußerungen im interaktionalen Bereich. Im vorliegenden Fall erfolgt der Einstieg in das Muster über das Bemerken eines Wissensdefizits des Sprechers (Position 1). Anschließend muss er sein Nicht-Wissen in Form einer Frage verbalisieren (2). In Position (3) muss der Hörer nun seinerseits entscheiden, ob er über das nötige Wissen verfügt (4a); falls nicht (4b), wird das Muster vorzeitig erfolglos verlassen.

Ansonsten gibt er eine Antwort in Form einer Assertion (5), woraufhin der Sprecher entscheiden muss (6), ob seine Wissenslücke nun gefüllt ist. Falls nicht, kann er zu Position (1) zurückkehren und damit erneut in die erste Phase von Frage und Antwort einsteigen. Schließt die Antwort die Wissenslücke, tut der Sprecher dies kund (8), der Hörer kann dies zur Kenntnis nehmen (9) und das Muster ist erfolgreich durchlaufen, sein inhärenter Zweck erreicht. Für das Frage-Antwort-Muster bedeutet das, es ist erst dann erfolgreich abgeschlossen, wenn die Antwort die Wissenslücke schließt; im anderen Fall ist es fehlgeschlagen.

Die Diskursanalyse unterteilt sprachliche Handlungen in Einheiten unterschiedlicher Größe. Die kleinsten Einheiten bilden die mentalen und sprachlichen Prozeduren; zu den sprachlichen Prozeduren zählen beispielsweise die grammatischen Formen. Mehrere solcher Prozeduren bilden dann einen Sprechakt, beispielsweise eine Frage. Mehrere solcher Sprechakte und mentaler Prozeduren fügen sich dann zu einem sprachlichen Muster zusammen; aus dem spezifischen Ensemble von Frage, Antwort und mentalen Prozeduren wird das Frage-Antwort-Muster. Dabei ist zu beachten, dass neben den Sprechakten auch die übrigen Musterelemente dazu gehören. Und als größte Einheit schließt sich der Diskurs an. Er vereint mehrere Handlungsmuster zu einer komplexen Interaktion. Ein Beispiel hierfür ist der Unterrichtsdiskurs, der in spezifischer Weise die für den Unterricht typischen sprachlichen Handlungsmuster zu einem Komplex zusammenfasst. Ein anderes Beispiel ist eine Gerichtsverhandlung, in der andere Muster zum Tragen kommen.

2.4.2. Voraussetzungen und Ziele der Unterrichtsanalyse

Die folgenden Ausführungen beziehen sich im Wesentlichen auf die Monographie *Muster und Institution. Untersuchungen zur schulischen Kommunikation* (Ehlich/Rehbein 1986). Der Titel kann durchaus als Forschungsprogramm gelesen werden: Es geht darum, schulische Kommunikation als soziales Handeln in einer Institution zu analysieren. Ehlich/Rehbein sehen die Schule als diejenige Institution an, die das gesellschaftliche Wissen an die nachfolgende Generation weiterzugeben hat. Dabei machen sie über das Wissen und seine Weitergabe folgende Annahmen: Das Gesamtwissen liegt in fraktionierter (aufgeteilter) Form vor, d.h., es ist auf die verschiedenen Gruppen der Gesellschaft verteilt. Inhaltlich unterscheiden sie zwischen dem Produktionswissen und dem ideologischen Wissen. Ersteres enthält – in einem weiten Sinne – unsere Fertigkeiten im Umgang mit der Umwelt, also beispielsweise unser handwerklich-technisches Know-how. Das ideologische Wissen meint die Vorstellungen, die sich die Menschen über die Formen ihres Zusammenlebens machen; es ist ein Wissen über unsere Gesellschaftsordnung und ihre Machtverhältnisse. Eine Aufgabe der Schule besteht nun darin, das Produktions- und das ideologische Wissen an die nachfolgende Generation weiterzugeben und dabei seine Fraktionierung zu erhalten, d.h., bestimmten gesellschaftlichen Gruppen werden je spezifische Inhalte vermittelt. Anschaulich wird das, wenn man beispielsweise die Lehrpläne von Gymnasium und Hauptschule miteinander vergleicht. Hierin kommt zugleich die Selektionsfunktion von Schule zum

Ausdruck, denn über die verschiedenen Schulabschlüsse werden die Zugangsmöglichkeiten zu den verschiedenen Ausbildungsgängen geregelt.

Neben der Fraktionierung weist das Wissen ein weiteres schulrelevantes Merkmal auf: seine versprachlichte Form. So ist es leichter zu speichern und zu transportieren, wie etwa die Bibliotheken zeigen. Das macht zugleich den engen Zusammenhang und Sprache und Wissen anschaulich. Die Schule hat es insbesondere mit versprachlichtem Wissen zu tun, wie ein Blick auf den Fächerkanon zeigt; mit Sport, Musik oder Kunst finden sich nur einige wenige Fächer, in denen es primär um nicht-sprachliche Fertigkeiten und Tätigkeiten geht.

Nun sind der Versprachlichung des Wissens aber Grenzen gesetzt; nicht alle Erfahrungen lassen sich sprachlich fassen. Beispiele hierfür sind Bewegungs- oder ästhetische Erfahrungen, die an den eigenen Vollzug gebunden sind. Die Versprachlichung des Wissens führt zugleich zu einer Trennung der Praxis von dem Wissen über eben diese Praxis, auch bekannt als Theorie-Praxis-Dilemma. Dem Gewinn der leichten Speichermöglichkeit steht ein Verlust an praktischen Erfahrungen gegenüber. Versprachlichtes Wissen ist der eigenen Erfahrung enthoben und somit abstrakt. Die Schule hat also die Aufgabe, ein weitgehend versprachlichtes, praxisfernes und abstraktes Wissen in fraktionierter Form zu vermitteln. Diese Form des zu vermittelnden Wissens hat unmittelbare Auswirkungen auf die Unterrichtspraxis selbst, die sich als Widersprüche, Brüche und Paradoxien beschreiben lassen. Wenn Wissen überwiegend in abstrakter Form erscheint, dann kommt es unweigerlich zu Widersprüchen zwischen dem sprachlich vermittelten Wissen der Schule und den praktischen Erfahrungen des Alltags.

Des Weiteren wirkt sich die Massenhaftigkeit auf die konkrete Kommunikation im Unterricht aus. In den Schule stehen einem Lehrer oder einer Lehrerin 25 bis 30 Schüler und Schülerinnen gegenüber. Das hat zur Folge, dass die Äußerungen des Lehrers stets vielfach adressiert sind und damit eine Anpassung an die individuell sehr unterschiedlichen Verstehensprozesse der Schüler nur schwerlich möglich ist. Was dem einen trivial und überflüssig erscheint, ist dem anderen abstrakt und schwer verständlich. Des Weiteren schränkt es die Möglichkeiten der Schüler massiv ein, sich produktiv, mit eigenen Beiträgen an der Kommunikation zu beteiligen. An die Stelle des eigenen kommunikativen Vollzugs tritt oft die Rezeption eines fremden. Die Frage des Lehrers kann eben nur ein Schüler beantworten.

Ehlich/Rehbein gehen davon aus, dass sich diese Widersprüche in der konkreten Unterrichtspraxis als Brüche in der Kommunikation niederschlagen. Die unterrichtlichen Handlungsmuster dienen nicht nur der Wissensvermittlung, sondern sie bearbeiten zugleich die Widersprüche. Die Diskursanalyse von Unterrichtskommunikation hat zum Ziel, die konkreten Erscheinungsformen des sprachlichen Handelns als Ausdruck der zugrunde liegenden Gesetzmäßigkeiten zu rekonstruieren. Oder anders ausgedrückt: Es geht um die Rekonstruktion des Konkreten im Begriff. Und *Begriff* bedeutet hier nicht nur die einfache Zuordnung von Erscheinungen zu vorgegebenen Fachtermini, sondern das Begreifen (*Begriff*) der Wirkungszusammenhänge. Das begriffliche Erfassen soll eine Reflexion der Praxis als Voraussetzung für ihre Veränderung ermöglichen. In diesem Sinn versteht sich die Diskursanalyse als eine praxisbezogene, anwendungsorientierte Erforschung der kommunikativen Wirklichkeit mit Hilfe linguistischer Methoden.

2.4.3. Methoden

Nun stellt sich die Frage, welche Verfahren oder Methoden geeignet sind, die beschriebenen Ziele zu erreichen. Die Methodologie der Diskursanalyse, d.h. die Systematik der Analysemethoden, kann man als theoriegeleitete Empirie ohne starre Analyseschritte bezeichnen. Was ist darunter zu verstehen? Theoriegeleitete Empirie bedeutet, dass sich einzelne empirische Untersuchungen und die Theorie über das sprachliche Handeln in der Schule gegenseitig bedingen. Jede Untersuchung einzelner Aspekte betrachtet diese als Teil des noch zu rekonstruierenden Gesamtzusammenhangs der Institution Schule. Zugleich leitet die bereits entwickelte Theorie über die Schule die Einzeluntersuchung, etwa indem sie den Blick auf spezifische Phänomene lenkt und diese einzuordnen hilft. Auf diese Weise soll verhindert werden, dass vorschnell Einzelergebnisse als Theorie des Ganzen missverstanden werden. Erst eine Vielzahl von Einzelanalysen, die die unterschiedlichen Aspekte der Institution Schule erfassen, erlaubt eine umfassende Theorie. Vergleichbar einem Puzzle vervollständigt sich mit jedem neu eingebauten Teil nicht nur das Gesamtbild, sondern es erleichtert zugleich die Zuordnung unverbauter Teile in das noch unfertige Bild.

Wie geht eine solche Methodologie konkret vor? Zu den ersten Schritten eines Forschungsprozesses gehört immer die Auswahl des Untersuchungsgegenstandes, des konkreten Analyseobjekts. Hier hat sich das Prinzip der klaren Fälle bewährt, d.h., man beginnt mit solchen Phänomenen, die den zu untersuchenden Sachverhalt möglichst klar erkennen lassen. Oder um im Bild des Puzzles zu bleiben, den Anfang machen die möglichst gut zuzuordnenden Teile, wie beispielsweise Kanten und Ecken. Die Auswahl des Untersuchungsgegenstandes vermeidet also zunächst abgeleitete und komplexe Fälle. Wer also beispielsweise wissen will, wie Schüler im Unterricht über Literatur sprechen, wird dies zunächst in einer kleinen Klasse untersuchen, die Interesse an der Lektüre hat und wo die Ergebnisse nicht unmittelbar benotet werden. Das Beispiel zeigt zugleich, dass die in Einzeluntersuchungen gewonnenen Ergebnisse immer nur einen Teil der Wirklichkeit zeigen.

Der nächste Untersuchungsschritt besteht darin, das Phänomen möglichst umfassend und systematisch zu dokumentieren. Im Zentrum diskursanalytischer Untersuchungen stehen Ton- und Videoaufnahmen authentischer Kommunikation, d.h., die Unterrichtsszenen werden nicht extra zum Zweck der Aufnahme inszeniert. Es werden also keine Rollenspiele oder ähnliches arrangiert, weil sich die Beteiligten unter den veränderten Bedingungen anders als unter „natürlichen" Bedingungen verhalten. Auf diese Weise entsteht ein Korpus von mehreren Unterrichtsstunden, das um weiteres Material ergänzt werden kann, etwa um Interviews mit den Beteiligten, um didaktisch-methodische Ratgeberliteratur u.ä.

Anschließend werden die Aufnahmen transkribiert, d.h. nach einem festgelegten Verfahren verschriftet. In der Diskursanalyse hat sich das Verfahren nach HIAT (*H*alb-

*I*nterpretative-*A*rbeits-*T*ranskription) (Ehlich/Rehbein 1976, 1979) durchgesetzt. Nun beginnt die eigentliche Analyse, d.h. die Rekonstruktion des kommunikativen Geschehens. Das zentrale Ziel besteht in der Rekonstruktion der zugrunde liegenden sprachlichen Handlungsmuster, die nicht einfach an der sprachlichen Oberfläche abgelesen werden können. Denn die Muster werden nur ganz selten in reiner Form verwendet; üblicherweise werden sie den jeweiligen Bedingungen angepasst, indem sie beispielsweise an der einen Stelle verkürzt und an der nächsten expandiert werden. Zunächst einmal müssen zusammengehörige Abschnitte erkannt werden, bevor sie in ihrer Binnenstruktur analysiert werden können. Im Vergleich unterschiedlicher Realisierungen, die sich in dem Korpus finden, wird nach und nach die Systematik sichtbar. Am Ende der Analyse steht dann ein sprachliches Handlungsmusters, d.h., es ist gelungen, eine typische Folge von sprachlichen Äußerungen als Mittel zur Erreichung eines bestimmten Zwecks zu rekonstruieren. Ein Beispiel für eine solche Musterrekonstruktion folgt in Dokument 3 (S. 41).

2.4.4. Ergebnisse

Die bislang vorliegenden Untersuchungen konzentrieren sich auf die Aspekte von Unterricht, die es sehr direkt mit der Vermittlung von Wissen durch den Lehrer zu tun haben. Es sind im Wesentlichen vier sprachliche Muster, die Ehlich/Rehbein (1986) beschreiben: das *Aufgaben-Stellen / Aufgaben-Lösen*, das *Rätselraten*, den *Lehrervortrag mit verteilten Rollen* und das *Begründen*. Gemeinsam ist allen Teilanalysen, dass ihre Ergebnisse durch einen Vergleich der schulischen Formen mit der alltäglichen Praxis gewonnen wurden. So stellen sie das Rätselraten in der Schule dem im alltäglichen Spiel gegenüber; das Aufgaben-Stellen / Aufgaben-Lösen vergleichen sie mit dem Problemlösen im Alltag und für die Analyse des Lehrervortrags mit verteilten Rollen ziehen sie das alltägliche Muster der Frage heran. Auf diese Weise gelingt es ihnen, die Spezifik der schulischen Formen klar herauszuarbeiten. Durch Anpassung alltäglicher Handlungsformen an die Bedingungen der schulischen Wissensvermittlung treten Brüche und Widersprüche auf. Der Wegfall, das Hinzufügen oder das Verändern einzelner Musterpositionen wirken sich auf die Handlungsmöglichkeiten von Schülern und Lehrer aus. Das soll im Folgenden exemplarisch am Beispiel des Aufgaben-Stellens / Aufgaben-Lösens illustriert werden.

Ehlich/Rehbein entwickeln das Aufgabe-Lösungs-Muster, wie es abgekürzt heißt, aus dem Problemlösen. Das Problemlösen wird insbesondere von der Psychologie untersucht, weil die Beobachtung der einzelnen Lösungsschritte gute Rückschlüsse auf die zugrunde liegenden kognitiven Prozesse erlaubt. Ein Problem ist definiert als ein Widerstand, der den Handelnden daran hindert, ein bestimmtes Ziel zu erreichen; dabei ergibt sich der Widerstand aus der Sache heraus. Das Lösen des Problems besteht nun darin, den Handlungswiderstand durch verschiedene Teilaktivitäten zu überwinden. Diese Teilaktivitäten beschreiben Ehlich/Rehbein systematisch als Elemente des Problemlösens:

a) Problemkonstellation (Handlungswiderstand)
a') konkrete Negation

b) Zielsetzung
c) Konsultation (Befragung) des Wissens
d) Zerlegung [der Problematik in bekannte Teilelemente]
e) Planbildung
f) Lösungswege
g) Lösung (ebd. S. 11)

Auf diese Weise erarbeiten sich Individuen, Gruppen oder ganze Gesellschaften nicht nur Lösungen für singuläre, sondern gerade auch für wiederholt auftretende Probleme, für die sog. Standardprobleme. Hat sich eine Lösung erst einmal bewährt, wird sie zur Standardlösung und es kommt tendenziell zu einer De-Problematisierung, d.h., der Handlungswiderstand kann prinzipiell überwunden werden. Mit Blick auf die Schule bedeutet das Folgendes: Nachfolgende Generationen sind nicht mehr darauf angewiesen, jedes Problem selber aktiv zu lösen, denn sie können die Standardlösungen übernehmen. Das nennen Ehlich/Rehbein den *akzelerierten* (beschleunigten) *Wissenserwerb*. An die Stelle der eigenen Lösungssuche tritt die Übernahme einer bereits entwickelten Lösung. Damit ist nun ein zentrales Problem verbunden, das in der aktuellen Lern- und Entwicklungstheorie unter dem Stichwort des *eigenaktiven Lernens* oder der *Selbststeuerung der lernenden Subjekte* diskutiert wird: Die Aneignung von Problemlösungen – wenn nicht von Wissen überhaupt – ist aufs Engste verknüpft mit dem Abarbeiten der Lösungsschritte. Erst sie ermöglicht einen hinreichend tiefen und detaillierten Einblick in den Zusammenhang von Handlungswiderstand, Zielsetzung und Lösungsweg. Mit anderen Worten, die Weitergabe von Standardlösungen ist zwar zeitökonomisch, erschwert aber zugleich eine echte Aneignung.

Das ist einer der Widersprüche, die sich aus der sprachlichen Vermittlung von Wissen ergeben und die in der Schule bearbeitet werden müssen (vgl. Kap. 2.3 b). Das Aufgabe-Lösungs-Muster ist nach Einschätzung von Ehlich/Rehbein eine solche Bearbeitungsform. An die Stelle der reinen Wissensweitergabe, beispielsweise in Form eines Vortrags, tritt eine teilweise eigenständige Lösungssuche, indem das ursprüngliche Problem durch eine vom Lehrer gestellte Aufgabe ersetzt wird. Damit einher geht eine spezifische Neuverteilung der Elemente des Problemlösens. Während der Aufgabensteller, also der Lehrer, über die

a) Problemkonstellation (Handlungswiderstand)
b) Zielsetzung
b') die sinnvolle, d.h. (problemrelevante) Zerlegung der Problematik
c) die Lösung
c') die Lösungswege (ebd. 14)

verfügt, soll der Schüler die Aufgabe lösen. Und ihm fehlen genau die für das Finden der Lösung relevanten Elemente, nämlich die Zielsetzung sowie die problemrelevante Zerlegung der Problematik. Mit dem Verlust des Zielbewusstseins fehlen ihm genau die entscheidenden Elemente, weil sie den Steuerungsmechanismus für die gesamte Lösungssuche bilden. Erst die Kenntnis des Gesamtzusammenhangs und damit auch des Ziels erlaubt es, ein Problem sinnvoll zu zerlegen und Lösungswege zu entwickeln. Ein Beispiel soll das veranschaulichen: Wer bei seinem Fahrrad einen platten Reifen bemerkt, kann nur dann sinnvolle Lösungswege entwickeln, wenn er weiß, was er mit dem Rad machen will. Will man schnell irgendwo hin, so wird die Lösung wahrscheinlich in der Wahl eines anderen Transportmittels liegen; wer aber gerade an einer Radtour teilnimmt, wird das Rad reparieren. Das bedeutet, wenn ein Lehrer danach fragt, was bei einem platten Reifen zu tun sein, so kann man ohne Kenntnis des Gesamtzusammenhangs die Lösung nur raten. Damit ist ein grundlegendes Paradoxon von Schule beschrieben. Es besteht darin, dass die Schule genau dadurch Gefahr läuft, ihren Zweck zu verfehlen, indem sie versucht, ihn zu erreichen. Mit anderen Worten, der Versuch, den Wissenserwerb durch Verfahren wie das Aufgabe-Lösungs-Muster zu beschleunigen, trägt zugleich das Risiko seines Scheiterns in sich.

Im Folgenden dokumentieren wir die Beschreibung des Aufgabe-Lösungs-Musters durch Ehlich/Rehbein (1986), um auch hier einen authentischen Eindruck der wissenschaftlichen Argumentation zu ermöglichen.

Dokument 3: Das Aufgabe-Lösungs-Muster (Ehlich/Rehbein 1986, 15-17)[11]

Diskutieren wir das Muster A u f g a b e n - S t e l l e n / A u f g a b e n - L ö s e n (vgl. Diagramm A).

Das Muster besteht aus einer Reihe typischer Elemente, die wir „Pragmeme" nennen. Der Terminus Pragmem umfasst ‚mentale Handlungen', ‚Entscheidungsknoten', ‚Interaktionen' und ‚körperliche Aktionen' (vgl. Ehlich/Rehbein 1975).

Die initiale Sequenzposition (1) wird durch das Ergebnis komplexer Tätigkeiten des Lehrers eingenommen. In ihnen geschieht die unterrichtliche Detailplanung für die im nächsten Schritt zu verbalisierende Aufgabenstellung. Der Schlusspunkt dieser Planung ist mit der ausgebildeten Absicht, die Aufgabe zu stellen, erreicht.

Die folgende Sequenzposition (2) ist die Aufgabenstellung. Sie wird durch L ausgeführt. S bildet, sofern er die Aufgabe als für sich lösbar hält (3), mental eine Vermutung (6) aus, die er in einem Lösungsversuch verbalisiert (7). Die Umsetzung des mentalen Sachverhalts in den verbalen nennen wir Exothese. S exothetisiert also seine Vermutung durch den Lösungsversuch. Sofern S die Aufgabe für sich für nicht lösbar hält (4), ergibt sich auf seiner Seite Schweigen (5). Der Lehrer hat den Lösungsversuch im nächsten Schritt zu überprüfen. Ergibt sich eine positive Bewertung (9), macht er in einer Exothese diese Bewertung (16) dem Schüler, der den Lösungsversuch gebracht hat, kenntlich (positive Einschätzung (17)). Zugleich gibt er damit den Schülern zu erkennen (18), dass das Muster der Aufgabe-Lösungs-Sequenz erfolgreich durchlaufen ist und dass ein anderes Muster sich anschließen kann (19). Für die Schüler bedeutet das, dass sie keine weiteren Vermutungen mehr anzustellen brauchen. Zugleich wird mit (18) das im Lösungsversuch enthaltene <u>vermutete Wissen</u> in den Zustand des tatsächlichen Wissens überführt. Ergibt sich jedoch (8) für den vom Schüler geäußerten Lösungsversuch eine negative Bewertung (10), so bringt L diese in einer Exothese für die Schüler zum Ausdruck (11), oder er geht direkt zu einer Entscheidung über den weiteren Verlauf über (12/13). Entweder kann er die Sequenz ab-

---

[11] © Gunter Narr Verlag, Tübingen.

42

brechen (12) (damit wäre der Weg für ein anderes Muster frei); oder er geht zu (2) zurück und macht dadurch deutlich, dass die Aufgabenstellung weiterhin in Kraft ist. Die Schüler sind damit wieder aufgefordert, Vermutungen auszubilden (6), usw. Häufig wird das Weiterhin-in-Kraft-Sein der Aufgabenstellung so zum Ausdruck gebracht, dass die Aufgabe wiederholt oder paraphrasiert wird (15), mit oder ohne Wink. Der Lehrer kann auch einfach einen <u>Wink</u> geben (14), (15), (...).

Diagramm A: Das Muster Aufgabe - Stellen / Aufgabe – Lösen

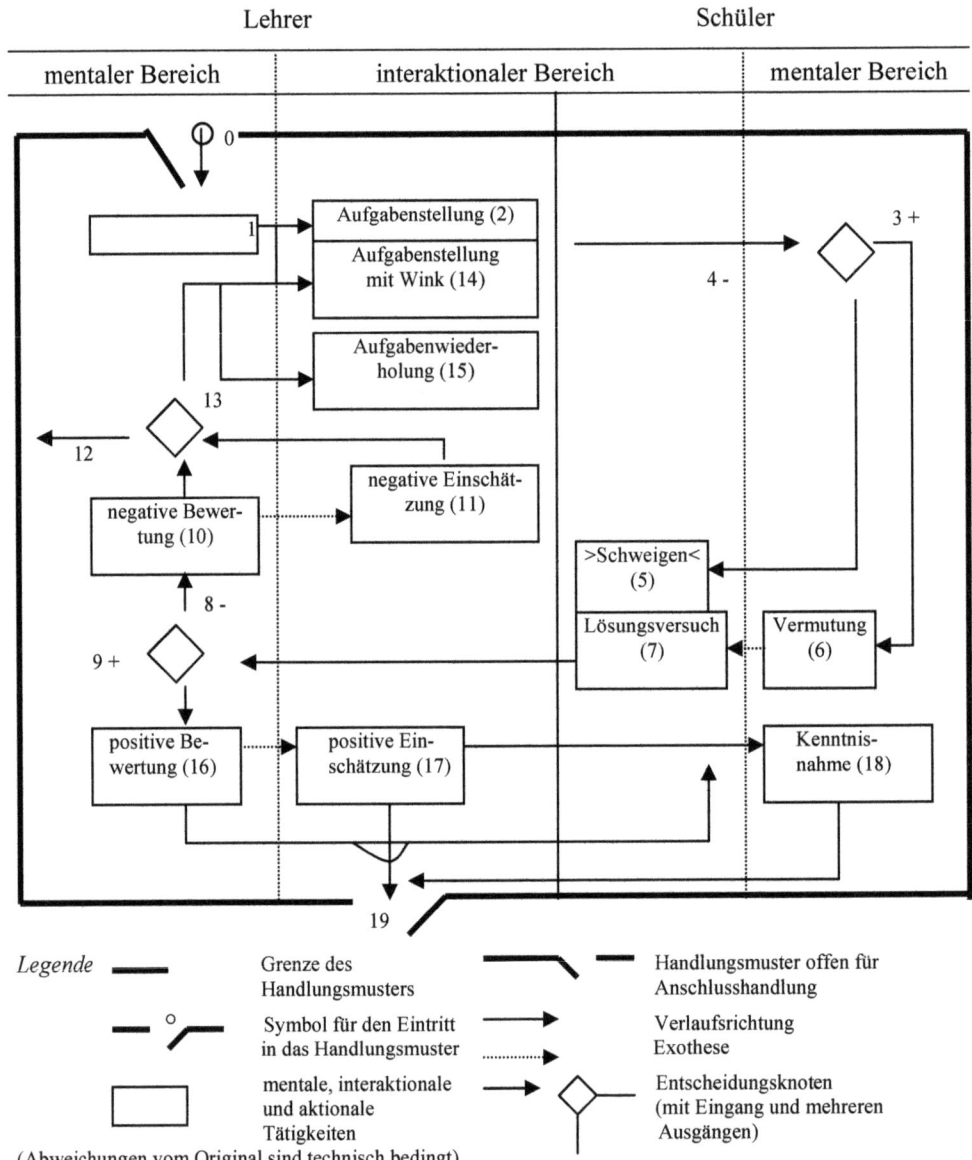

(Abweichungen vom Original sind technisch bedingt)

Das Muster enthält, wie aus der Beschreibung deutlich geworden ist, als ein Teilmuster die Sprechhandlung A u f g a b e n s t e l l e n , die als Subtyp des Sprechhandlungstyps F r a g e zu verstehen ist. In diesem Muster findet ein systematischer Wechsel in der Aktivität der beteiligten Aktanten statt. Deshalb handelt es sich hier um ein <u>Sequenzmuster</u>.

2.4.5. Kritik

Die folgende Kritik bemüht sich, das Postulat der theoriegeleiteten Empirie (vgl. 2.4.3) auf die vorliegenden Untersuchungen in „*Muster und Institution*" anzuwenden. Wir werden also fragen, in welchem Verhältnis die Analysen der konkreten Einzelphänomene und die Grundannahmen über die Institution Schule stehen. Finden sich in den Analysen, die ja am Anfang mehrerer Untersuchungen stehen, Einseitigkeiten oder Verzerrungen? Wir meinen, dass die Auswahl der untersuchten Unterrichtsphänomene in Verbindung mit der gewählten Analysemethode zu gewissen Verzerrungen in der Rekonstruktion von Unterricht führen (vgl. Vogt i.V., Kap. 4).

Ehlich/Rehbein konzentrieren ihre Analysen auf solche sprachlichen Muster, die es mit der Vermittlung von Wissen durch den Lehrer zu tun haben: das Aufgabe-Lösungs-Muster, das Rätselraten, den Lehrervortrag und das Begründen. Dabei handelt es sich zwar um nach wie vor wichtige Unterrichtsverfahren; sie erfassen aber keineswegs die Vielfalt möglicher und praktizierter Methoden, wie ein Blick in die zahlreichen Methodikbücher, z.B. Meyer (1980), zeigt. Wichtige Methoden wie die Gruppenarbeit, Diskussionen, Gesprächskreise, Einzelarbeit u.ä. bleiben so unberücksichtigt. Diese sind aber erforderlich, um sowohl einzelne Unterrichtsstunden als auch Unterricht in seiner Gesamtheit zu erfassen.

Eng verbunden mit der Auswahl der Untersuchungsgegenstände ist das gewählte Analyseverfahren. Ehlich/Rehbein vergleichen die unterrichtlichen Verfahren mit denen der „gesellschaftlichen Wirklichkeit"; so stellen sie das Rätselraten im Unterricht dem im Spiel gegenüber oder das Aufgabe-Lösungs-Muster dem Problemlösen. Auf diese Weise entsteht ein antithetischer Gegensatz, der für einen ersten Zugriff sehr instruktiv ist, weil auf der Folie der nicht-schulischen Kommunikationsformen die Spezifik der schulischen Formen besonders klar hervortritt. Allerdings – und das ist das Problem – wird der schulischen Wirklichkeit hier die sog. gesellschaftliche Wirklichkeit in sehr pauschaler und idealisierter Weise gegenübergestellt. Denn die Unterteilung in eine schulische und eine gesellschaftliche Wirklichkeit ist zu grob, wie Ehlich/Rehbein in einer Fußnote (1986, 2) selber einräumen.

Zudem ist bei den rekonstruierten sprachlichen Handlungsmustern – mit Ausnahme des Aufgabe-Lösungs-Musters – begrifflich-terminologisch eine deutliche Fokussierung der konstitutiven Sprechakte zu bemerken: Rätselraten, Vortragen, Begründen bezeichnen alle die zentralen Sprechakte der jeweiligen Sprecher. Die Forderung, auch bei der Bezeichnung den sozialen oder gesellschaftlichen Zusammenhang von Sprache und damit die Interaktivität zu berücksichtigen, ist keine terminologische Spitzfindigkeit. Sie verweist vielmehr auf ein analytisches Problem: Denn die sprechaktbezogenen Bezeichnungen unterstellen in der Regel eine dyadische Situation, in der sich ein Sprecher und ein Hörer gegenüberstehen. Genau das ist in der Schule aber nicht der Fall. Hier stehen einem Lehrer zwischen 25 und 30 Schüler gegenüber, ein Phänomen, das Ehlich/Rehbein mit dem Stichwort der Massenhaftigkeit zwar benannt, aber nicht ausreichend berücksichtigt haben.

Und schließlich sei noch auf ein weiteres Problem hingewiesen: Die Konzentration auf einzelne Handlungsmuster legt zwar deren Binnenstruktur offen, lässt aber ihre Einbindung in den Gesamtzusammenhang einer Unterrichtsstunde im Unklaren. Die Muster enthalten jeweils eine initiale und eine finale Position sowie Ausstiegsmöglichkeiten für den Fall des Misslingens. Für den Gesamtzusammenhang von besonderem Interesse sind nun die Übergangsbedingungen: Was steuert die Auswahl und die Reihenfolge der verschiedenen Muster? Hier bestehen noch deutliche Desiderata (Lücken).

Die genannten inhaltlichen und methodischen Beschränkungen haben zur Folge, dass die problematischen Anteile und Aspekte der unterrichtlichen Verfahren die positiven Leistungen und Funktionen teilweise verdecken. Sie sind eben nicht nur Verfahren zur Bearbeitung von Widersprüchen, sondern sie leisten auch einen Beitrag zur Zweckerfüllung der Institution Schule. Um Leistungen und Widersprüche genauer erfassen zu können, wird es notwendig sein, weitere Unterrichtsverfahren zu analysieren und diesen die gesellschaftliche Wirklichkeit differenzierter gegenüberzustellen, indem beispielsweise die Kommunikation in der Familie oder der Peer-Group berücksichtigt wird.

2.5. Weiterentwicklungen der linguistischen Unterrichtsanalyse

In diesem Abschnitt stellen wir in ausgewählten Bereichen die Weiterentwicklungen der Unterrichtsforschung auf empirisch-linguistischer Grundlage vor. Wir konzentrieren uns in der Darstellung auf allgemein-pädagogisch orientierte Arbeiten (2.5.1) sowie auf Beiträge, die in Hinblick auf einzelne Unterrichtsfächer didaktisch konzipiert sind. Sie betreffen die Mathematik (2.5.2), den Sportunterricht (2.5.3) und den Literaturunterricht (2.5.4). Diesen Überblick ergänzt ein Ausblick auf außerschulische Instruktionszusammenhänge (2.5.5).

2.5.1. Pädagogische Situationen: Allgemeine Didaktik und Gesprächsforschung

An die allgemein-pädagogische Beschäftigung mit Unterrichtssituationen knüpft die gesprächsanalytisch orientierte Arbeit Faust-Siehls *Themenkonstitution als Problem von Didaktik und Unterrichtsforschung* (1987) an, in der die Autorin durch Transkripte zugänglich gemachte Unterrichtsstunden aus der Primarstufe (Jg. 2, hauptsächlich Deutsch) unter dem Gesichtspunkt der Themenkonstitution und -entwicklung behandelt. Sie plädiert für eine bildungstheoretisch begründete Reflexion von Unterrichtsprozessen, um das didaktische Defizit der deskriptiv orientierten Analysen diskurs- bzw. konversationsanalytischer Provenienz (Sinclair/Coulthard 1977, Mehan 1979) zu überwinden. Mit ihrer Entscheidung für einen aus der geistesgeschichtlich-existenzphilosophischen Tradition entwickelten Bildungsbegriff – verstanden als ein Ereignis, durch das der übliche Lebensablauf tiefgreifend unterbrochen wird – als dem Bezugspunkt für eine didaktische Interpretation der Transkripte transzendiert sie allerdings gleichsam jene empirische Ebene, indem sie die dem pädagogischen Diskurs eigentümliche Hoffnung auf eine Vermittlung von „sinnhaften Begegnungen" im Unterricht reproduziert:

> Die <u>Themenkonstitution</u> selbst ist als eine <u>pädagogische Situation</u> aufzufassen, in der sich die „<u>Lerngeschichten</u>" <u>von Lehrenden und Lernenden</u> in der Bemühung um Einflußnahme und mit dem Zweck der Aneignung und Neugestaltung von tradiertem Sinn „<u>berühren</u>". (141)

Zweifellos greift sie mit ihrer Fokussierung von Thematisierungstätigkeiten im Unterricht einen Bereich auf, der von den drei linguistischen Ansätzen nicht hinreichend berücksichtigt worden ist, jedoch im Mittelpunkt der allgemein-didaktischen Diskussion steht, und zwar durch die Problematisierung des Verhältnisses zwischen Gegenstand, Lernzielen und Lerngruppe. Während diese traditionell im Konzeptionellen der Unterrichtsplanung verbleibt, erscheint sie bei Faust-Siehl als ein zwar vom Lehrer inszenierter, im Vollzug gemeinsam mit den Schülern hergestellter Interaktionsprozess. Den großen Einfluss der didaktischen Diskussion auf das konkrete Lehrerhandeln zeigt beispielsweise der Nachweis einer „verdeckten Gesprächssteuerung" durch eine Lehrerin, die gliedernde Schritte als allgemeine Empfehlungen tarnt (205).[12]

In der Auseinandersetzung mit der – sowohl von Sinclair/Coulthard als auch von Mehan – postulierten Dreischrittigkeit von Interaktionssequenzen (Eröffnung, Reaktion, Feedback) zeigt sie, dass diese abhängig von den unterrichtlichen Konzepten der Lehrer sind (213–243): das gilt sowohl für die gewählten Unterrichtsformen als auch für die Lehrziele. So lassen sich beispielsweise für sog. Sammelphasen andere Sequenzmuster beschreiben, da das Ziel, das Vorverständnis der Schüler zu aktualisieren, ein Ernst-Nehmen ihrer Erfahrungen impliziert. Und wenn ein Lehrer nicht die Vermittlung von Wissenselementen intendiert, sondern eine gedankliche Auseinandersetzung der Schüler „mit einer Sache" anregen will, entfällt die Notwendigkeit, einen Reaktionsschritt zu bewerten; es reicht vielmehr, diesen als angemessen zu ratifizieren und so zur Forstetzung mit der Auseinandersetzung anzuregen:

> Die entsprechenden Lehrer-Äußerungen sind demgemäß <u>nicht abschließend</u> zu verstehen, sondern sie sind <u>prospektiv</u> auf den weiteren Fortgang des Nachdenkens und des Gesprächs gerichtet. (242f.)

Faust-Siehls Arbeit zeigt, dass die pädagogische Perspektive auf Unterricht linguistisch besser fundiert werden kann. Das Defizit ihrer Untersuchung liegt in der impliziten fachdidaktischen Orientierung, da sie nämlich fast ausschließlich transkribierte Deutschstunden einer Jahrgangsstufe auswertet: Die unterrichtsmethodischen Möglichkeiten didaktischen

---

[12] Ein ähnliches Ergebnis hätte allerdings auch erarbeitet werden können, wenn etwa das in der Sprechakttheorie erarbeitete Konzept der indirekten Sprechakte herangezogen worden wäre.

Handelns variieren jedoch, abhängig nicht nur vom Fach, sondern auch vom Alter der Kinder.

Ein ähnliches Ziel verfolgt auch Nürnberg (1999), der es um die Rekonstruktion didaktischen Handelns im Vollzug von Unterricht geht. Dabei konstruiert sie einen weiten theoretischen Rahmen, der versucht, die heterogenen Traditionen von Linguistik und allgemeiner Didaktik aufeinander zu beziehen: Unterrichtskommunikation erscheint in dieser Perspektive als „Verknüpfung" von Lehren und Lernen. Auf der Grundlage eines systemtheoretisch konstruierten Kommunikationskonzepts werden nun die kritisch gesichteten Aspekte der linguistischen Unterrichtsforschung einerseits und der allgemeinen Methodik andererseits auf die Methode des Unterrichtsgesprächs bezogen und in einer Fallstudie exemplifiziert. Auch sie setzt in der Transkriptanalyse an der Kritik der dreischrittigen Sequenzfolge an (184): Die von Faust-Siehl vorgeschlagene Beschreibung des Grundmusters (L-S) ergänzt sie durch ein schülerinitiiertes (S-L), in dem der Lehrer den Lernprozess der Schüler „kommentierend begleitet", und ein weiter reichendes lehrerinitiiertes Muster (L-S ... S-L), in dem sich der Lehrer darauf beschränkt, „das Verfahren in Gang zu bringen und dann im Prozeß mitzufahren, um gelegentlich steuernd einzugreifen". (185) Vor diesem Hintergrund wird in einem ersten Schritt die Beispielstunde (193f.) in unterschiedliche „Texte" eingeteilt, also unterschiedliche Tätigkeiten der Beteiligten, denen eine Bestimmung der „Arbeitsformen" zugeordnet wird, die sich aufgrund der vorherrschenden Tätigkeiten der Schüler bestimmt. Schließlich erfolgt eine gesonderte Untersuchung der Unterrichtsgespräche, die auf die Koordinierung von Lehrer- und Schülertätigkeiten als Dokumentation eines Lernprozesses abhebt. Eine didaktisch fundierte Reflexion beschließt die Analyse.

Im Kern geht es Nürnberg darum, die Qualitäten des Unterrichtsgesprächs als Ort des Lehrens und Lernens herauszustellen, und es gegen die oft geübte Kritik zu verteidigen. Dieses Unterfangen ist durchaus legitim, wird jedoch am falschen Objekt exemplifiziert: Auch sie wählt eine Literaturbesprechung (in Jg. 9) im Fach Deutsch als empirische Fundierung. Damit werden hier die schon oben bei Faust-Siehl aufgezeigten Defizite zugespitzt: Der Literaturunterricht orientiert sich in seinem Wertgefüge weniger an dem Kriterium der Richtigkeit, sondern eher an dem der Angemessenheit, um verschiedene Formen der Textauseinandersetzung zu ermöglichen. Indem aber der fachliche Bezug – und damit der fachdidaktische – ausgeblendet bleibt, kann der postulierte Allgemeinheitsanspruch nicht eingelöst werden.

Seit dem Jahre 2000 ist eine Reihe von pädagogischen Arbeiten entstanden, von denen hier drei näher vorgestellt werden sollen, die alle das sprachliche Handeln im Unterricht in den Fokus stellen und bestimmte Gemeinsamkeiten aufweisen. So gehen alle aufgrund von Metaanalysen vorliegender Studien davon aus, dass in den Schulen nach wie vor der fragend-entwickelnde Unterricht vorherrscht. Zu den robustesten Ergebnissen der empirischen Unterrichtsforschung zählt nach Michaels/Sohmer/O'Connor (2006) international immer noch die Tatsache, dass Lehrer zwei Drittel der Redezeit beanspruchen und die Unterrichtskommunikation weithin dem von Mehan (1979) rekonstruierten I-R-E-Schema (Initiation – Reply – Evaluation) folgt (vgl. Kap. 2.3.). Des Weiteren besteht Einigkeit, dass die Dominanz dieses Verfahrens mit Blick auf Lernprozesse wegen der mangelnden Aktivierung der Schüler/innen wenig zielführend erscheint: "Over the past decade, as there have been increasing calls for more authentic investigations, discussions, sensemaking in classrooms – the IRE has gotten bad press" (ebd., 2357). Und schließlich wird ein allgemeines Desiderat in Bezug auf die empirische Erforschung der Unterrichtswirklichkeit konstatiert.

Den Anfang macht die Arbeit von Manfred Lüders (2003) *Unterricht als Sprachspiel*, der annimmt, „dass ein im Hinblick auf die forschungsrelevanten Merkmale von Unterricht auskunftsfähiger Unterrichtsbegriff nicht verfügbar ist und dass für die Mehrzahl der in den letzten Jahren erhobenen Befunde empirischer Forschung häufig nicht oder nur in Form von Andeutungen angegebenen werden kann, wie sie zu erklären sind" (ebd., 265). Als theoretische Antwort auf dieses Problem schlägt er eine Unterrichtstheorie vor, die im Kern eine Theorie der Unterrichtssprache sein muss. Damit greift er eine Entwicklung auf, die er zu Beginn seiner Arbeit als *linguistic turn* in der Erforschung der Unterrichtssprache nachzeichnet (ebd., 119). Dabei nimmt er auch Bezug auf die bisher in Kap. 2 vorgestellten Ansätze. Zu den unstrittigen Ergebnissen der bisherigen Forschung gehört die Phasierung des Unterrichts in eine Eröffnungs-, Instruktions- und Abschlussphase, die sich jeweils durch spezifische Zwecke mit je eigenen sprachlichen Handlungen auszeichnen. In der Instruktionsphase dominiert das I-R-E-Schema, wobei offen ist, wie stark die Lehreräußerungen die Schüleraktivitäten bestimmen. Ein methodologisches Problem sieht er zurecht in der Repräsentativität der Befunde, die überwiegend aus Einzelfallanalysen bzw. kleinen Stichproben und aus der Grundschule bzw. den unteren Klassen der Sekundarstufe I stammen. Ungeklärt ist für ihn auch die Frage nach der Unterrichtsqualität, also dem Verhältnis von Lehrformen und Lernerfolg.

In seiner eigenen Studie, die sich auf je drei Deutschstunden in zwei 10. Gesamtschulklassen bezieht, geht Lüders der Frage nach, ob sich mit den gegenüber jüngeren Klassen komplexeren Inhalten Änderungen in der Unterrichtskommunikation ergeben. Dabei zeigt sich Folgendes:

– Nicht immer sind explizite Eröffnungsphasen zu finden, stattdessen ist ein kontinuierlicher Übergang in den Unterricht feststellen, auch deshalb, weil nicht immer alle Schüler zu Beginn anwesend sind.
– Viele Stunden enden ankündigungslos mit dem Klingelzeichen, was entweder als Ausdruck mangelnden Zeitmanagements oder zu kurzer Unterrichtsstunden gedeutet werden kann.
– In den Instruktionsphasen finden sich komplexere Varianten des I-R-E-Schemas, beispielsweise in Form diskontinuierlicher Realisierungen, was Lüders als Ausdruck der höheren kognitiven Anforderungen deutet.
– In Bezug auf freie Schüleräußerungen stellt er fest, dass diese – soweit sie nicht als Störungen einzuordnen sind – in der Regel kurz und ohne Einfluss auf das weitere Unterrichtsgeschehen sind.

Die Arbeit von Lüders bestätigt damit die Notwendigkeit, die sprachlich konstituierten Lehr-Lernprozesse kategorial hinreichend differenziert zu erfassen, um belastbare Aussagen über Funktionen, Strukturen und Wirkungen von Unterricht machen zu können.

Typische Sprachmuster der Lehrer-Schüler-Interaktion sind das Thema von Peggy Richert (2005). In ihrem Forschungsüberblick kommt sie zu der Einschätzung, dass die Lehr-Lern-Forschung sowie die fachspezifische Unterrichtsforschung den Analysefokus verschoben haben. An die Stelle isolierter Unterrichtsmerkmale und einzelner Handlungsformen treten zunehmend Arrangements oder *Choreographien des Unterrichtens* (ebd., 31), die auf die Einsicht reagieren, dass nicht einzelne Unterrichtselemente an sich geeignet oder ungeeignet sind, sondern erst im Zusammenspiel ihre Wirkung entfalten – und das immer auch in Abhängigkeit vom fachlichen Inhalt.

Ihre eigene Studie stellt sie methodisch explizit in die Tradition von Bellack, Sinclair/Coulthard und Mehan, die sie für eine spezifische Wirkungsforschung nutzbar machen will. Sie untersucht insgesamt 22 auf Tonband aufgezeichnete und transkribierte Unterrichtsstunden der Fächer Naturwissenschaft, Mathematik und Deutsch und Religion. Alle transkribierten Äußerungen werden danach kategorisiert, ob sie eine initiierende, strukturierende, solizierende oder reagierende Funktion haben und ob sie den Unterricht thematisch oder organisatorisch strukturieren. Dabei kommt sie zu folgenden Ergebnissen:

- Der Redeanteil der Lehrer beträgt im Schnitt 56%, mit einem Minimum von 18% und einem Maximum von 83%; daraus darf man schließen, dass es offensichtlich erhebliche Freiheitsgrade bei der Unterrichtsgestaltung gibt.
- Die Verteilung der Redeanteile und Redezüge schwankt erheblich zwischen den Fächern; das bestätigt die Notwendigkeit fachspezifischer Analysen.
- Auf Lehrerseite dominieren initiierende und reagierende Moves; auf Schülerseite reagierende, mit deutlichen Unterschieden zwischen den Fächern.
- Es dominiert das I-R-E-Muster, das je nach Fach 41% (Mathematik), 70% (Biologie) bzw. 80% (Deutsch und Religion) aller Sequenzen ausmacht; im Schnitt 66%. Hinzu kommen noch expandierte Formen mit einer weiteren Schüler-Reaktion. Ein Großteil der Varianz lässt sich durch das Unterrichtsfach aufklären.

Die Arbeit von Richert bestätigt zwar auf der einen Seite, dass Unterricht weiterhin überwiegend fragend-entwickelnd erfolgt; auf der anderen Seite machen die großen Schwankungen aber auch deutlich, dass es Spielraum für anderen Unterrichtsformen gibt.

Den Zusammenhang von *Unterrichtskommunikation und Wissenserwerb* fokussiert die Studie von Eveline Wuttke (2005), die danach fragt, welchen Beitrag die Kommunikation im Unterricht zum Erwerb fachlichen Wissens am Beispiel der Wirtschaftswissenschaften in der Berufsschule leistet. Der Forschungsüberblick von Wuttke bestätigt die schon referierten Resultate, wonach Lehrer das Unterrichtsgeschehen qualitativ wie quantitativ dominieren. Für ihre eigene Studie systematisiert sie die aus der Unterrichtsforschung bekannten schüleraktivierenden Lehrformen, die zur Überwindung bzw. Ergänzung des I-R-E-Schemas genutzt werden könnten. Des Weiteren ermittelt sie die Personenmerkmale, die Einfluss auf den Wissenserwerb haben. In einem komplexen Modell der Wissensgenerierung durch Unterrichtskommunikation führt sie diese Faktoren zusammen (ebd., 187).

Für eine ausschnittweise empirische Überprüfung dieses theoretischen Modells erhebt sie 16 Unterrichtsstunden, von denen 12 überwiegend als Gruppenarbeit durchgeführt wurden. Für die Auswertung werden die sprachlichen Äußerungen von Schülern und einem Lehrer vollständig i. w. S. sprechakttheoretisch kategorisiert, d. h. in ihrer illokutiven Funktion bestimmt. Diese werden in einem zweiten Schritt nach den o. a. theoretischen Annahmen qualitativ kodiert, d.h. danach beurteilt, ob es sich um gelingende Unterrichtskommunikation handelt. Lehrerfragen gelten beispielsweise dann als gelungen, wenn sie ein bestimmtes kognitives Niveau überschreiten; Antworten des Lehrers auf Schülerfragen dann, wenn sie die Wissensgenerierung anregen (vgl. ebd. 198). Mittels unterschiedlicher Tests werden verschiedene Personenmerkmale wie verbale Intelligenz, domänenspezifisches Vorwissen, Motivation oder Fachwissen erhoben. Trotz dieses erheblichen Aufwands lassen sich keine belastbaren Aussagen zum „Zusammenhang zwischen der Kommunikation und dem Wissen im Inhaltsbereich Materialwirtschaft (...) sowie der Wissensvernetzung feststellen" (ebd., 208). „‚Gelungene' Kommunikation ist demnach zwar eine notwendige, aber keine hinreichende Bedingung für den Wissenserwerb" (ebd., 253). Stärke Effekte zeigt dagegen die verbale Intelligenz, die dafür verantwortlich zu sein scheint, wie intensiv sich Schüler an der Unterrichtskommunikation beteiligen können; das gilt wahrscheinlich auch für schülerzentrierte Arrangements wie Gruppenarbeit, weil auch hier die Beteiligungsmöglichkeiten von der verbalen Intelligenz abhängen.

Auch wenn die Studie von Wuttke den theoretisch erwarteten Einfluss der Unterrichtskommunikation auf den Wissenserwerb empirisch nicht belegen konnte, so weist sie doch einen methodologisch ausgesprochen spannenden Weg zur Aufklärung dieser Zusammenhänge. Denn anders als experimentelle Laborversuche stellt die gewählte Feldstudie den Versuch dar, ein ökologisch valides Erhebungsverfahren zu entwickeln, das nicht von vornherein alle möglichen Störvariablen ausschaltet, die Unterricht zu ganz erheblichen Teilen ausmachen.

Die Auseinandersetzung mit allgemein-didaktischen Arbeiten hat gezeigt, dass eine andere Perspektivierung des Unterrichtsprozesses entwickelt werden muss, die sich auf die Fächer beziehen muss, also die spezifischen Inhalte sowie Lehr- und Auseinandersetzungsformen berücksichtigt. Allgemeinheit beanspruchende Behauptungen für Lehr- und Lernprozesse fallen angesichts der Komplexität der Wissensorganisation hinter ihren selbst behaupteten Anspruch zurück, differenzierte – und auch weniger weit reichende – Untersuchungen sind gefordert.

2.5.2. Vom Umgang mit Zahlen: Im Mathematikunterricht

In mathematikdidaktischen Publikationen stehen zwei unterschiedliche Ansätze im Mittelpunkt: Während sich der eine in interaktionistischer Perspektive auf die Tradition der Konversationsanalyse beruft, orientiert sich der andere an der funktionalen Pragmatik.

In mehreren Forschungsprojekten haben Mitarbeiter des Instituts für Didaktik der Mathematik der Universität Bielefeld die sprachliche Vermittlung abstrakten mathematischen Wissens in der Interaktion zwischen Lehrer und Schülern thematisiert (vgl. Krummheuer/ Voigt 1991, 19–22). Vor dem Hintergrund einer Integration interaktionistischer, phänomenologischer, ethnomethodologischer und kognitivistischer Ansätze haben sie in Auseinandersetzung mit reichhaltigem empirischem Material[13] ein Konzept von Mathematikunterricht entwickelt, das diesen als einen Prozess modelliert, in dem das mathematische Thema interaktiv entwickelt wird.

> Wir sehen also das Lehren und Lernen von Mathematik als soziale Interaktion, in der durch die Aushandlung von Bedeutung mathematikbezogene Themen konstitutiert werden. (Krummheuer/ Voigt 1991, 16)

So kommen die unterschiedlichen Perspektiven von Lehrern und Schülern in den Blick. Das subjektive Lehrkonzept des Lehrers – durch die fachdidaktische Ausbildung und das „didaktische Brauchtum" geprägt – konstituiert seinen Rahmen (i.S. Goffmans), also seine gewohnheitsmäßigen Deutungsmuster, während der Rahmen der Schüler durch deren subjektiven Erfahrungsbereiche bestimmt ist, also die durch Teilnahme erworbenen Kenntnisse über den Zusammenhang mathematischen Wissens mit dessen Prozessierung im Unterricht (vgl. Bauersfeld 1983, 26). Im Unterricht erfolgt zwischen diesen beiden Rahmungen eine Modulation, d.h., die Beteiligten passen ihre Erwartungen wechselseitig an, es entsteht so ein „Arbeitsinterim" (vgl. Krummheuer 1983). Über Routinen, die konventionalisiert werden, bilden sich so relativ stabile Interaktionsmuster heraus, mit denen die Beteiligten den Lehr-Lernprozess entwickeln, etwa das „Trichtermuster" oder das „Aufgabe-Lösung-Auswertungsmuster".

Das „Trichtermuster" nutzen Lehrer, wenn sie der Meinung sind, dass Schüler mit einer gestellten Aufgabe nicht zurecht kommen (vgl. Bauersfeld 1983). Dann setzt ein Prozess ein, mit dem der Lehrer auf die antizipierte Lösung hin orientiert, und zwar solange, bis das gewünschte Ergebnis zustande gekommen ist:

> Lehrer und Schüler geraten wechselseitig in eine fortschreitende Verengung ihrer jeweils aktuellen Handlungsmöglichkeiten. Man kann daher auch kurz von einem „Trichter"-Muster sprechen. (Bauersfeld 1983, 25)

Dieses Muster zur Elizitierung der gewünschten Schülerreaktion erzeugt beim betroffenen Schüler nicht nur Ratlosigkeit über die damit verfolgten Zwecke, er hat darüber hinaus gar keine Chance, eigenständig Lösungsmöglichkeiten zu entwickeln.

Die im „Trichter"-Muster zum Ausdruck kommende Dominanz des fragend-entwickelnden Unterrichts im Mathematikunterricht reflektiert auch das dreiphasige „Aufgabe-Lösung-Auswertungs-Muster" (ALA) (vgl. Voigt 1981, 47): Die Konstitution der Aufgabe begleiten Lösungsangebote und Bewertungen, es folgt die gemeinsame Produktion eines Ergebnisses, die schließlich in Hinblick auf den Lösungsweg thematisiert wird. Diese Charakterisierung zeigt deutlich, dass hier ein Muster beschrieben wird, das auf einer anderen Ebene liegt als das gleichnamige Aufgabe-Lösungs-Muster im Sinne Ehlich/Rehbeins

---

[13] Das betrifft vor allem die Interaktion zwischen Lehrer und Schülern (Jg. 8, Gymnasium) im fragend-entwickelnden Unterrichtsgespräch als auch die Schülerinteraktionen im Gruppenunterricht; hinzuweisen ist noch auf ein Computerprojekt sowie die Fokussierung des Mathematikunterrichts in der Grundschule („Soziale Formierung mathematischer Lernprozesse").

(vgl. 2.4.), weil es auf größere interaktive Einheiten zielt. Am Material zeigt Voigt nicht nur auf, dass dieses Muster keineswegs sicher zu einem Lernprozess der Schüler führt in dem Sinne, dass das vom Lehrer in der Interaktion bearbeitete Wissen zu einem geteilten geworden wäre, sondern auch, dass der Lehrer im Vollzug die subjektiven Erfahrungsbereiche der Schüler nicht hinreichend thematisiert.

Aus funktional-pragmatischer Perspektive übt von Kügelgen (1994) Kritik am interaktionistischen Ansatz der Bielefelder Gruppe, indem er nicht nur den „heimlichen Positivismus" des Aushandlungskonzepts hervorhebt, sondern auch die nicht zureichende Berücksichtigung des institutionellen Zusammenhangs moniert. Er selbst untersucht in seiner Arbeit *Diskurs Mathematik. Kommunikationsanalysen zum reflektierenden Lernen* (1994) mit Hilfe der funktionalen Pragmatik Lehr-Lern-Prozesse im Mathematikunterricht. Er geht folgender Frage nach: „Welche Einflüsse hat die Tatsache, dass mathematische Sachverhalte im Unterricht kommunikativ vermittelt werden, auf den Prozess und die Ergebnisse des Lernens?" (ebd. 7). In Abgrenzung zu kognitionsorientierten oder mathematikdidaktischen Konzepten stellt er die sprachlich-kommunikative Vermitteltheit mathematischen Wissens in den Mittelpunkt seiner Analysen. Mathematisches Wissen ist ein abstrakter kognitiver Sachverhalt, der mit Hilfe der Sprache an die Schüler weitergegeben wird. Um diesen Sachverhalt angemessen zu erfassen, rückt er das komplexe Verhältnis zwischen der Institution Schule, der Kommunikation und den mathematischen Sachverhalten in das Zentrum seiner Analysen. Grundlage seiner Untersuchung bilden 20 audiovisuell aufgezeichnete und in Ausschnitten transkribierte Unterrichtsstunden einer 9. bzw. 10. Realschulklasse.[14]

Konkret geht v. Kügelgen der zentralen Frage nach, wie Lehr-Lern-Prozesse im Mathematikunterricht organisiert sein müssen, damit die Schüler mathematisches Wissen ausbilden können. Dabei geht er, in Anlehnung an die Analysen von Ehlich/Rehbein (1986), davon aus, dass der traditionelle Mathematikunterricht ganz wesentlich auf dem Aufgabe-Lösungs-Muster aufruht und dabei die (kognitiven) Handlungen der Schüler im Wesentlichen auf numerische Hilfsoperationen (= rechnen) beschränkt. Das bezeichnet er als *operativen* Unterricht; dieser sei nicht dazu geeignet, Einsichten in zugrunde liegende mathematische Probleme zu vermitteln. Als Alternative entwickelt v. Kügelgen das Modell eines reflektierenden, problemlösenden Unterrichts, das in konkrete Handlungsempfehlungen mündet.

Ausgangspunkt der Analysen ist die Kritik am operativen, aufgabenlösenden Unterricht, der die Schüler einer spezifischen *kognitiven Reduktion* (ebd. 23) unterwirft. Im Rahmen des Aufgabe-Lösungs-Musters entwirft der Lehrer einen Gesamtplan des mathematischen Problems und seiner Lösung, den er fragend-entwickelnd abarbeitet. Die Aufgabe der Schüler beschränkt sich dabei auf komplettierende Operationen, im Wesentlichen auf Rechenoperationen. Das zugrunde liegende mathematische Problem wird durch den Lehrer für diesen Zweck jeweils soweit zerlegt, dass die sich so ergebenden zahlreichen Teilschritte

---

[14] Bei den Schülern handelt es sich um ausländische Seiteneinsteiger, ein Aspekt, auf den v. Kügelgen in einem gesonderten Kapitel eingeht, der hier jedoch nicht weiter thematisiert werden soll.

von den Schülern durch einfache Rechenoperationen gelöst werden können. Das mathematische Problem wird dabei so weit fragmentarisiert, dass der Gesamtzusammenhang für die Schüler verloren geht. Sie verstehen den Sinn ihrer Rechenoperationen nicht. Die Transkriptanalysen[15] zeigen sehr deutlich, dass es auf Schülerseite nicht zu einer mathematischen Begriffsbildung kommt.

Ein Grund dafür ist beispielsweise die Fragmentarisierung des Wissens durch den Lehrer, die – paradoxerweise ursprünglich als Hilfestellung für die Schüler gedacht – genau durch die Zergliederung des Gesamtzusammenhangs die notwendige Einsicht in eben diesen verhindert. Infolgedessen findet keine kognitive Vernetzung der unterschiedlichen mathematischen Begriffsebenen statt, die zeichnerischen Begriffe bleiben unverbunden neben den algebraisch-symbolischen und den algebraisch-numerischen Begriffen stehen; insbesondere mangelt es an einer Anbindung der mathematischen an alltagsweltliche Begriffskonzepte. Hierin wird die Paradoxie des Aufgabe-Lösungs-Musters ein weiteres Mal konkret. Die dennoch vorgebrachten richtigen Lösungsversuche beruhen auf sog. Metamustern der Wissensprozessierung, etwa der lehrerseitigen Zergliederung in minimale Operationen oder dem schülerseitigen Vermuten. Sie ermöglichen zwar richtige Antworten, führen aber eben nicht zu einer entsprechenden Begriffsbildung.

v. Kügelgen argumentiert weiter, dass eine Lösung dieses Problems innerhalb des Aufgabe-Lösungs-Musters nicht zu erwarten ist, weil es a priori die auf Schülerseite erforderliche Vernetzung der Wissensfragmente ausschließt. Eine Lösung dieses didaktischen Dilemmas kann daher nur außerhalb dieses Musters liegen:

> Die Überwindung des Aufgabenlösens zu einem schulischen Problemlösen besteht in der Rekonstruktion der Verbindung zwischen Problemlösen und Problemlösungswissen durch die Vernetzung der einzelnen Wissenselemente im Rahmen des gesamten Problemlösungsprozesses und in der Reproblematisierung der Dissoziierung des Problemlösens im Prozess der schulischen Wissensverarbeitung durch die Reflexion des Wissenserwerbs." (ebd. 25)

Die Kernidee dieses Vorschlags liegt in der *Re-Problematisierung* der Aufgabe sowie der *Vernetzung* der sukzessive erarbeiteten Lösungsschritte. Jede Aufgabenstellung hat prinzipiell mit der Schwierigkeit zu kämpfen, dass keine reale Problemkonstellation vorliegt, d.h., den Schülern tritt bei der Durchführung einer Handlung kein erfahrbarer Widerstand entgegen. Die Problemkonstellation muss vielmehr sprachlich in den Unterricht transportiert werden und von den Schülern mental vorgestellt werden. Die Überwindung dieses institutionell bedingten Praxisverlustes erfolgt durch die Re-Problematisierung, und zwar so, dass an die Stelle des Handlungswiderstands beim alltäglichen Problemlösen ein Erkenntniswiderstand beim schulischen Problemlösen tritt – die Schüler stehen vor einer Aporie, einem für sie unlösbaren Widerspruch. Die Einsicht in das Nicht-Erkennen, in das Nicht-Verstehen eines Sachverhalts bewirkt das Interesse an seiner Überwindung. Voraussetzung hierfür ist, dass der Sachverhalt an Alltagserfahrungen anknüpft.

---

[15] Die Transkriptanalysen können hier nicht vorgeführt werden, weil sie wegen der Spezifik und Komplexität der mathematischen Sachverhalte eine so ausführliche Kontextualisierung erforderlich machten, die den Rahmen sprengen würde.

Der erste wesentliche Unterschied zum Aufgabenlösen besteht also darin, dass nicht der Lehrer eine Aufgabe stellt, sondern die Schüler ein Problem erkennen, das sie mit ihren bisherigen Möglichkeiten nicht lösen können.

Der zweite zentrale Unterschied ergibt sich bei der Problemlösung selbst. Hier ist es Aufgabe des Lehrers, die im Aufgabe-Lösungs-Muster typische Aufteilung des Problemlösungswissens auf Lehrer und Schüler aufzuheben. Jede gefundene Lösung muss auf den gesamten Problemlöseprozess bezogen und begrifflich so rekonstruiert werden, dass sie für alle nachvollziehbar ist. Jede Teillösung, die beispielsweise durch eine Rechenoperation erreicht wird, muss vernetzt werden mit dem Gesamt des mathematischen Problems. Nicht die Richtigkeit eines Lösungsversuchs in Bezug auf den Gesamtplan des Lehrers ist für ein Fortschreiten entscheidend, sondern der mentale Nachvollzug durch die Schüler.

Eine wichtige Voraussetzung für das Gelingen eines solchen Unterrichts ist das Durchschauen der Widersprüchlichkeit des Aufgabe-Lösungs-Musters; in der gemeinsamen Reflexion des Unterrichts durch Schüler und Lehrer sieht v. Kügelgen die Bedingung der Möglichkeit, das beschriebene didaktische Dilemma zu überwinden.

2.5.3. Sprache und Bewegung: Im Sportunterricht

Georg Friedrich untersucht in seiner Arbeit *Methodologische und analytische Bestimmungen sprachlichen Handelns des Sportlehrers* (1991) mit Hilfe der funktionalen Pragmatik Lehr-Lern-Prozesse im Sportunterricht. Im Zentrum steht dabei die Frage, in welchem Verhältnis sprachliche Instruktionen von Sportlehrern und motorische Lernprozesse von Schülern stehen. Oder anders ausgedrückt: Wie kann mit sprachlichen Mitteln Einfluss genommen werden auf die nicht-sprachlichen Bewegungserfahrungen? Im Kern läuft die Antwort auf die These hinaus, dass sich Bewegungserfahrungen und ihre Verbalisierungen zu einem sinnvollen Ganzen ergänzen.

Grundlage der Untersuchung, mit der Friedrich weitgehend unerforschtes Terrain betritt, bildet ein Datenkorpus von 36 Unterrichtseinheiten (Sportstunden) der Klassen 5 bis 13, die ton- und teilweise videotechnisch aufgezeichnet sind. Eine ausschnittsweise Dokumentation der transkribierten Unterrichtssequenzen findet sich im Anhang der Arbeit.

Friedrich wendet sich in seiner Arbeit gegen die weitverbreitete Auffassung von der Sprachlosigkeit des Sport(unterricht)s. Sport und Kommunikation gehören für ihn gerade beim Bewegungslernen eng zusammen, weil viele Bewegungen ihren Ausgangspunkt bei Bewegungsaufgaben haben, von Kommentaren begleitet sind und mit einer Korrektur oder Bewertung enden. Konkreter Gegenstand seiner Untersuchung sind „Verbalisationen sportspezifischer Bewegungshandlungen" (ebd. 57), die sich so deutlich von den praktischen Handlungen in der Untersuchung von Brünner (1987) abheben (vgl. 2.5.5). Die Analyse selbst ist zweigeteilt: Zunächst geht es um die Sprechhandlungen des Sportlehrers, dann um die der Schüler.

Friedrich ermittelt anhand seines empirischen Materials insgesamt sechs verschiedene sprachliche Muster zur Verbalisation sportspezifischer Bewegungshandlungen. Ihr gemeinsamer Zweck besteht in der Vermittlung von Bewegungswissen. Das sog. *phänomenologische Referenzmuster* zeichnet sich dadurch aus, das es sich – ähnlich wie die Beschreibung – an den wahrnehmbaren Bewegungserscheinungen orientiert. Mittels alltagssprachlicher Begriffe macht der Sprecher Angaben zur Lage des Körpers („Gewicht auf dem rechten Bein"), zur Bewegungsrichtung („nach vorn-oben") und zur Bewegungsmodalität („schnell-kräftig"). Zur Sicherung der Verständlichkeit ist das Beschreibungsinventar einfach. Im Unterschied dazu verwendet das *fachsprachliche Muster* explizit fachliche Termini („Doppeldribbel", „Kernwurf"). Eine übergeordnete Funktion kommt dem *ziel- und handlungsbezogenen* Muster zu; hier dienen die Angaben über das Ziel bzw. die Teilhandlungen der Bewegung als Hilfen für die Bewegungsvorstellung. Ebenso das *funktional-kausale* Muster, das dem Lerner den Sinn einer Aufgabe verdeutlichen soll. Kritisch setzt sich Friedrich in diesem Zusammenhang mit dem inflatorischen Gebrauch von lobenden Äußerungen (= emotionales Muster) auseinander, die dadurch Gefahr laufen, ihre Wirkung zu verlieren.

Welche Funktion haben nun die Verbalisationen sportspezifischer Bewegungshandlungen durch die Lernenden selber? Hier kommt Friedrich zu einer interessanten Einsicht: Bewegungserfahrungen stellen eine eigene Kategorie mentaler Verarbeitungsprozesse dar, die auf einem differenzierten kinästhetischen System zur Erfassung der eigenen Bewegungen aufruhen. Sie erlauben es beispielsweise dem menschlichen Körper, seine Lage oder Bewegung im Raum wahrzunehmen. Diese Bewegungseindrücke werden zunächst einmal nicht-sprachlich gespeichert. Ihre Verbalisation hat nach Friedrich die Funktion, den Bewegungslerner bei der Ausbildung von Vorstellungen über vergangene und für zukünftige Bewegungen zu unterstützen.

Denn „sprachgebundene Vorgänge (wirken) wesentlich tiefer in die Bewegungsrealisation-, Bewegungskontroll- und Bewegungsplanungsprozesse hinein (...), als dies bei oberflächlicher Betrachtung angenommen werden könnte" (S. 147). Sprachliche Begriffe sind deutlich mehr als äußere Bezeichnungen für die eigentlichen Bewegungsvorgänge. Sie sind vielmehr ein Mittel, um Begriffe über Bewegungserfahrungen zu bilden. Die Sprache stellt die Verbindung her zwischen den Bewegungserfahrungen und dem Wissen darüber. In diesem Sinn kommt der Sprache für das Bewegungslernen eine zentrale Rolle zu.

Ein eigener Abschnitt ist den institutionellen Bedingungen des Sportunterrichts gewidmet. Zu diesem Zweck untersucht Friedrich die Verwendung von Begründungen im Sportunterricht, weil er annimmt, dass insbesondere das begründet wird, was strittig ist. Die Analysen zeigen, dass vor allem organisatorische Maßnahmen und Aufgabenstellungen begründet werden – allerdings auf einem insgesamt niedrigen Niveau –, die den Schülern nur wenig Einsichten in ihre Bewegungspraxis ermöglichen.

2.5.4. Verstehensprozesse organisieren: Im Literaturunterricht

Die Didaktik der (deutschen) Literatur kann sich auf eine schon längere Tradition in der Dokumentation von Unterricht berufen (für einen Überblick vgl. Merkelbach 1995a). Zunächst jedoch – bis Mitte der 70er Jahre – hatte die transkriptförmige Aufbereitung von schulischen Literaturgesprächen die Aufgabe, Bearbeitungstechniken und -verfahren für eine Gesprächserziehung in der Grund- bzw. der Hauptschule zu entwickeln (vgl. Rössner 1967, Ritz-Fröhlich 1975). Erst mit der zu Beginn der 80er Jahren entwickelten Kritik an schematischen Interpretationsritualen gelangten die Unterrichtspraktiken des gymnasialen Literaturunterrichts in den Mittelpunkt des Interesses. Dabei stand die didaktisch-pädagogische Frage im Zentrum, ob und in welcher Weise die unterrichtliche Behandlung von literarischen Texten den Schülern subjektive Aneignungsmöglichkeiten eröffnet oder aber verstellt.

Exemplarisch sei für diesen Zusammenhang die Arbeit Petra Wielers „Sprachliches Handeln im Literaturunterricht als didaktisches Problem" (1989) herangezogen. Sie setzt an einem – auch bis heute nicht überwundenen – Empirie-Defizit prominenter literaturdidaktischer Konzepte an, die das Schüler-Subjekt und seine Lebenswelt in Beziehung zu fiktionalen Wirklichkeitsentwürfen setzen will, dabei allerdings die Ebene dieser Auseinandersetzung selbst unberücksichtigt lässt, nämlich ihre Konkretion im literarischen Unterrichtsgespräch im Klassenzimmer. Die transkriptförmige Dokumentation einer Stunde über Peter Hacks' „Der Bär auf dem Försterball" sowie deren genaue Analyse vor dem Hintergrund der linguistischen Unterrichtskommunikationsforschung ermöglicht eine Auseinandersetzung mit kontroversen literaturdidaktischen Positionen. Der ethnographische Ansatz Mehans fundiert die Analyse; in der Auswertung werden seine Grenzen offen gelegt. Wieler zeigt nämlich nicht nur, dass der Lehrer negative Evaluationsschritte weitgehend vermeidet, sondern auch, dass dessen Unterrichtsinszenierung den Verlauf wesentlich bestimmt, sowohl global in Hinblick auf die Phaseneinteilung als auch lokal in Hinblick auf die Hegemonie seiner Interpretation (vgl. Wieler 1989, 80–83). So rücken die institutionellen Bedingungen in den Blick, die Wieler z.T. unter Rückgriff auf die Explikation des Aufgabe-Lösungs-Musters durch Ehlich/Rehbein einholt. Zwar lassen sich wesentliche Eigenschaften dieses Musters auch in dieser Stunde feststellen, aber es bleibt ein noch explikationsbedürftiger Rest, der sich aus den Besonderheiten des Literaturunterrichts ergibt:

> Auch der ‚Aufgabensteller' (also der Lehrer) verfügt weder über die (in bezug auf den vorliegenden Text) relevante „Problemstellung insgesamt", noch über eine deutlich erkennbare „Zielsetzung" (vgl. Ehlich/Rehbein 1986, 15). Dies liegt nicht etwa an der unzureichenden Unterrichtsvorbereitung des Lehrers, entspricht vielmehr einer Grundbedingung literaturorientierter Auseinandersetzung, deren ‚Ziel' sich eben nicht – wie z.B. die ‚Lösung' einer mathematischen Gleichung – vorweg definieren läßt, sondern erst im Prozeß der kommunikativen Verständigung über Verstehensleistungen Konturen gewinnt. (Wieler 1989, 108f)

So schlägt sie vor, das Aufgabe-Lösungs-Muster zu einem Handlungsmuster der Textauslegung weiter zu entwickeln, das die Aufgabe hat, Schüler auf die Besonderheiten der literarischen Lehr-Lernsituation festzulegen. Auch deshalb ist es offen für verschiedene Textbearbeitungsstrategien. Schülern liefert es eine Möglichkeit, sich auf Textangebote des Lehrers zu beziehen, indem sie die ihnen zugewiesenen Aufgaben im Rahmen der Inszenierung übernehmen. Die institutionellen Bedingungen versperren also den Schülern jene subjektiven Textzugänge, die die normative Literaturdidaktik ihnen hat eröffnen wollen.

Diese Lücke zu schließen sei erst dann möglich, wenn andere Formen der Gesprächsorganisation praktiziert würden, die den Schülern die Auseinandersetzung um divergierende Textdeutungen ermöglichten (vgl. Wieler 1989, 229), eine „Entschulung der Schule" also.

Diese Perspektive hat die empirisch fundierte Literaturdidaktik der 90er Jahre weiter entwickelt und sich vor allem mit der Frage beschäftigt, wie Intersubjektivität trotz der institutionellen Beschränkungen hergestellt werden kann. Die aus einem Frankfurter Projekt hervorgegangenen Arbeiten thematisieren die Potentiale der Gesprächssituation. Die am Projekt beteiligten Lehrer versuchten, im Unterricht ihre strukturierenden Aktivitäten zu reduzieren, um den Schülern eine größtmögliche Offenheit zu geben: Die Lehrer verzichteten weitgehend auf Äußerungen, die die Interpretationen der Schüler hätten beeinflussen können. Den Schülern gelang es so, eine „respektable" Interpretation zu entwickeln (vgl. Merkelbach 1995b, 141ff.). So wird das gesellige literarische Gespräch unter Erwachsenen zum Leitbild schulischer Kommunikation (vgl. Merkelbach 1998).

Zurecht hat Werner (1996) gegen diese Modellierung Einspruch erhoben, wenn er die Möglichkeiten einer „Entschulung der Schule" bezweifelt und auf der Notwendigkeit einer bewussten Strukturierung von literarischen Gesprächen im Unterricht besteht. Ob jedoch seine Perspektive, ein vom Habermasschen Diskurskonzept abgeleitetes Modell des literaturrezipierenden Unterrichtsgesprächs geeignet ist, diese Ambivalenzen aufzuheben, darf bezweifelt werden.

2.5.5. Anleitung zu praktischen Tätigkeiten: In der betrieblichen Ausbildung

Gisela Brünner untersucht in ihrer Arbeit *Kommunikation in institutionellen Lehr-Lern-Prozessen* (1987) mit Hilfe der funktionalen Pragmatik Lehr-Lern-Prozesse in der betrieblichen Ausbildung. Diese unterscheiden sich in einem wesentlichen Punkt von den schulischen Lehr-Lern-Prozessen: es handelt sich dabei im Kern um praktische Tätigkeiten. Hieraus leiten sich zwei zentrale Fragestellungen her: „Welche Auswirkungen (hat) der Umstand, dass die Ausführungen praktischer Tätigkeiten ein wesentliches Element der Instruktionen darstellt, auf die Kommunikation (...) und welche Phänomene (ergeben) sich aus der empraktischen Einbettung des Instruktionsdiskurses?" (ebd. 11). Eine sehr allgemeine und grundsätzliche Auswirkung ist die, dass die Kommunikation in praktisch dominierten Tätigkeitszusammenhängen in erheblichem Maße eben diesen Zusammenhängen gehorcht. Kommunikation ist hier nicht Selbstzweck, sondern Bestandteil eines übergeordneten Handlungskontextes.

Die empirische Grundlage der Untersuchung bilden elf Videoaufnahmen von je zwei bis drei Stunden Dauer, die in einem Übungsbergwerk mit hohem technischem Aufwand aufgenommen wurden. Ergänzt wird es durch Nachfrageinterviews mit den Ausbildern und Auszubildenden sowie einer gemeinsamen Betrachtung der Videoaufzeichnungen mit den Betroffenen, die ebenfalls aufgezeichnet wurden, um Kommentare der Betroffenen über ihre Tätigkeiten zu dokumentieren. Das Material ist in transkribierter Form auszugsweise dokumentiert.

Für die Beantwortung ihrer zentralen Fragestellungen entwickelt Brünner zunächst ein Modell zur Analyse praktischer Handlungen, das sie benötigt, um die beobachteten Handlungen und ihre Verbalisierungen in der Instruktion aufeinander beziehen zu können. Dabei stößt sie auf eine interessante Besonderheit: Praktische Handlungen werden nicht nur verbal vermittelt, sondern in weiten Teilen enaktisch (griech. *en*: ‚an‘, lat. *acta*: ‚Handlung‘), d.h. mithilfe unterschiedlicher Bewegungstypen, die von Zeigegesten über Demonstrationen praktischer Tätigkeiten und Körperberührungen bis zur Illustration von Vorgängen reichen. Praktische Tätigkeiten bieten also andere Möglichkeiten der Veranschaulichung und Vermittlung als theoretisches Wissen. Für ihre Analyse finden sich hier entsprechende Methoden und Kategorien.

Im Weiteren untersucht Brünner dann, welche Veränderungen das Aufgabe-Lösungs-Muster erfährt. Diese verdanken sich im Wesentlichen der veränderten Aufgabenstellung, die aus der Durchführung eines praktischen Lösungsversuchs, beispielsweise dem Wechseln eines Ersatzteils, besteht. Im Gegensatz zur mentalen Suche nach einem Wissenselement ist der praktische Lösungsversuch der unmittelbaren Beobachtung durch den Ausbilder zugänglich. Dadurch kann die Lösungssuche mitverfolgt und ständig kommentiert bzw. korrigiert werden. An die Stelle der abschließenden Bewertung im schulischen Aufgabe-Lösungs-Muster tritt eine begleitende. Dies erfordert ein besonderes „ausführungsbegleitendes Interventions- und Korrektursystem, das Elemente verbaler Steuerung enthält" (ebd. 194). Brünner warnt hier vor einem überzogenen Einsatz der Steuerung durch den Ausbilder. Um das Gelingen einer Handlungsausführung sicherzustellen, steuert der Ausbilder dann so stark, dass der Lernende in seinem äußeren Handlungsverlauf quasi dirigiert wird. Eine didaktisch unerwünschte Konsequenz des Dirigierens ist der Verlust der Selbsttätigkeit des Lernenden, der aufgrund der äußeren Steuerung keinen eigenen, inneren Handlungsplan ausbildet; er handelt weitgehend blind, „als Marionette am Arm des Ausbilders" (S. 201). Dann liegt die paradoxe Situation vor, dass der Lerneffekt genau durch die Maßnahme verhindert wird, die ihn eigentlich sicherstellen sollte.

Eine weitere von Brünner analysierte Besonderheit betrifft das Phänomen der Simulation, das bei der Analyse und dem Verstehen reformpädagogischer Konzepte (Projektunterricht, ganzheitliches Lernen) behilflich sein kann. Es geht dabei um das Phänomen, dass Arbeitsprozesse im Übungsbetrieb in weiten Teilen nur simuliert, d.h., auf der Grundlage von kontrafaktisch vorgestellten Situationsbedingungen durchgeführt werden. Das ist zum Beispiel der Fall, wenn ein bestimmtes Werkstück zum zehnten Mal hintereinander auseinander genommen und gereinigt wird, obwohl es blitzsauber ist. Auf diese Weise treten ständig Diskrepanzen zwischen der realen Arbeitswelt und der Übungswelt auf, weil die Imitation niemals vollständig gelingt. Brünner zeigt an verschiedenen Beispielen, welche Schwierigkeiten die Beteiligten haben, eine gemeinsame Orientierung aufzubauen, d.h. sich auf die Geltung bestimmter Bedingungen zu einigen. Faktisch zeigt sich, dass im Konfliktfall die Ausbilder ihre Orientierung durchsetzen.

Als letztes sei noch auf den Versuch hingewiesen, den Lernerfolg mittels der Transkriptanalysen zu ermitteln. Angesichts der zunehmenden Verbreitung von Evaluationen auch im didaktischen und pädagogischen Bereich ist es von Interesse zu sehen, wie mit qualitativen Methoden Lernerfolg ermittelt werden kann.

2.5.6. Naturgesetze: Das Gespräch im naturwissenschaftlichen Unterricht

In den letzten zehn Jahren hat das Gespräch im naturwissenschaftlichen Unterricht besondere Aufmerksamkeit erfahren, vor allem im Rahmen der internationalen Schulleistungsstudien TIMSS und PISA, an die sich eine Reihe von Video- und Befragungsstudien angeschlossen haben. Einen Überblick über den aktuellen Forschungsstand liefert der Aufsatz von Kobarg/Prenzel/Schwindt (2009), aus dem hier einige wichtige Befunde referiert werden sollen.

Eine Besonderheit des naturwissenschaftlichen Unterrichts ergibt sich aus der prominenten Rolle des Experiments in den Naturwissenschaften für Erkenntnisgewinn und didaktische Zwecke. Im Experiment werden unter kontrollierten Bedingungen theoretische Annahmen überprüft, indem Abläufe beobachtet und/oder gemessen werden. Damit werden sie zugleich in bestimmter Weise sinnfällig, was wahrscheinlich ihren didaktischen Reiz ausmacht. Die jüngsten Studien zum Gespräch im naturwissenschaftlichen Unterricht fragen nun danach, welche Gelegenheiten der Unterricht den Schüler/innen bietet, Naturwissenschaft zu lernen. Neben Befragungen von Lehrer/innen und Schüler/innen, die im Allgemeinen als nicht sehr zuverlässige Instrumente gelten, kommen zunehmend Videostudien zum Einsatz. Durch Schülerbefragungen im Rahmen von PISA 2006 werden allgemeine Merkmale des Unterrichtsgesprächs in verschiedenen OECD-Ländern erfasst; dabei zeigt sich, dass sog. interaktive Unterrichtsverfahren, gemeint sind Gespräche mit der gesamten Klasse oder in Kleingruppen, eine wesentliche Rolle spielen; die Schüler/innen haben, so die Schlussfolgerung, Gelegenheit, sich mit eigenen Ideen einzubringen.

Genaueren Aufschluss über Art und Qualität der Gespräche bringt eine Studie des IPN (Leibniz-Institut für die Pädagogik der Naturwissenschaften, Kiel), die nicht nur den Physikunterricht in der Sekundarstufe I beschreibt, sondern auch nach seiner Wirkung auf das Lernen fragt (Kobarg/Prenzel/Schwindt, 2009). Zu diesem Zweck werden die auf Video aufgezeichneten Stunden einer genaueren Analyse unterzogen. Geschulte Rater ordnen unabhängig voneinander die Fragen der Lehrer bestimmten Kategorien zu, die vor allem das kognitive Niveau bestimmen; zur Auswahl stehen – mit steigendem kognitiven Anspruch – die folgenden:

– *Organisatorische Fragen* beziehen sich nicht auf fachliche Inhalte, sondern auf Aspekte der Unterrichtsorganisation.
– *Reproduktionsfragen* verlangen die Wiederholung von aus den vorangegangenen Stunden bekannten Inhalten.
– *Kurzantwortfragen* verlangen vom Schüler Fakten, Zahlen oder kurze Erklärungen.
– *Langantwortfragen* zielen auf längere, jedoch weitgehend reproduktive Äußerungen, indem sie etwa nach der Wirkungsweise des Magneten fragen, wenn diese zuvor behandelt wurde.

– *„Deep-reasoning"-Fragen* zielen auf längere, nicht-reproduktive Antworten, bei denen die Schüler neue Sachverhalte erklären sollen. Das verlangt eigenständige Denkprozesse beispielsweise über Ursache-Wirkungs-Zusammenhänge.

Quantitativ zeigt sich, dass 80% der Gesprächszeit vom Lehrer genutzt werden und dass sich die Äußerungen der Schüler/innen überwiegend auf kurze Antworten beschränken. Schülerfragen kommen nur sehr selten vor und werden zudem vom Lehrer häufig als Stichwortgeber genutzt; zudem können Schüler mit ihren Äußerungen nur selten in dem Maße Einfluss auf das weitere Geschehen nehmen wie der Lehrer. Die Analysen der Lehrerreaktionen auf Schülerantworten zeigen, dass diese zu 87% einfache Bestätigungen oder Zurückweisungen ohne weitergehende Hinweise sind; lernanregende Rückmeldungen, die etwa Hinweise auf Fehler oder lobende Äußerungen zur Motivationssteigerung enthalten, bleiben die Ausnahme. „Insgesamt lässt sich das Unterrichtsgespräch im Physikunterricht der Sekundarstufe I vor dem Hintergrund dieser Analysen als enggeführtes fragendentwickelndes Gespräch beschreiben, das wenig Raum für das Initiieren, Begleiten und Strukturieren tiefergehender Denkprozesse bietet" (ebd.). Die meist geschlossenen Lehrerfragen enthalten nur selten ein kognitiv anregendes Potential.

Um die Wirkung eines solchen Unterrichts zu erfassen, wurden über ein Schuljahr hinweg auch die Leistungs- und Interessensentwicklung der Schüler/innen erhoben. Dabei erweist sich die Engführung im Klassengespräch als nachteilig für die Lernmotivation und Interessensentwicklung – die Schüler verlieren die Lust am Fach. Unterstützende Rückmeldungen haben insbesondere bei Schüler/innen mit niedrigem Vorwissen eine positive Wirkung.

2.5.7. Kontroversen führen: Diskutieren und Argumentieren

Zum Thema Diskutieren bzw. Argumentieren ist im Zusammenhang gesprächsanalytischer Forschung besonders auf zwei Monographien hinzuweisen: Spiegel (2006) betrachtet in „Unterricht als Interaktion. Gesprächsanalytische Studien zum Spannungsfeld zwischen Lehrern, Schülern und Institution" das argumentative Handeln von Lehrern und Schülern unter allgemeinen Gesichtspunkten, während Vogt (2002) in „Im Deutschunterricht diskutieren. Zur Linguistik und Didaktik einer kommunikativen Praktik" die im Unterricht organisierte argumentative Auseinandersetzung in verschiedenen Kontexten im Rahmen des Faches thematisiert, das insbesondere für die Entfaltung argumentativer Kompetenzen zuständig ist.

Vogt (2002) beschäftigt sich mit im Rahmen des Deutschunterrichts realisierten institutionalisierten Diskussionsprozessen. Auf der Grundlage einer gesprächsanalytischen Auswertung von insgesamt 20 Unterrichtsstunden aus allen Schulstufen wird ein differenziertes Bild der kommunikativen Praktik Diskussion entwickelt. Ausgangspunkt seiner Untersuchung ist die Unterscheidung von drei verschiedenen Formen, in denen im Unterricht argumentiert wird. Neben kontroversen Sequenzen, in denen die Schüler widerstreitende Positionen interaktiv bearbeiten und zu einem Abschluss im Konsens oder Dissens führen, lassen sich sowohl konvergente als auch divergente Sequenzen identifizieren: Während es bei konvergenten Sequenzen um die Vereinheitlichung von unterschiedlichen Perspektiven geht, steht die Entwicklung von Perspektivenvielfalt im Zentrum von divergenten Sequenzen. Dabei wird auch die institutionelle Rahmung berücksichtigt: Ein wichtiger Faktor für die Realisierung von Lernprozessen, die auf die Entwicklung argumentativer Kompetenz zielen, ist das vom Lehrer gewählte methodische Arrangement. Vogt unterscheidet hier drei verschiedene kommunikative Ordnungen, nämlich die lehrerzentrierte, die verfahrensgeregelte und die schülerzentrierte kommunikative Ordnung (s. auch Abschnitt 4.5). Diese verschiedenen Rahmungen bestimmen i.W. die sprachlichen Handlungsmöglichkeiten von Schülern. Aber auch der thematische Bezug erweist sich als wichtige Größe, denn es ist nicht unerheblich, mit welchem Ziel Schüler sich auf Diskussionsprozesse einlassen. So lassen sich zunächst methodische Arrangements bestimmen, in denen Diskutieren geübt wird, wie z.B. durch den kontrollierten Dialog oder das Innenkreis-Außenkreis-Arrangement. Aber auch themenorientierte Diskussionen lassen sich organisieren, wenn beispielsweise über einen literarischen Text oder die zentralen Thesen von Kommentaren gesprochen wird. Darüber hinaus kommt es – wenn auch selten – vor, dass im Unterricht über Themen bzw. Probleme gesprochen wird, die die Klasse selbst angehen, etwa im Rahmen des sog. Klassenrats oder in der Planung gemeinsamer Aktivitäten. An dieser Stelle ist kritisch anzumerken, dass die Möglichkeit des Metagesprächs, also der gemeinsamen Reflexion von eigenen Erfahrungen keine Berücksichtigung gefunden hat.

Schließlich zeigt Vogt, wie sich das sprachliche Handeln von Schülern im Unterricht im Laufe der Schülerkarriere entwickelt. Vor dem Hintergrund der analysierten Daten zeigt er, wie Schüler bestimmte Aneignungstechniken nutzen, um ein eigenes Verhältnis zum Thema zu finden. So zeigt sich, dass jüngere Schüler vor allem solche Techniken wählen, die einen erfahrungsbezogenen Gegenstandsbezug deutlich machen, wie z.B. „Vergleich mit der eigenen Praxis" oder „wörtlicher Textbezug", während ältere Schüler Techniken wählen, die einen distanzierten Gegenstandsbezug zum Ausdruck bringen, wie z.B. das „Diskutieren spielen" oder „ein Problem argumentativ prüfen" (2002, 319). Insgesamt lässt sich sagen, dass das Thema Diskutieren im Deutschunterricht differenziert entwickelt wird und so eine kritische Perspektive auf das Unterrichtsgeschehen eröffnet.

Spiegel (2006) beschäftigt sich in ihrer Monographie „Unterricht als Interaktion. Gesprächsanalytische Studien zum kommunikativen Spannungsfeld zwischen Lehrern, Schülern und Institution" vor allem mit solchen Arrangements, die als „Argumentationseinübung" charakterisiert werden. Zugrunde liegt ein Korpus von insgesamt 33 Aufnahmen mit Diskussionen zum Thema „Soll man Moden und Trends mitmachen?" und „Ist die Gleichberechtigung von Mann und Frau bereits verwirklicht?", die mit Schülern der 10. Jahrgangsstufe (Realschule, Gymnasium) bzw. der 13. Jahrgangsstufe durchgeführt wurden. Ergänzt wird dieses Korpus durch Daten, die durch teilnehmende Beobachtung in den Klassen 5 bis 13 am Gymnasium gewonnen wurden. Auf dieser Grundlage wird ein unterrichtliches Handlungsschema „Argumentationseinübung" entwickelt, das auf der aus unterrichtspraktischen Kontexten bekannten Abfolge der Phasen *Einstimmung*, *Hinführung*, *Vorbereitung* und *Durchführung* sowie *Beendigung* besteht. Aus dieser Struktur ergeben sich für die an der Interaktion Beteiligten bestimmte Aufgaben. So fallen dem Lehrenden komplexe Aufgaben zu, die sich aus seiner institutionellen Rolle ergeben.

Genauer beschäftigt sich Spiegel mit den Aspekten Fragen, Metakommunikation, Reformulieren, Argumentieren und Bewerten. Die Interaktionsaufgaben für die Schüler sind stark durch die institutionelle Rahmung bestimmt, da sie sich in das vorgegebene unterrichtliche Arrangement einfügen müssen. Sie lösen diese Aufgabe, indem sie beispielsweise Missverständnisse klären, Kompromisse finden oder an ihrer Position festhalten. Eingefügt sind diese einzelnen Aktivitäten in einen interaktiv organisierten Prozess, den Spiegel das „Procedere der Argumentationseinübung" nennt. Dabei sind die Aktivitäten der Schüler von denen der Lehrenden abhängig, denn diese steuern das Verfahren sowohl formal als auch inhaltlich auf zwei Ebenen, nämlich auf der globalen und der lokalen. Global ist es die thematische Fokussierung und Prozessierung, die im Aufgabenbereich der Lehrenden liegt, während lokal die Schüleräußerungen im Mittelpunkt stehen, deren Angemessenheit der Lehrer in Form von Evaluationen beurteilt. Vor diesem Hintergrund werden dann spezielle Fragen diskutiert, z.B. das Problem, wie sog. „kritische Momente" durch die Beteiligten erzeugt und bearbeitet werden. Hier werden Beispiele von Lehreraktivitäten auf der globalen und lokalen Ebene ausgewertet, und es zeigt sich, dass auch in diesen Stunden typische Aktivitäten von Lehrpersonen empirisch nachzuweisen sind, wie beispielsweise das Abfragen oder das Rätselraten. Auf der globalen Ebene lassen sich solche kritischen Momente auf das jeweilige Diskussionskonzept der Lehrenden zurückführen, das sowohl strukturierende Äußerungen als auch kommentierende Evaluationen determiniert. Problematisch kann auch die Beziehung zwischen den Interaktanten sein, also zwischen Lehrer und Schüler als auch zwischen Schülern sein.

Die beiden letzten Kapitel beschäftigen sich mit dem jeweiligen Rollenverständnis von Lehrern und Schülern. Zunächst werden zwei Typen von Schüler-Interaktionsstilen vorgestellt, wenn sie ohne Lehrerkontrolle miteinander diskutieren, nämlich der Wettstreit und der Kampf: Im ersteren werden die grundlegenden Anforderungen an das Verhalten in Gesprächen noch gewährt, die im zweiten außer Kraft gesetzt sind. Seitens der Schüler lassen sich zwei Typen beschreiben, die abhängig sind von den Rahmenbedingungen. Während Schüler in lehrergeleiteten Argumentationsprozessen eher längere und differenzierte Beiträge einbringen, sind diese in schülerzentrierten Prozessen kürzer und einfacher. Schließlich werden zwei Beispiele für die Ausfüllung der Schülerrolle aufgeführt: Während der „Experte" über ein Wissen verfügt, das der Lehrkraft fremd ist, wird die „Assistentin" – in der Regel ein guter Schüler bzw. eine Schülerin – von der Lehrerin in den Prozess der Themenentwicklung an prominenter Stelle mit einbezogen. Sicher ließen sich hier noch weitere Rollen von Schülern bestimmen, dennoch wird hier in Hinblick auf die Charakterisierung individueller Handlungsweisen in unterrichtlichen Diskussionen eine wichtige Dimension erkennbar. Genauso ist es mit der Charakterisierung von individuellen Lehrstilen. Auch in diesem Bereich gibt es vereinzelt Ansätze, diese Dimension anhand von Transkriptionen zu thematisieren, aber eine Systematisierung wurde noch nicht vorgelegt. Spiegel stellt drei Typen von Interaktionsmanagement vor, nämlich zunächst die Lehrkraft, die aufgrund von zurückhaltendem Agieren ihren Schülern viel Raum zur sprachlichen

Gestaltung bietet, dann die Lehrkraft, die neben dieser Offenheit regulierend eingreift, und schließlich die Lehrkraft, die sowohl ernsthaft als auch ironisch mit ihren Schülern interagiert.

Insgesamt werden hier wesentliche Aspekte thematisiert, und mit der Orientierung auf die Ebene des individuellen Handelns von Schülern und Lehrern wird eine Richtung aufgewiesen, für die weitere transkriptbasierte Forschungen interessant sein könnten.

2.6. Resümee

Der Überblick über die linguistischen Forschungsansätze zur Unterrichtsanalyse hat eindrucksvoll gezeigt, wie vielfältig und intensiv hier geforscht wird. Anstelle einer erneuten Zusammenfassung der vorgestellten Ergebnisse soll nun der Versuch unternommen werden, ihren Ertrag für die eigene wie für andere Disziplinen zu verdeutlichen. Es sind insbesondere zwei Aspekte der linguistischen Unterrichtsforschung, auf die wir hier besonders hinweisen möchten: ihre Fundierung in einer qualitativen Empirie und die systematische Berücksichtigung mentaler bzw. kognitiver Prozesse.

Linguistische Unterrichtsforschung basiert von Beginn an auf der audio- und videotechnischen Aufzeichnung von authentischem Unterricht und deren Transkriptionen. Damit orientiert sie sich am sog. qualitativen Forschungsparadigma, ohne jedoch die Möglichkeiten quantitativer Methoden grundsätzlich abzulehnen oder gar zu verneinen. Das mag mit der Tatsache zusammenhängen, dass in der Linguistik, beispielsweise in der Dialektologie oder Soziolinguistik, empirisch-statistische Verfahren ihren festen Platz haben. Der qualitative Zugriff auf Unterrichtskommunikation wurde deshalb gewählt, weil das kommunikative Geschehen so komplex ist, dass es überhaupt erst im Transkript rekonstruierbar wird. Die detaillierte Dokumentation des kommunikativen Geschehens, d.h. die möglichst umfassende und genaue Verschriftlichung der verbalen und non-verbalen Anteile, ist die notwendige Voraussetzung für die Analyse und Erklärung der beobachteten Lehr-Lern-Prozesse. Die Transkriptanalysen ermöglichen auf diese Weise die Bearbeitung ganz unterschiedlicher Fragestellungen.

Ein für die Unterrichtsforschung zentraler Aspekt ist die systematische Berücksichtigung kognitiver Prozesse. Die Linguistik stellt mit ihren Methoden und Kenntnissen diejenigen Instrumentarien bereit, um aus den beobachtbaren sprachlichen Äußerungen auf zugrunde liegende kognitive Prozesse zu schließen. Indizien dafür sind die Verwendung bestimmter sprachlicher Handlungsmuster oder auch einzelner grammatikalischer Mittel.

Die Vielfalt der untersuchten Unterrichtsfächer reicht vom Sprach- und Literaturunterricht über den Mathematik- und Geschichtsunterricht bis hin zum Sportunterricht und der beruflichen Ausbildung. Dabei wird deutlich, dass jedes Fach seine je eigene Handlungslogik hat, in der das Verhältnis von Kommunikation, Sprache und Lernen je eigens zu bestimmen ist. Die Verbalisation von Bewegungserfahrungen im Sportunterricht hat eine andere Funktion als die Versprachlichung abstrakter mathematischer Begriffe. Diese differenzierte und dem jeweiligen Gegenstand angemessene Rekonstruktion des Unterrichtsgeschehens wird ermöglicht durch die Reflexivität des Forschungsprozesses. An die Stelle vorgängig festgelegter Analysekategorien tritt das Prinzip, die Analysekategorien am Material selbst zu entwickeln. Empirische Analyse und theoretisch-begriffliche Rekonstruktion bilden einen ständigen Wechselprozess.

Damit bietet sich die linguistische Unterrichtsforschung an, um im interdisziplinären Verbund aktuelle fachdidaktische und bildungstheoretische Fragestellungen zu bearbeiten. Hierzu zählt insbesondere die Forschung zur Unterrichtsqualität, die durch das schlechte Abschneiden deutscher Schüler bei internationalen Vergleichsstudien wie TIMSS (*Third International Mathematics and Science Study*) erheblich an öffentlicher Bedeutung gewonnen hat. Allerdings haben diese in der Regel quantitativ-statistisch verfahrenden Untersuchungen mit erheblichen methodologischen Problemen zu kämpfen. Ziel dieser Studien ist es, einen statistischen Zusammenhang zwischen mehreren unabhängigen Faktoren und dem Lernerfolg als abhängigem Faktor herzustellen. Das grundsätzliche Problem besteht darin, dass dies bei der Vielzahl der Faktoren nur schwerlich gelingt. So gelang es der Münchener SCHOLASTIK-Studie (Helmke/Weinert 1997) nicht, für die sechs erfolgreichsten Schulklassen einen gemeinsamen Faktor *(Klassenführung, Strukturiertheit, Unterstützung, Variabilität der Unterrichtsform, Klarheit und Motivierungsqualität)* zu ermitteln, der in allen diesen Klassen überdurchschnittliche Werte aufweist. An einer anderen Stelle äußern sie die Vermutung, dass offensichtlich die nicht erhobene fachdidaktische Qualität der unterrichtenden Lehrpersonen wesentlich zum Lernerfolg der Schüler beiträgt (ebd. 249 ff.). Diese Vermutung stellt an sich keine Überraschung dar; interessant sind jedoch die methodologischen Probleme, die damit verbunden sind, eine solche Hypothese empirisch zu belegen. Und hier reichen ganz offensichtlich die eingesetzten Analysemethoden alleine nicht aus, weil unklar ist, was eigentlich gezählt werden soll. Bevor also beispielsweise der Zusammenhang von Klassenklima und Lernerfolg quantitativ ermittelt werden kann, muss zunächst einmal qualitativ geklärt werden, was *Klassenklima* ist und woran man es erkennt.

Der Sammelband von Kammler/Knapp (2001) dokumentiert den Stand der empirischen Unterrichtsforschung in der Fachdidaktik Deutsch. Er macht insbesondere deutlich, dass es einer der Komplexität des Untersuchungsgegenstandes „Unterricht" angemessenen Empirie bedarf, um Lehr-Lern-Prozesse rekonstruieren und erklären zu können. In der gleichen Weise wird auch in Teilen der Mathematikdidaktik argumentiert (Bauersfeld ebd.): Unter Verweis auf die Arbeiten von Jungwirth (1990) illustriert er am Beispiel geschlechtsspezifischer Verhaltensweisen im Unterricht die Schwierigkeiten, komplexe Kommunikationsverhältnisse faktorenanalytisch zu erfassen. Zusammenfassend erlaubt dies den Schluss, dass die linguistische Unterrichtsforschung einen wichtigen Beitrag zur empirischen Analyse domänenspezifischer Lehr-Lern-Prozesse leisten kann.

3. Unterricht als geplantes Instruieren

Im folgenden Kapitel wird die Frageperspektive geändert: Nicht mehr die unterschiedlichen theoretischen Forschungsansätze bilden den Ausgangspunkt, sondern der Unterricht. Wir werden Unterricht nun als eine Form des geplanten Instruierens analysieren, d.h., anhand von authentischen Beispielen werden wir aufzeigen, wie die linguistische Analyse von Unterricht konkret aussehen kann. Wir werden insgesamt fünf verschiedene *Unterrichtsformen* behandeln, um möglichst viele der in der didaktischen Literatur unter so unterschiedlichen Begriffen wie *Sozialformen, Unterrichtsmethoden, Aktionsformen* etc. behandelten Formen zu erfassen. Dabei werden immer wieder auch Beispiele und Analysen aus der didaktischen Theorie herangezogen, um auf dieser Folie die linguistische Analyseweise zu verdeutlichen.

Was verstehen wir unter dem Begriff *Unterricht als geplantes Instruieren*? Im ersten Kapitel wurde Unterricht als eine institutionelle Form der Wissensvermittlung beschrieben, wobei Wissensvermittlung hier in einem sehr weiten Verständnis gemeint ist, das kognitive, soziale und affektive Aspekte gleichermaßen umfasst. Die Realisierung dieser Zwecke vollzieht sich konkret in unterschiedlichen Kommunikations- und Interaktionsformen, deren gemeinsames Merkmal darin besteht, dass sie in irgendeiner Weise Lernprozesse anregen sollen. Das meinen wir mit dem Begriff des *geplanten Instruierens*. Im Unterschied zum Lernen in der Familie, der Peer-group und anderen sozialen Kontexten beruht Unterricht auf einer umfassenden Planung, die von den organisatorischen Rahmenbedingungen über die Inhalte bis zu den Interaktionsformen reicht. Ihren Ausdruck findet diese umfassende Planung neben der Kultusbürokratie vor allem auch in den wissenschaftlichen Disziplinen der allgemeinen und fachspezifischen Didaktik.

Wir gehen also davon aus, dass sich die schulische Wissensvermittlung in unterschiedlichen Typen von Instruktionen realisiert; deren Wahl u.a. abhängig ist vom Unterrichtsfach, von der Altersstufe, von den Zielen oder dem Kenntnisstand der Schüler und Schülerinnen. Instruktionen sind ganz allgemein Anweisungen zur Ausführung von mentalen (kognitiven) (z.B. Zuhören) und aktionalen Tätigkeiten (z.B. Schreiben) sowie zur Durchführung von komplexen Interaktionen (z.B. Gruppenarbeit). Die Tätigkeiten der Schüler können auf diese Weise mehr oder weniger eng festgelegt werden, d.h., je nach Instruktionstyp unterscheiden sich die Freiheitsgrade erheblich. So lässt beispielsweise die Anordnung, einen Text abzuschreiben, dem Schüler nur wenig eigenen Handlungsspielraum; die Durchführung eines Projekts dagegen viel.

Einige, wie wir meinen, für die Praxis typische Instruktionsformen sollen in Form sog. *didaktischer Szenen* analytisch erfasst werden. Leider wissen wir nach wie vor nur sehr wenig über die Unterrichtswirklichkeit, weil es an empirischen Untersuchungen mangelt. Daher sind wir bei der Auswahl auf unsere eigenen Erfahrungen angewiesen. Die Reihenfolge der vorgestellten didaktischen Szenen orientiert sich dabei an den Freiheitsgraden der Schülertätigkeiten; sie beginnt mit den lehrerzentrierten Formen – Lehrervortrag und Lehrgespräch – und schreitet zu den eher schülerzentrierten Formen – Diskussion, Gruppenunterricht und Schülervortrag (Präsentation von Arbeitsprodukten) – fort. Ergänzt wird die Darstellung durch einen Abschnitt, in dem die Organisation von Erklärprozessen im Unterricht thematisiert wird.

3.1. Der Lehrervortrag

3.1.1. Linguistik und Didaktik des (Lehrer-)Vortrags

Der Vortrag gehört sicherlich zu den bekanntesten Formen der mündlichen Wissensvermittlung; in Form von Vorlesungen und Vorträgen auf wissenschaftlichen Tagungen findet er nach wie vor Anwendung. Wenn Brinkmann (1971) den Vortrag zu den *linearen Einheiten* rechnet und damit ausdrücklich von den *alternierenden* abgrenzt (845ff.) oder wenn Kuhlmann (1966) zwischen Rede und Gespräch unterscheidet und dabei den Vortrag zu den monologischen Redearten zählt, dann wird darin bereits ein wesentliches Element des Vortrags sichtbar: die ungleiche Verteilung des Rederechts auf Sprecher und Hörer. Der Vortrag besteht aus einer Reihe von miteinander verbundenen Aussagen, die nicht durch einen Sprecherwechsel unterbrochen werden. Ehlich/Rehbein (1986, 81f.) nennen das eine *Verkettung* von überwiegend assertiven (behauptenden) Sprechhandlungen, die die Funktion hat, einen bestimmten inhaltlichen Zusammenhang zu entwickeln. Dem Vortrag liegt auf der Sprecherseite ein Plan zugrunde, eben diesen Inhalt sprachlich zu vermitteln; auf der Hörerseite verlangt er die Bereitschaft, die Kette der Assertionen nach und nach in sein eigenes Wissen einzubauen. Das erfordert, vor allem bei längeren Vorträgen, ein hohes Maß an Motivation und Konzentration.

Wegen der grundsätzlich beschränkten Aufnahmefähigkeit des Menschen gibt es eine lange Tradition, dem Hörer die Aufnahme und Verarbeitung eines Vortrags durch unterschiedliche Techniken zu erleichtern. Ein Beispiel hierfür ist die Rhetorik, die eine Fülle von Verfahren zum Aufbau, zur Gestaltung und zur Darbietung der Rede entwickelt hat; etwa die Verwendung von Metaphern und Bildern zur Schaffung von Anschaulichkeit. In jüngerer Zeit ist hier eine rege Entwicklung unter dem Stichwort der *Präsentation* und *Visualisierung* zu beobachten. Die Inhalte werden dabei multi-medial in dem Sinne präsentiert, dass zur verbalen Darstellung beispielsweise Bilder, Grafiken und Abbildungen hinzutreten, transportiert mittels Folien oder computergestützten Programmen. Dadurch soll das grundlegende Dilemma des Vortrags bearbeitet werden.

In der Schule gehört der Vortrag seit langem zu den umstrittenen Lehrformen. Aschersleben (1991, 29ff.) zählt ihn zu den Aktionsformen des Lehrers und rekurriert damit ebenfalls auf die Dominanz des Sprechers. Er unterscheidet vier Haupttypen, nämlich die Erzählung und die Schilderung als subjektorientierte sowie den Bericht und die Beschreibung als objektorientierte Formen, die sich jeweils für spezifische Inhalte und Unterrichtsziele eignen. So hat die Erzählung beispielsweise ihren didaktischen Ort in der Grundschule. Er verteidigt den Lehrervortrag gegen die Kritik, er sei Symptom des autoritären Lehrens, eine Überforderung der Zuhörer, wegen der beschränkten Aufnahmekapazität ineffektiv und er entspreche nicht den visuellen Typen unter den Zuhörern. Er argumentiert dagegen, der Vortrag biete die Möglichkeit, umfangreiche sowie ansonsten nur schwer darstellbare Inhalte in kurzer Zeit zu präsentieren; zudem böte er den Schülern ein sprachliches Vorbild und könne bei entsprechendem Engagement des Lehrers motivierend wirken. Auch Aebli (1994, 59) zählt den Vortrag zu den Grundformen des Lehrens; er behandelt jedoch weniger Rezeptionsprobleme als vielmehr Probleme der Vorbereitung und des Vortragens. Bei Jank/Meyer (1991) dagegen wird der Lehrervortrag gar nicht behandelt, weil er in einem handlungsorientierten Konzept keinen Platz mehr hat. Dennoch ist davon auszugehen, dass der Lehrervortrag in der Unterrichtspraxis nach vor wie vor häufig praktiziert wird.

3.1.2. Der „Lehrervortrag mit verteilten Rollen"

Ehlich/Rehbein (1986) haben eine besondere Form des Lehrervortrags rekonstruiert: den Lehrervortrag mit verteilten Rollen. Darunter verstehen sie eine spezifische Aufteilung des Vortrags auf Lehrer und Schüler, die im Wesentlichen durch einen bestimmten Fragetyp, die sog. *Regiefrage*, erreicht wird. Durch entsprechende Fragen entlockt der Lehrer den Schülern genau die Antworten, die in seinen Vortragsplan passen. Wie das im Einzelnen geschieht, wird deutlich, wenn wir zunächst die Funktion der Lehrerfrage genauer betrachtet haben, die hierbei eine zentrale Rolle spielt.

Wir hatten in Kap. 2.4 die Frage bereits als sprachliche Handlung vorgestellt: Ihr zentraler Zweck besteht darin, Wissen aus dem Kopf der einen in den Kopf einer anderen Person zu transportieren. Fragen dienen also dem Wissenstransfer, was sich auf der sprachlichen Oberfläche in der engen Zusammengehörigkeit von Frage und Antwort zeigt. Durch seinen häufigen Gebrauch von frühester Kindheit an kommt es zu einer Automatisierung dieses Musters; d.h., eine Frage führt auf Hörerseite quasi automatisch zur Suche nach einer Antwort. Das kann man im Alltag in einem einfachen Experiment überprüfen: Fragen Sie jemanden mit einer Uhr nach der Uhrzeit, so wird der Gefragte unverzüglich auf seine Uhr blicken und Ihnen die Zeit nennen. Oder versuchen Sie einmal, an Sie gestellte Fragen nicht zu beantworten; Sie werden merken, dass dies einer ungeheuren Aufmerksamkeit und Anstrengung bedarf. Das hängt mit der Eingeschliffenheit und Automatisierung dieses grundlegenden Handlungsmusters zusammen.

Mit anderen Worten: Die Frage bietet eine starke Einflussmöglichkeit des Sprechers auf das Wissen des Hörers. Das macht sich der Lehrer in der Regiefrage zunutze, indem er sie zur Steuerung der Schüler einsetzt. Die Regiefragen zielen jedoch nur auf solche Antworten, die in den Gesamtplan des Vortrags passen. Damit dienen sie aber einem anderen Zweck als einfache Fragen; es geht hierbei nicht um Wissenstransfer, sondern um Hörersteuerung. Ist der Zugriff auf das Wissen des Hörers in der einfachen Frage Mittel zum Zweck, nämlich sein eigenes Wissensdefizit aufzufüllen, wird es hier zum Selbstzweck. Die Regiefrage steuert die Antworten des Schülers im Rahmen des eigenen Drehbuchs.

Wie funktioniert die Steuerung mittels Regiefrage nun im Detail? Ehlich/Rehbein (1986, 71ff.) nutzen hierfür die Unterscheidung der Prager Schule, mit deren Hilfe eine Äußerung in *Thema* und *Rhema* zerlegt werden kann. Mit *Thema* wird das in einer Situation *Bekannte*, mit Rhema das *Unbekannte, Neue* bezeichnet. Betrachten wir zur Veranschaulichung ein einfaches Beispiel: „*Ein Mann geht über die Straße. Der Mann sieht ein Auto kommen.*" Während *ein Mann* im ersten Satz als etwas Neues eingeführt wird, erkennbar an dem unbestimmten Artikel, ist im zweiten Satz von *der Mann* die Rede; hier signalisiert der bestimmte Artikel, dass *der Mann* bereits bekannt ist; er ist das Satzthema; das Rhema ist hier *ein Auto*. In einer Frage ist es relativ leicht, Thema und Rhema zu bestimmen, weil es durch sprachliche Mittel vom Sprecher entsprechend ausgezeichnet wird; an die Stelle des Rhemas tritt ein Fragewort: *Wie oft kann man die Zahl 9 durch 3 teilen?* Hier vertritt das Fragewort „wie oft" das Rhema, das in einer Assertion lauten würde: *Die Zahl 9 kann man dreimal durch die Zahl 3 teilen*. Diese sprachlich angezeigte Zerlegung der Frage in Thema und Rhema bewirkt auf Schülerseite Folgendes: Das Thema zeigt ihnen an, in welcher Domäne ihres Wissens sie nach einer Antwort zu suchen haben; das Fragewort gibt im Detail an, welches Wissenselement gefragt ist. Das funktioniert in der gleichen Weise wie bei einfachen Fragen. Der Unterschied besteht darin, dass die Regiefrage vom Lehrer so formuliert wird, dass sie den möglichen Antwortrahmen sehr eng umgrenzt.

Zwei Beispiele sollen das illustrieren (Ehlich/Rehbein 1986, 73f.):

(1a) L: ..welche Personen begegnen uns hier?
      S: Der Vater, der Heino und die Mutter und dann Rolf, Achim und Gerd.
(1b) L: Wer wäre dann also deiner Meinung nach der Außenseiter?
      S: Heinos Vater, ...

Die Gesamtstruktur des Lehrervortrags erschließt sich jedoch nicht aus der Analyse einzelner Sequenzen, sondern nur in größeren Zusammenhängen. In dem von Ehlich/Rehbein analysierten Fall nimmt dieses Verfahren fast den gesamten Stundenverlauf ein, nämlich 44 von 62 Transkriptseiten. Zur Illustration soll hier ein kleinerer Ausschnitt exemplarisch vorgestellt werden.

(2a) Lehrervortrag mit verteilten Rollen (1) (Ehlich/Rehbein 1986, 24*–26*)

| Teilnehmer-Siglen: *L*: Lehrer, *Ma*: Matthias, *Ko*: Kornelia, *Ri*: Rita, *S1*: Schüler 1, *S2*: Schüler 2, *S3*: Schüler 3, *S4*: Schüler 4, *SS*: mehrere Schüler. Aufnahme: 1976; Transkription: Wagner (1984): 1 : 60; Korrektur: Ehlich & Rehbein (1985): 1:15. Legende: S. 185. |

```
1   L [ Gut! Jetzt ham wer uns eben gefragt, welche Personen

2   L [ insgesamt vorkommen. . Wie sieht n das nun jetzt - die

3   L [ beiden Geschichten gesondert betrachtet - aus mit den
```

```
 4  L  [ Personen?((4sec))Matthias!
    Ma [                          Dann spielen die anderen Poli-

 5  Ma [ zisten noch mal ne Rolle, wo so die drüber nur erzählen

         >                      V
 6  L  [                        Hm
             ((4s))
    Ma [ die nichts Persönliches sagen      und vielleicht (noch)
    S1 [                            Nää!

 7  Ma [ die, die in der Manhattan-Bar waren und da alles ausge-

 8  L  [         Gut! Von diesen Personen, wir wissen nicht
    Ma [ räumt haben.

 9  L  [ wieviele, wir wissen nur, die einen sind Polizisten, was

10  L  [ die andern sind, wissen wa gar nich, wir wissen also

11  L  [ noch, es wird erzählt von irgendwelchen Personen. Aber

12  L  [ laßt uns ruhig beschränken auf die Personen, die wir

13  L  [ eben genannt haben. Teilt jetzt die Geschichte bitte mal

14  L  [ in diese zwei Teile ein, wie sieht's dann mit den Per-
    Ko [                      ((Fingerschnalzen--))
    SS [                ((-----------------------Gemurmel------

15  L  [ sonen aus? Kornelia!
    Ko [                    Dann is in der ersten Geschichte/da
    SS [ --------))

16  Ko [ is dann nur der Vater, die Mutter und der/und der Heino.
    S1 [                                                ((Finger-
```

```
     ┌─────────────────────────────────────────────────────────┐
     │Ko[ Un in der zweiten dann der Achim, der Rolf . und dann│
     │S1[                                                      │
     │    schnalzen))                                          │
  17 └─────────────────────────────────────────────────────────┘

     ┌─────────────────────────────────────────────────────────┐
     │Ko[ und dann ehm und d/dem sein Vater (sind)/ und der Gerd│
  18 └─────────────────────────────────────────────────────────┘

     ┌─────────────────────────────────────────────────────────┐
     │Ko[ und dann sin/dem sein Vater is noch dann dabei.      │
     │S1[                                              Nein!   │
     │S2[                                              Nein!   │
     │S3[                                                 Nein!│
  19 └─────────────────────────────────────────────────────────┘

     ┌─────────────────────────────────────────────────────────┐
     │L [ Wessen Vater?                                        │
     │Ko[             Vom Heino der Vater.                     │
     │S1[                                      Nein!           │
     │S2[                                 Der hat (      )     │
     │S3[                                          Neiiin!     │
     │S4[                                              Eh !    │
     │SS [                                                     │
     │                                              ((---------│
  20 └─────────────────────────────────────────────────────────┘

     ┌─────────────────────────────────────────────────────────┐
     │S1[ Vom Hein/ eh, von Heinos Vater, eh, . (die wurde gespro-│
     │SS [                                                     │
     │    ----------Gemurmel--------------Gemurmel-------------│
  21 └─────────────────────────────────────────────────────────┘

     ┌─────────────────────────────────────────────────────────┐
     │L [    Ja, über den wird gesprochen. Spielt er tatsächlich│
     │S1[ chen).                                               │
     │SS [                                                     │
     │    ------------------Gemurmel---------------------------│
  22 └─────────────────────────────────────────────────────────┘

     ┌─────────────────────────────────────────────────────────┐
     │L [ mit?      Also noch bitte mal die Personen im zweiten│
     │S1[           Eh                                         │
     │SS [                                                     │
     │    ---))Nein((-----Gemurmel----------))                 │
  23 └─────────────────────────────────────────────────────────┘

     ┌─────────────────────────────────────────────────────────┐
     │L [ Abschnitt, die tatsächlich auftauchen! Rita!         │
     │Ri[                                            Also, im  │
     │SS [                                                     │
     │        ((Fingerschnalzen------))                        │
  24 └─────────────────────────────────────────────────────────┘

     ┌─────────────────────────────────────────────────────────┐
     │L [                                          Ja          │
     │Ri[ ersten Abschnitt, em, ist die ganze Familie  und im  │
  25 └─────────────────────────────────────────────────────────┘

     ┌─────────────────────────────────────────────────────────┐
     │Ri[ zweiten sind die Schulkameraden (von ihm), alle (sti)/│
  26 └─────────────────────────────────────────────────────────┘

     ┌─────────────────────────────────────────────────────────┐
     │Ri[ (also), der Ralf, eh, eh,     Rolf, Achim und Gerd   │
     │S1[                         Rolf!                        │
  27 └─────────────────────────────────────────────────────────┘
```

```
        ┌─────────────────────────────────────────────────────────┐
        │ L [      Sind das alle Personen? Rolf, Achim und Gerd?  │
        │ Ri[ (     )                                         (Ja)│
   28   └─────────────────────────────────────────────────────────┘

        ┌─────────────────────────────────────────────────────────┐
        │ L [           Der Heino selber. Den dürfen wir natürlich│
        │ S1[ Nein!                                               │
        │ S2[   Nein!                                             │
        │ S3[     Der Heino.                                      │
   29   └─────────────────────────────────────────────────────────┘

        ┌─────────────────────────────────────────────────────────┐
        │ L [ nicht vergessen. ((5 Sek)) Gut! Eh . . wir sehen also,│
        │ S1[              Schscht!                               │
   30   └─────────────────────────────────────────────────────────┘

        ┌─────────────────────────────────────────────────────────┐
   31   │ L [ (   ) die beiden Geschichten sind auch von den Personen│
        └─────────────────────────────────────────────────────────┘

        ┌─────────────────────────────────────────────────────────┐
        │ L [ her getrennt bis auf eine Person.          Ja.      │
        │ S1[                         Ja! . Der Heino . . .       │
   32   └─────────────────────────────────────────────────────────┘
```

Der Ausschnitt ist Teil einer Deutschstunde in einer 6. Hauptschulklasse mit dem Rahmenthema „Außenseiter"; Gegenstand der vorliegenden Stunde ist ein Lesebuchtext, in dem ein Polizist bzw. sein Sohn zu Außenseitern werden. Der aktuelle Ausschnitt behandelt die Figurenkonstellation der Geschichte und soll insgesamt zu der Feststellung führen, dass hier ein Polizist der Außenseiter ist. Der Ausschnitt selber lässt sich wie folgt gliedern: In Fl. 1–2 bringt der Lehrer (L) eine Zusammenfassung des vorangegangenen Abschnitts zu Ende, in dem es um die Gliederung der Geschichte ging. In Fl. 2–4 formuliert er die Frage, wie die Personen auf die beiden Teilgeschichten verteilt sind. Die Antwort des Schülers Matthias, der weitere, bisher nicht genannte Personen benennt, weist L in Fl. 8–13 zurück, obwohl sie nicht falsch ist. Anschließend präzisiert er seine Fragestellung in Fl. 13–15. Die Antwort der Schülerin benennt für den zweiten Teil eine unzutreffende Person (Heinos Vater = Polizist). Daraufhin formuliert L in Fl. 22–24 erneut die Aufforderung, die Personen zu benennen. Die Antwort von Rita ist unvollständig, was zu der Nachfrage führt *Sind das alle Personen? Rolf, Achim und Gerd?* (Fl. 28). Daraufhin wird die fehlende Person Heino nachgeliefert. In Fl. 30–32 liefert L dann eine Schlussfolgerung: *... wir sehen also, die beiden Geschichten sind auch von den Personen her getrennt bis auf eine Person.*

Ehlich/Rehbein sehen hierin eine spezifische Thema-Rhema-Verteilung: In der Lehrerfrage wird das Thema inhaltlich gefüllt (Verteilung der Personen auf die Geschichte), während das Rhema durch ein Element vertreten wird (Wie). Die Antworten der Schüler füllen nun das Rhema inhaltlich auf. Für den behandelten Ausschnitt sieht das so aus (ebd):

Lehrer: Thema	Schüler: Rhema
Die beiden Geschichten gesondert betrachtet, sieht es (so) aus: (Fl. 2–4)	In der ersten Geschichte is ... nur der Vater, die Mutter und der Heino ... und im zweiten (Abschnitt) sind die Schulkamaraden ...Rolf, Achim und Gerd (und) ... der Heino (Fl. 15–19)

Lehrer: Thema	Schüler: Rhema
Wir sehen also: die beiden Geschichten sind auch von den Personen her getrennt bis auf eine Person (Fl. 30–32)	de(n) Heino (Fl. 32)

Damit bilden die Lehrer- und Schüleräußerungen jeweils gemeinsam eine Assertion. Schneidet man nun in einem weiteren Schritt Lehrerfragen und Schülerantworten zu einem fortlaufenden Text zusammen, dann ergibt sich ein Vortrag:

> Die beiden Geschichten gesondert betrachtet, sieht es so aus: In der ersten Geschichte ist nur der Vater, die Mutter und der Heino, und im zweiten Abschnitt sind die Schulkameraden Rolf, Achim und Gerd und der Heino. Wir sehen also: die beiden Geschichten sind auch von den Personen her getrennt bis auf eine Person: den Heino (Ehlich/Rehbein 1986, 80).

Damit liefern Ehlich/Rehbein nicht nur eine detaillierte linguistische Rekonstruktion des Stundenverlaufs, sondern demonstrieren auch die Tragfähigkeit funktionaler Analysen. Hier wird ein spezifisches Verfahren, ein eigenes Handlungsmuster, sichtbar, das in einem weiteren Schritt expliziert werden kann und sich auf diese Weise von anderen abgrenzen lässt, beispielsweise gegenüber dem weiter unten vorgestellten fragend-entwickelnden Unterricht.

Die didaktische Funktion des Lehrervortrags sehen Ehlich/Rehbein in der Bearbeitung des bereits geschilderten Dilemmas von Vorträgen; der Preis für den effektiven Wissenstransfer ist eine hohe Aufmerksamkeit der Zuhörer. Genau die kann aber in Schulklassen aus unterschiedlichen Gründen nicht unterstellt werden. Durch die wiederholten Regiefragen gelingt es nun, die Verkettung von Assertionen aufzubrechen und auf mehrere Sprecher zu verteilen, ohne dass der Lehrer den Gesamtplan des Vortrags aus der Hand geben müsste. Die Kontrolle der propositionalen Gesamtstruktur bleibt beim Lehrer, weil von den Schülern mittels der Regiefrage nur passende rhematischen Elemente erfragt werden. Auf diese Weise entsteht die paradoxe „Form einer sequenzierten Verkettung" (ebd.), d.h. die Realisierung einer Sprechhandlung ohne Sprecherwechsel mit Sprechwechsel. Man kann darin die Bearbeitung eines institutionellen Maximenkonflikts sehen. Auf der einen Seite steht die Maxime der Zeitökonomie, also möglichst viel Stoff zu vermitteln; auf der anderen Seite steht die Maxime, die Schüler selbständig und aktiv am Unterrichtsgeschehen zu beteiligen. Der Handlungsspielraum ist für die Schüler dabei jedoch sehr begrenzt; der inhaltliche Gesamtzusammenhang erschließt sich ihnen allenfalls im Nachhinein; ernsthafte inhaltliche Überlegungen sind in diesem Rahmen ebenfalls nicht möglich. Insofern besteht die berechtigte Vermutung, dass der Lehrervortrag mit verteilten Rollen keine gelungene Lösung des Dilemmas „Zeitökonomie" vs. „Eigenaktivität" der Schüler darstellt. Sichere Aussagen ermöglichen hierzu jedoch erst weitere empirische Untersuchungen.

3.1.3. Probleme und Widersprüche des Handlungsmusters

Ehlich/Rehbein dokumentieren eine Verletzung des Musters „Lehrervortrag mit verteilten Rollen", die sich unmittelbar an den obigen Transkriptausschnitt anschließt:

(2b) Lehrervortrag mit verteilten Rollen (2) (Ehlich/Rehbein 1986, 26*)

```
31    L [Eh . . wir sehen also, (   ) die beiden Geschichten sind

      L [ auch von den Personen her getrennt bis auf eine Person.
      Sy[                                                      Ja!
32

      L [              Ja. Was kann/was könnte man (also)? Ja! Gut,
      S1[ . Der Heino . . .Der spielt die Hauptrolle
33

      L [ da hast du mir schon was nnn .../die Frage vorweggenommen.
      SS[                                                  ((Lachen))
34

35    L [ Das wollt ich (ja anfürsich) noch fragen em
```

Im Anschluss an die Schlussfolgerungen des Lehrer *Eh . . wir sehen also, ( ) die beiden Geschichten sind auch von den Personen her getrennt bis auf eine Person* in Fl. 31–32 liefert der Schüler Sy nicht nur das noch fehlende Rhemaelement *Heino*, sondern er setzt seinen Beitrag fort und liefert ein neues Thema: *Der spielt die Hauptrolle* (Fl. 33). Dass ein solches an sich ja wünschenswertes selbständiges Schülerverhalten eine Verletzung des Musters und damit ein Problem für den Lehrer darstellt, zeigt sich im kommunikativen Verlauf. Zunächst kommt es zu einer längeren Phase simultanen Sprechens. Während der Schüler seinen Beitrag äußert, formuliert der Lehrer bereits seine nächste Frage, was deutlich zeigt, dass er in seinem Plan weitergeht. Dann bestätigt er die Schülerantwort zunächst mit *Gut*, bevor er in einer Metaäußerung (*da hast du mir die nächste Frage vorweggenommen*) genau den Bruch seines Handlungsplans thematisiert.

Daran wird zweierlei deutlich: An solchen Konfliktpunkten und offensichtlichen Bruchstellen wird die Wirksamkeit der rekonstruierten Muster erkennbar. Indem der Musterbruch von den Beteiligten selber thematisiert wird, erweisen sich die Muster nicht als Artefakte der Analyse, sondern als real wirksame Formen des sprachlichen Handelns. Und aus didaktischer Perspektive stellt sich die Frage, wie solche Metaäußerungen sich auf das künftige Verhalten der Schüler auswirken. Auch wenn hier keine offene Sanktion erfolgt, so wird dem Schüler doch deutlich gemacht, dass diese Art von Selbständigkeit nicht von ihm erwartet wird. Er wird sich in der Folgezeit wahrscheinlich gut überlegen, welche Beiträge er in den Unterrichtsdiskurs einbringt – und damit das grundsätzliche Dilemma weiter verschärfen. Diesen Zusammenhang bringt ein Schüler aus der 12. Jahrgangsstufe der gymnasialen Oberstufe in einem biographischen Interview so auf den Punkt:

(Der Schüler hatte zuvor über seine schlechten Leistungen gesprochen)
Interviewerin: Also, das ist jetzt dein Stand, ne, diese fünf Defizite[1]?
(1) Bis zum ersten Halbjahr.
(2) Und jetzt ist mein Stand auf dreizehn. ((Lachen))
(3) Und sieben darfste bis zum Abi haben. ((Lachen))
(4) Ja, ich hab jetzt äh . sechs Kurse nicht angerechnet gekriegt, ne, weil ich eben oft nicht da war.
(5) Hab ich auch keinen Sinn mehr drin gesehen.
(6) Vielleicht noch en Grund dafür, dass ich da nix mehr getan hab, war, dass ich die Schnauze/äh die Schule hab ich so voll, ne, dat gibts gar nich mehr.
Interviewerin: Jetzt speziell ähm das Gymnasium oder Schule allgemein?
(7) Nee, überhaupt, allgemein.
(8) Mir ging dat so auf en Geist, dass se da in den meisten Fächern,
(9) dann gibts irgend so ne Problemstellung, und dann darfste darüber wieder labern.
(10) Dann wird das Problem abgestoßen.
(11) Dann wird ein neues Problem wieder aufgebaut und darüber wieder, ne.
(12) Immer wird dir vorgesetzt, worüber du labern sollst, ne.
(Becker-Mrotzek 1989, 144)

Der Schüler bringt sein Erleben eines am Aufgabe-Lösungs-Muster orientierten Unterrichts in dieser Form sehr eindrucksvoll zum Ausdruck.

3.1.4. „Was will uns der Autor damit sagen?": Das Handlungsmuster im Literaturunterricht

Wir betrachten im Folgenden den Einsatz des „Lehrervortrags mit verteilten Rollen" in einem weiteren Transkript. Der folgende Ausschnitt stammt aus einer Deutschstunde einer 10. Klasse des Gymnasiums, in der die Kurzgeschichte „Der Bär auf dem Försterball" von Peter Hacks behandelt wird.

(3) „Der Bär auf dem Försterball": „Was will der Autor mit der Geschichte bezwecken?" (Jg. 10, Deutsch)

> Teilnehmer-Siglen: L: Lehrerin, Ca: Carina, S1, S2, S3: nicht identifizierbare Schüler, mS: mehrere Schüler. Aufnahme (1998), Transkription (1999) und Überarbeitung (2001): Vogt.

```
      >    :                                    .
1  L  [ eh was hat denn wohl der Autor mit dieser Geschichte so

      >                        /
2  L  [ ein bisschen bezwecken wolln . wie könnte man die deuten

      >          >                        <!
3  L  [ zuordnen du hast am Anfang gesagt Fabel da müsste eine
```

---
[1] Defizite = nicht ausreichende Leistungen

```
      >  !       /   -/.+
   L [ Lehre kommen ja ich hab mir auch zu Haus mal den Kopf zer-
4
```

```
     >                              >
   L [ brochen und habe . zwei Lehren aufgeschrieben aber die
5
```

```
     >                              /
   L [ will ich jetzt erst mal nicht zu Gehör geben . was könnte
6
```

```
     >                          /
   L [ er noch so beabsichtigt haben Nina
   S1[                                     ja dass Tiere ...
7
```

...

```
     >                                    ! .
   L [ da könnte man jetzt mit dem was ihr angedeutet habt das
25
```

```
     >               .                    /
   L [ wär also auch eine massive Gesellschaftskritik könnte
26
```

```
     >                    - +                             /
   L [ man weiter überlegen ja fällt euch ein literarisches oder
27
```

```
   L [ ... aus eigenem Erleben Wissen Beispiel ein Menschen in
28
```

```
     >                        >
   L [ der Gruppe mit allem was ne Gruppe dann so .. eh machen
29
```

```
     >          !         .!
   L [ kann also n Falschen als den Richtigen ansehn oder mit
30
```

```
     >  -                !           +
   L [ ich will das nicht schon vorgeben Carina
   Ca[                                         Hitler und
31
```

```
   L [                      kannst du es mal kurz ein bisschen
   S1[ seine ganzen Anhänger
32
```

```
       >⌐                              /
33  L  ⌐  auseinanderraffen      wer wer wäre denn Hitler
    Ca⌐                ja er hat                       der
```

```
    L ⌐              der Anführer der Chef den man will der
34  Ca⌐  Bär ja indem er
```

```
       >⌐  \            /         :
35  L  ⌐  Führer    ja und vielleicht ein Beispiel seiner ihm sich
    S1⌐        hmhm
```

```
       >⌐                              / .  >-
36  L  ⌐  zuordnenden ihn verlangenden Gruppen  was fällt euch ein
```

```
       >⌐                                    /
37  L  ⌐  ihr habt ja heut ne Arbeit geschrieben   was kannst du
    S1⌐                                         ja
```

```
       >⌐  /    -                   >
38  L  ⌐  nennen . Geschichtsarbeit    ei ja nun es gibt doch
    S1⌐                      ja die
```

```
39  L ⌐  wohl eh im dritten Reich verschiedene gesellschaftliche
```

```
       >⌐              /  /                  -
40  L  ⌐  Gruppierungen ja              weiter
    S1⌐            die ganzen Parteien    zum Beispiel
```

```
       >⌐            /            /
41  L  ⌐   oder die eine Partei  bitte    SA marschiert
    S1⌐ die
    S2⌐             (...)            SS SA
```

```
       >⌐              /
42  L  ⌐  und so weiter ja auch da denk ich könnten wir morgen
```

```
       >⌐          /
43  L  ⌐  noch ein bisschen nachhaken ...
```

An dem Ausschnitt sollen zwei interessante Phänomene behandelt werden: Metaäußerungen des Lehrers in Form von Charakterisierungen seiner Fragen und eine Hinweistechnik auf das erfragte Wissen. Der Lehrervortrag mit verteilten Rollen stellt nicht nur ein didaktisches Problem dar, sondern ein grundsätzliches kommunikatives. Denn es ist allen Beteiligten klar, dass die Lehrerfragen keine einfache Form des Wissentransfers sind, sondern eine didaktische Funktion haben, die sich nachteilig auf die Bereitschaft der Schüler zur Beteiligung am Unterrichtsgeschehen auswirkt. Mit zwei Äußerungen thematisiert die Lehrerin in dem kurzen Abschnitt diesen Zusammenhang.

(3a) L: (...) was denn wohl der Autor mit dieser Geschichte so ein bisschen bezwecken wollen? (...) Ich hab mir auch zu Haus mal den Kopf zerbrochen und habe zwei Lehren aufgeschrieben, aber die will jetzt erst mal nicht zu Gehör geben. Was könnte er noch beabsichtigt haben? (Fl. 4–7)

In dieser Äußerung sagt die Lehrerin explizit, dass sie eine Antwort auf die Frage hat, die sie aber nicht mitteilen will. Zugleich qualifiziert sie ihren eigenen Lösungsprozess als schwierig (*den Kopf zerbrochen*). In der zweiten Äußerungen gibt sie implizit zu erkennen, dass sie die Lösung (*das*) bereits kennt:

(3b) L: (...) was ne Gruppe dann so .. eh machen kann also n Falschen als den Richtigen ansehen oder mit/ich will das nicht schon vorgeben. Florian. (Fl. 29–31)

Hier liefert sie zusätzlich eine Begründung für das Zurückhalten der Antwort: *sie will das nicht schon vorgeben*. Was genau sie mit *das* meint, d.h., worauf der deiktische Ausdruck inhaltlich verweist, klären wir anschließend. Damit ist für alle Beteiligten klar, dass es für die Schüler darum geht, selber eine Lösung zu suchen, über die die Lehrerin bereits verfügt.

Was motiviert die Äußerung der Lehrerin, *das nicht schon vorgeben zu wollen*? Betrachten wir dafür den vorangehenden Teil ihrer Äußerung:

(3c) L: (...) das wär also auch eine massive Gesellschaftskritik. Könnte man weiter überlegen/ ja fällt euch ein literarisches oder . . . aus eigenem Erleben/Wissen Beispiel ein Menschen in der Gruppe, mit was ne Gruppe dann so .. eh machen kann also n Falschen als den Richtigen ansehen oder (...) (Fl. 26–30)

Die Äußerung beginnt mit einer Zusammenfassung der vorangehenden Schülerbeiträge (*Gesellschaftskritik*), an die sich die Einleitung einer weiteren Thematisierung (*Könnte man weiter überlegen*) anschließt. Diese bricht sie jedoch zugunsten einer Frage ab, die etwa lauten könnte: Fällt euch ein literarisches oder sonstiges Beispiel ein? Sie setzt die Frage mit einer Erläuterung des gesuchten rhematischen Elementes fort (*Falschen als Richtigen ansehen*) und schränkt damit den möglichen Antwortrahmen immer mehr ein. Möglicherweise bemerkt sie diese Einschränkung und bricht die Erläuterung daher ab. In diesem Fall könnte die Begründung als Exothese[2] ihres Planbruchs interpretiert werden; sie bemerkt erst während des Verbalisierens, dass sie zu deutlich auf das Rhemaelement hinweist.

Das zweite Phänomen, das an diesem Ausschnitt verdeutlicht werden soll, ist die Hinweistechnik der Lehrerin. Zusätzlich zu den Hinweisen, die das Thema der Regiefrage sowie das Fragewort auf das Rhemaelement liefern, finden sich weitere Möglichkeiten, die Schüler auf die Wissensdomäne und das erwartete Wissenselement hinzuweisen.

---

[2] *Exothese* (grch. *exo* ‚außerhalb‘, *thesis* ‚Behauptung‘) wird hier gebraucht i.S.v. ‚Äußern eines Gedankens‘.

(3d) L: (...) Was fällt euch ein? Ihr habt ja heut ne Arbeit geschrieben. Was kannst du nennen . Geschichtsarbeit. Ei ja nun, es gibt doch wohl eh im Dritten Reich verschiedene gesellschaftliche Gruppierungen. Ja. (Fl. 36–40)

Der Hinweis auf die Geschichtsarbeit schränkt das gesuchte Wissenselement weiter ein und erhöht zugleich die Wahrscheinlichkeit, dass die Schüler das, im Sinne des propositionalen Gesamtplans, richtige Element nennen. Im Idealfall wird die Antwortmöglichkeit so genau auf die gesuchte Proposition eingeschränkt, was sich niederschlägt in der Form der Antwort, die in diesem Fall lediglich aus dem gesuchten rhematischen Element besteht:

(3e) S: Die ganzen Parteien.
    L: Weiter (...)
    S: SS, SA
    L: SA marschiert und so weiter

Diese enge thematische Steuerung zielt also im Rahmen des Lehrervortrags mit verteilten Rollen genau auf die Nennung des rhematischen Elements. Weitergehende Äußerungen sind kommunikativ weder erforderlich noch erwartet. Sie stören eher den propositionalen Gesamtplan. Es ist die thematische Engführung der Schüler mittels der Regiefrage sowie weiterer thematischer Hinweise, die die Schüler zu Stichwortlieferanten macht. Insofern verwundert es nicht, wenn von ihnen auch nur Stichworte und keine längeren Beiträge geliefert werden.

3.2. Das Lehrgespräch: Fragend-entwickelnder Unterricht

Das Lehrgespräch als fragend-entwickelnder Unterricht spielt in der Didaktik seit langem eine zentrale Rolle. Seine Tradition lässt sich zurückverfolgen bis zu den mäeutischen Lehr-Dialogen des Sokrates im alten Griechenland (vgl. Hanke 1991) über die mittelalterlichen Lehrgespräche (vgl. Kästner 1987) und die Reformpädagogik (Gaudig 1909) bis hin zu aktuellen, CD-ROM gestützten Praxistrainings für Lehrer (Petersen/Sommer 1999). Dabei wird über seine Bedeutung und Wirksamkeit nach wie vor gestritten. Platon hat die mäeutischen Dialoge mit der Tätigkeit einer Hebamme verglichen (grch. *maieutik* ‚Hebammenkunst'). Im Dialog mit Menon lässt Platon Sokrates die Grundidee der Mäeutik formulieren:

> Sieh nun aber zu, was er (der Schüler, d. Verf.) von dieser Verlegenheit (nachweislich falsche Ansicht, d. Verf.) aus mit mir suchend finden wird, indem ich ihn immer nur frage und niemals lehre. Und gib wohl Acht, ob du mich je darauf betriffst, dass ich ihn belehre und ihm vortrage und nicht seine eigenen Gedanken nur ihn abfrage. (Platon 1991, 55)

Die Kunst des Lehrenden besteht darin, dem Lernenden durch Fragen zunächst sein Nichtwissen vor Augen zu führen, um ihm anschließend durch weitere Fragen zur selbstständigen Erkenntnis zu verhelfen. Das setzt voraus, dass das erforderliche Wissen bereits vorhanden ist und durch richtiges Fragen lediglich ins Bewusstsein gebracht werden muss; es muss gleichsam *entbunden* werden.[3]

3.2.1. Problemlösender Unterricht: Die Position Aeblis

Ein ganz ähnliches Bild verwendet auch Aebli (1994), wenn er vom entwickelnden Charakter des problemlösenden Unterrichts spricht. Für ihn trägt jedes Problem den Kern seiner Lösung bereits in sich; es muss lediglich entfaltet, eben *ent-wickelt* werden. Indem ein Problem in seine Teile zerlegt und anschließend bearbeitet wird, wird es seiner Lösung zugeführt (vgl. Kap. 2.4.4). Hierbei kommen unterschiedliche kognitive Prozesse wie Schließen, Folgern, Verknüpfen etc. zum Einsatz. Die Aufgabe des Lehrers besteht nun darin, die Schüler durch geschickte Arrangements und vor allem Fragen dazu zu bringen, das Problem zu sehen und zu lösen. Wie er sich das vorstellt, hat er in einem zwischenzeitlich klassischen Beispiel illustriert:

> Wir nehmen an, eine Klasse habe auf einer Wanderung im Wald *Kletten* gefunden. Die Schüler haben sie sich gegenseitig angeworfen und Spaß daran gehabt, daß diese Früchte an Kleidern aus Wolle hängen bleiben. Der Lehrer forderte die Schüler auf, einige Früchte mitzunehmen. Sie werden in einer Botanikstunde betrachtet.
> Die Schüler haben einiges über die Frucht zu sagen. Insbesondere stellen sie fest, daß sie an Kleidern hängen bleibt, weil ihre Stacheln am Ende zu kleinen Häkchen gebogen sind. Aber kein Schüler stellt die Frage nach der *Funktion* dieser Häkchen. Dem Lehrer ist dieser Gesichtspunkt jedoch wichtig, denn er weiß, daß die Häkchen mit einer interessanten Form der *Samenverbreitung* zusammenhängen. Er fragt die Schüler daher: „Was meint Ihr, *wozu dienen diese kleinen Häkchen?"* Es entspinnt sich ein angeregtes Gespräch. Schließlich kommen die Schüler auf die Lösung: Die Kletten bleiben im Pelz von vorbeistreifenden Tieren und in den Kleidern von Menschen hängen und werden durch diese weggetragen. Die Häkchen dienen also der Samenverbreitung. (Aebli 1994, 363)

Aebli verwendet dieses Beispiel vor allem auch, um die Kritik der Reformpädagogen an diesem Verfahren zurückzuweisen, wie sie sinngemäß etwa von Gaudig formuliert wurde:

> Was gibt es Unsinnigeres als jene didaktische Situation, in der ein Lehrer, der eine Sache studiert hat und kennt, Fragen stellt und der Schüler, der von allem noch nichts weiß, antworten sollte? Gerade umgekehrt müsste es sein: dass der Schüler fragt und der Lehrer antwortet (zit. nach Aebli 1994, 363).

Aebli sieht die Funktion der Frage eben nicht, so wie dies Gaudig tut, als eine Bitte um Auskunft, sondern als etwas Didaktisches; sie schlägt dem Schüler vor, einen Sachverhalt unter einer neuen Perspektive zu betrachten. Es ist gerade die Unkenntnis, die den Schüler darin hindert, die Frage selber zu stellen. In dem Beispiel ist das fehlende Wissen über bestimmte ökologische Zusammenhänge Ursache für die schlichte, man könnte auch sagen, naive Kenntnisnahme von biologischen Phänomenen. Wer nichts von ökologischen Zu-

---

[3] Für eine pragmatische Analyse und Kritik dieser und weiterer Ausführungen Platons vgl. v. Kügelgen (1994, 120 ff.).

sammenhängen weiß, wird auch so schnell nicht nach der ökologischen Funktion bestimmter Strukturen fragen.

Durch die Fragen werden beim Schüler nun bestimmte kognitive Prozesse ausgelöst. Das Ausbleiben der Frage nach der Funktion macht dem sachkundigen Lehrer deutlich, dass die Schüler diesen wichtigen Aspekt noch nicht erfasst haben. Ganz im Sinne des mäeutischen Dialogs lenkt der Lehrer ihre Aufmerksamkeit mit seiner Frage zunächst einmal auf den Aspekt des Sachverhalts, den sie von sich aus nicht fokussiert haben: nämlich die Funktion. Dadurch fühlen sie sich aufgefordert, eine passende Tätigkeit oder Operation (messen, zählen, schließen etc.) auf den Sachverhalt anzuwenden und so die Antwort selber zu finden.

Die didaktische oder lernpsychologische Funktion der Lehrerfrage besteht also darin, den Schüler zu kognitiven Prozessen anzuhalten und ihm so zu einem selbsttätigen Wissenserwerb zu verhelfen. Gegen Gaudig argumentiert Aebli weiter, dass die Alternative zum fragend-entwickelnden Verfahren bei der Einführung neuer Sachverhalte aus den o.a. Gründen eben nicht die selbstständige Erarbeitung durch die Schüler sein kann. Die Alternative ist die einfache Mitteilung des Wissens mittels Lehrervortrag, die beim Schüler weit weniger kognitive Prozesse anregt als die Frage.

Am Beispiel des fragend-entwickelnden Verfahrens wird zugleich Aeblis Grundauffassung von Entwicklung deutlich. Er versteht Entwicklung weder als einen beinahe ausschließlich von außen gesteuerten Reiz-Reaktions-Prozess, so wie dies der Behaviorismus annimmt, noch als einen Quasi-Reifungsprozess, der mehr oder weniger naturwüchsig in den Erfahrungen des Kindes mit seiner Umwelt gründet, so wie dies Piagets Modell annimmt. Im ersten Fall konzeptualisiert man das Kind als unbeschriebenes Blatt, im zweiten Fall geht man von einer weitgehend autonomen Reifung aus, die die Eltern zu Zuschauern eines Naturereignisses macht. Für ihn besteht Entwicklung in der Summe der Lernprozesse des Kindes, die durch seine soziale Umwelt (Familie, Schule u.a.) ausgelöst werden. Ohne diese Anregungen blieben bestimmte Entwicklungen aus; Lernen ist auf diese Anregungen angewiesen. Hier trifft sich Aebli mit den Positionen, die Bruner (1987) beispielsweise zum natürlichen Spracherwerb vertritt.

Genauso bedeutsam für die Entwicklung sind aber auch die Aktivitäten des Kindes. Es bringt die Bereitschaft mit, Sachverhalte für sich neu zu konstruieren. Ohne eine solche Bereitschaft ist kein Lernen, ist keine Entwicklung möglich. In diesem Sinne ist Aebli Konstruktivist. Das bedeutet: Anregungen können wohl von außen kommen, aber sie müssen von jedem Individuum wieder neu zusammengesetzt werden. Die Strukturen von Welt sind nicht einfach da, sie können nicht einfach übernommen werden, sondern sie müssen aus bereits vorhandenen einfachen Elementen je individuell re-konstruiert werden. Dabei geht die Entwicklung von der Handlung zum Begriff: Aus der praktischen Erfahrung und dem Handlungswissen entstehen die Begriffe. In diesem Sinne nennt Aebli seine Theorie einen strukturalistischen Pragmatismus (1994, 386). Und das fragend-entwickelnde Verfahren stellt die zentrale Schnittstelle zwischen lernendem und lehrendem Subjekt dar.

3.2.2. Differenzen zwischen Lehren und Lernen: Die Position Herrlitz'

Herrlitz (1983) setzt sich kritisch mit Aeblis Rekonstruktion der didaktischen Frage auseinander, indem er exemplarisch ein systematisches Dilemma solcher Analysen aufzeigt: Es besteht darin, dass der Zusammenhang zwischen Lehren, d.h. vom Lehrer intendierten Lernprozessen, und den faktischen Lernprozessen als problemlos unterstellt wird. Das von Aebli gewählte Beispiel besticht durch seine Plausibilität und verdeckt damit die Frage, ob es denn in der Unterrichtspraxis wirklich so zugeht. Löst die didaktische Frage bei den Schülern wirklich die beabsichtigen Denkvorgänge aus und führt sie in der Folge tatsächlich zu einem Wissenszuwachs der Schüler?

Herrlitz begründet seine Zweifel im Wesentlichen mit zwei von Aebli nicht berücksichtigten Aspekten: Sprachliche Handlungen wie die Frage schaffen bestimmte Bedingungen, etwa indem eine Antworterwartung gesetzt wird; sie determinieren die Folgehandlungen jedoch nicht, d.h., der Gefragte kann sich aus unterschiedlichen Gründen der Antwort entziehen und damit entfallen dann auch die entsprechenden kognitiven Prozesse. Begünstigt wird ein solcher Entzug, und das ist das zweite Gegenargument, durch die institutionellen Bedingungen. Die didaktische Frage des Lehrers findet sich eben nicht im mäeutischen Dialog zwischen *einem* Lehrer und *einem* Schüler, sondern in einer Schulklasse mit dreißig Schülern. Die Argumentation zielt auf die empirische Überprüfung der angenommenen Wirkungen.

Herrlitz wählt hierfür das Verfahren, Fälle des Misslingens zu analysieren. Die Idee ist, dass in der Analyse von Unglücksfällen die hierbei verletzten Bedingungen sichtbar werden und so Rückschlüsse auf eben die Glückensbedingungen ermöglichen. Dazu wählt er folgendes Beispiel. Die Lehrerin fordert die Kinder auf, zuvor behandelte Tiernamen zu nennen, um sie anschließend orthographisch korrekt an die Tafel zu schreiben:

(4) „Bezeichnungen für Tiere" (Herrlitz 1983, 196f.)

(1)	L:	So, was haben wir noch für Tiere heute hier genannt? Michael!
(2)	S5	Hünde und Katzen.
(3)	L.:	Hünde? Was sind denn Hünde?
(4)	S5	'n Hund.
(5)	L.:	'n Hund sind Hünde! Na? Was meint denn der Michael?
(6)	S3	Mehrere.
(7)	L.:	Und was meint er jetzt?
(8)	S3:	Mehrere kleine Hunde.
(9)	L.	Mehrere kleine Hunde, nicht? Gut dann schreiben wir Hunde auch noch auf. (Lehrerin schreibt.) Und was schreiben wir noch ... heute hier gehört? Bernhard!
(10)	S9:	Katzen.
(11)	L.:	Katzen? (Lehrerin schreibt.) So, wer liest denn schon mal die erste Reihe? Ich meine die Überschrift. Michael!
(12)	S5:	Ich?
(13)	L.:	Ja.
		Sch. 5 liest.
(14)	L.:	Schön. Wie heißen die ersten Wörter, die wir hier stehen haben?
(15)	S5	((Liest)) Schweine, Hünde, ... Sie haben vergessen, da die Striche raufzumachen.

(16)	L.:	Wo? Bei Hunde?
(17)	S5	Ja.
(18)	L.	Ich hab dir doch gerade eben... da hast du nicht schön aufgepaßt. Du hast gesagt Hünde, und da hab ich gesagt, es heißt nicht so, und da hat der Stefan gesagt, es heißt kleine Hunde. Die Mehrzahl von Hund ist Hunde, nicht Hünde! Es gibt nur eine Hündin. Nicht Hünde! Katzen ja? Und? Wer sagt mir noch... ein paar.

Es sind die Segmente 2, 3, 9 und 15–18, die das Misslingen offenbaren. Der Schüler S5 (Michael) bildet in Analogie zu *Kuh – Kühe, Kuss – Küsse* den Plural von *Hund* ebenfalls durch Umlautung und verwendet damit eine falsche Form. Die Lehrerin wählt in Segment 3 (s3) zur Verbesserung der sprachlichen Form ein implizites Verfahren, indem sie nach der Bedeutung von *Hünde* fragt. Die von den Mitschülern genannte richtige Form *Hunde* greift sie in (s9) auf und schreibt den Ausdruck an die Tafel. Nach Herrlitz verbindet sie damit zugleich den normativen Anspruch an die Schüler, künftig die richtige Form zu gebrauchen. Die Aufforderung der Lehrerin in (s11) an Michael, den Text zu lesen, stellt danach eine Überprüfung eben dieses Anspruchs dar, d.h., sie will wissen, ob der Schüler nun die richtige Form verwendet. Durch seine erneute Verwendung der falschen Form und vor allem durch den expliziten Hinweis auf die fehlenden Umlautzeichen verstößt er wieder gegen die Norm und wird dafür in (s18) getadelt *(da hast du nicht schön aufgepaßt)*. Die Sequenz zeigt also ein Missverständnis: Der Schüler versteht die Äußerung der Lehrerin in (s9) ganz offensichtlich nicht so, dass er die richtige Form in sein Wissen übernimmt.

Herrlitz folgert aus seinen theoretischen Überlegungen und seiner exemplarischen Analyse, dass es der empirischen Erforschung der Unterrichtskommunikation bedürfe, um den Geltungsanspruch der Schule zu überprüfen. Denn die Institution Schule hat ihren Zweck erst dann erfüllt, wenn Lehren auch zu Lernen geführt hat. Und ob und inwieweit das unter den gegeben institutionellen Bedingungen gelingt, ist offen. Sicher ist jedoch, dass man nicht – wie es beispielsweise Aebli und andere Unterrichtsplaner tun – einfach unterstellen kann, dass die Absichten des Lehrers umstandslos von den Schülern umgesetzt werden.

3.2.3. Unökonomisch und unehrlich: Die Position Janks und Meyers

Auch die Pädagogen Jank und Meyer (1991) setzen sich kritisch mit dem fragendentwickelnden Unterricht auseinander, allerdings unter einer anderen, eher präskriptiven Fragestellung. Sie fragen nach dem Zusammenhang von Theoriewissen und Handlungskompetenz, d.h., wie Lehrer theoretisches Wissen in Handlungsroutinen umsetzen. In diesem Kontext analysieren sie einen Unterrichtsausschnitt, in dem im Rahmen einer Lektürebesprechung der literarische Fachbegriff *Memoiren* erarbeitet werden soll

(5) „Memoiren" (Jank/Meyer 1991, 50 ff.)

1	L	Ja, also, wir sehen, das ist eine Jugenderinnerung, die er hierbei aufschreibt (schreibt das Wort an die Tafel), und... nun habe ich noch eine Frage. Wo, in welcher Art Bücher würdet ihr denn so eine ... Erinnerung erwarten, so eine Geschichte? (Pause)

		Außer, daß es nun mal im Lesebuch drin steht, nech?... Ja, Ralf.
2	S	Vielleicht in einem Tagebuch oder so?
3	L	Tagebuch? (Schüler sagen nein) Warum nicht, Jan?
4	S	Weil das ja über mehrere Jahre geht.
5	L	Nun, was schreibt man eigentlich in ein Tagebuch? Von einem Tag? (Murmeln) Das heißt also? (Schüler reden durcheinander, einer setzt sich durch)
6	S	. . . Daß man da nicht alle diese äußeren Handlungen da und so schreibt, sondern in einem Tagebuch das, was man empfindet, mehr dahinschreibt.
7	L	Ja, und worüber empfindet man es, das, was man im Tagebuch schreibt, worüber empfindet man das?
8	S	Über den einzelnen Tag, man kann ja nicht ...
9	L	(unterbricht) Ja, über welchen Tag, das ist glaube ich noch nicht ganz deutlich geworden ... (auffordernd). Im Tagebuch schreibe ich ... Na, nehmen wir mal als Beispiel – heute ist der 25.10.1978 – was könnte man im Tagebuch heute abend, wenn jemand Tagebuch führt, was könnte man da reinschreiben, Claudia?
10	S	Das über den Tag, was er erlebt hat.
11	L	Über welchen Tag?
12	S	Heute.
13	L	Heute. Genau. Wir hatten festgestellt, da ist ein Abstand von etwa 22 Jahren. ... Jens.
14	S	Ich glaub, in gesammelten Werken und so?
15	L	Mmh. Gesammelte Werke ... Oder, Joachim?
16	S	Vielleicht im Krimi oder so? (Gelächter)
17	L	Na.
18	S	Abenteuerbuch?
19	L	Abenteuerbuch? (Schüler reden durcheinander)
20	S	In einem Jugendbuch? (Gemurmel)
21	L	Ja, ich glaube, jetzt seid ihr aufs Raten gekommen. Wir wollen das nochmal überlegen. Wir haben festgestellt, es handelt sich um eine Jugenderinnerung, die er, etwa 20 Jahre später, wie Joachim vermutet hatte und das war ja ganz toll, die er 20 Jahre später aufschreibt ... Tja, wenn's nicht Tagebuch ist, weil man da gleich etwas aufschreibt, dann müßte es wohl etwas anderes sein. Na, Silke?
22	S	In Karl May-Büchern, da schreibt er ja auch alles also in Ich-Form und schreibt es dann also ...
23	L	(unterbricht) Haben wir in dieser Geschichte Ich-Form?
24	S	Teilweise wohl.
25	L	Teilweise. Ja, ist richtig. Mmh.
26	S	Vielleicht ist es auch ein Buch, wo so 'ne Lebensbeschreibung von einem Künstler, wo man dann ...
27	L	Ich glaube auch, nech. Das ist also nicht nur eine Jugenderinnerung, sondern es ist eine Lebenserinnerung (schreibt das Wort *Lebenserinnerung* an die Tafel) ...
28	S	Eine Geschichte aus seinem Leben vielleicht ... (Gemurmel)
29	L	Ja, und hier ist schon jemand ...
30	S:	Lebensgeschichte!
31	L	... ganz perfekt in Fremdwörtern und sprach von Memoiren – was sind das denn?
32	S	Memoiren sind so ähnlich... von früheren Erlebnissen...
33	L	Ja, das sind Erinnerungen, nech, das ist ein Wort aus dem Französischen und da sind die Erinnerungen nun aufgefaßt.

Jank/Meyer analysieren diesen Ausschnitt, den sie als ein typisches Beispiel des fragendentwickelnden Unterrichtsgesprächs bezeichnen, abschnittsweise, um die Handlungen des

Lehrers zu rekonstruieren. Die Erarbeitung des Begriffs *Memoiren* stellt dabei die Zielsetzung des Lehrers für diese Sequenz dar. Die Sequenz beginnt mit der routinisierten Entscheidung, den Begriff nicht einfach mitzuteilen, sondern fragend-entwickelnd zu erarbeiten (s1). Die falsche Schülerantwort (s2) führt zu einer kurzfristigen neuen Zielperspektive, nämlich die Schüler selber erkennen zu lassen, dass die Antwort falsch ist. Hierfür setzt er das sog. *Lehrerecho* ein (s3), womit die Reformulierung der Schülerantwort gemeint ist. Die Bestätigung der Schüler, dass es sich um eine falsche Antwort handelt, führt zur Ausbildung einer weiteren Zielsetzung, nämlich nach den Gründen zu fragen, die der Lehrer nach Jank/Meyer mit der Hoffnung verbindet, durch das Suchen der Begründung schneller zur richtigen Antwort zu kommen. Die Segmente bis (s30) stellen einen Zwischenschritt dar, bevor L wieder die langfristige Zielsetzung aufgreifen kann. Auch hier kommt in (s15) und (s19) wieder die sog. Echofrage zum Einsatz, bevor der Lehrer in (s21) die Handlungen der Schüler als *Raten* kommentiert; er verbindet diesen Kommentar mit einem ausführlichen Wink, der aber gleichfalls nicht zum Ziel führt, so dass er die Lösung in Form eines Tafelanschriebs selber liefern muss.

Jank/Meyer kritisieren diese etwa achtminütige Sequenz als zu aufwändig, weil das Verhältnis von Zeit- und Kraftaufwand des Lehrers in keinem sinnvollen Verhältnis zum Lernertrag der Schüler stehe. Da der Lehrer als Einziger über eine Zielsetzung verfügt, haben die Schüler keine andere Möglichkeiten als zu raten. Dass es trotzdem nicht zu einem offenen Konflikt kommt, liegt an den eingespielten Routinen, die ihren Ausdruck beispielsweise im vom Lehrer kontrollierten Sprechwechsel finden.

Die Ursachen für derartige Unterrichtsverläufe, die Jank/Meyer unter Verweis auf die Studie von Hage et al. (1985) als typisch bezeichnen, sehen sie in den unreflektierten Routinen, die Lehrer in Studium und Referendariat ausbilden. Werden Routinen unreflektiert und ziellos eingesetzt, verlieren sie ihre handlungsentlastende Funktion und erstarren zu Ritualen der Herrschaftssicherung (Jank/Meyer 1991, 57). Daraus folgern die Autoren, dass die zu Routinen verfestigten didaktischen Konzepte ständig an der Unterrichtswirklichkeit gemessen werden müssen.

3.2.4. Zwischenbilanz: Didaktische und linguistische Analysen im Vergleich

Durch empirische Beobachtung der Unterrichtswirklichkeit kommen (Jank/Meyer 1991) zu einer ähnlichen Einschätzung des fragend-entwickelnden Unterrichts wie Herrlitz (1983). Beide Analysen zeigen, dass das von Aebli entwickelte mäeutische Verfahren im Klassenunterricht ganz offensichtlich nicht oder nicht immer funktioniert. Bei einzelnen Schülern oder gar der ganzen Klasse führen die Lehrerfragen eben nicht zu den gewünschten Erkenntnisprozessen. Soweit die Gemeinsamkeit pädagogischer und linguistischer Analysen; nun zu den Unterschieden, die in zwei wichtigen Aspekten zu finden sind: im Analyseverfahren und in der Beschreibung der Handlungsstrukturen.

Die Unterschiede in den Analyseverfahren zeigen sich bereits in den Transkripten: Während die linguistischen Transkripte sehr detailliert sind, begnügen sich die pädagogischen mit einer relativ groben Protokollierung. So ist beispielsweise in dem Stundenprotokoll von Jank/Meyer in (s3) die Chronologie der Äußerungen nur sehr ungenau wiedergegeben; es ist nicht zu ersehen, zu welchem Zeitpunkt die Schüler *nein* sagen und wann der Lehrer seine Frage *Warum nicht, Jan* äußert. Des Weiteren ist die Intonation an wichtigen Stellen nicht gekennzeichnet. So werden Lehrerfragen wie die letzte häufig in der Form geäußert, dass nach der Frage eine Pause entsteht, bevor ein Schüler aufgerufen wird; eine Transkription sähe dann so aus: *Warum nicht? Jan*. Nicht gekennzeichnet ist auch die Intonation der Interjektionen *hm*, die aber je nach Intonation unterschiedliches bedeuten; ein *hm* mit fallend-steigender Intonation signalisiert Zustimmung, ein *hm* mit steigender Intonation signalisiert Dissens. Solche Details können bei der Analyse und Interpretation einzelner Äußerungen wichtig sein, insbesondere wenn es um die Rekonstruktion kognitiver Prozessen geht.

Aber auch die Analysekategorien unterscheiden sich deutlich. Während pädagogische Analysen sicher eher globaler und alltagssprachlicher Begriffe für die Beschreibung sprachlicher Handlungen bedienen, hat die Linguistik eine Fachbegrifflichkeit entwickelt. Damit sind weniger rein terminologische Unterschiede gemeint als vielmehr analytische Zugriffsweisen. Wenn Jank/Meyer beispielsweise vom *Lehrerecho* sprechen, so ist das ein sprechender Alltagsbegriff, der auf ein wichtiges Phänomen hinweist. In linguistischen Kategorien gesprochen handelt es sich um eine Reformulierung, die erst durch ihre Position im Aufgabe-Lösungs-Muster ihre Funktion bekommt, dass nämlich zunächst einmal die Schüler einen vorangehenden Lösungsversuch einschätzen sollen, eine Aufgabe, die üblicherweise dem Lehrer zufällt. Erst im Rahmen des bekannten Musters lässt sich erklären, warum eine einfache Reformulierung als Aufforderung an die Schüler ausreicht. Ein Unterschied zwischen pädagogischen und linguistischen Analysen besteht also darin, dass die linguistischen den sprachlich-kommunikativen Zusammenhang detailliert beschreiben und damit ein zusätzliches Erklärungspotenzial für kognitive Prozesse bereitstellen.

Der zweite wichtige Unterschied besteht in den Erklärungsansätzen. In dem Beitrag von Jank/Meyer wird sehr deutlich, dass sie die Gründe für den Verlauf ganz wesentlich in den Handlungsroutinen des Lehrers sehen. Es sind seine unangemessenen Handlungsweisen, die für den kritisierten Verlauf verantwortlich sind; der Blick ist also auf den einzelnen Aktanten gerichtet. Demgegenüber nehmen die linguistischen Arbeiten stärker den institutionellen und kommunikativen Zusammenhang in den Blick und fragen danach, inwiefern die Handlungsbedingungen insgesamt für den Verlauf verantwortlich sind. Das wird im folgenden weiter verdeutlicht.

3.2.5. Das fragend-entwickelnde Unterrichtsgespräch in funktional-pragmatischer Perspektive

Ehlich (1981) hat sich ebenfalls kritisch mit Aeblis fragend-entwickelndem Konzept auseinandergesetzt. Er geht dabei so vor, dass er zunächst theoretisch nach den systematischen Bedingungen von Lehr-Lern-Diskursen fragt. Er unterscheidet hierfür zwischen Lehr-Lern-

Diskursen und Unterrichtsdiskursen; Lehr-Lern-Diskurse zeichnen sich aus durch eine ungleiche Wissensverteilung, die wechselseitige Anerkennung von Lernendem und Lehrendem sowie die gemeinsame Absicht, die Differenz im Wissen aufzuheben. Beispiele hierfür finden sich etwa in der Eltern-Kind-Interaktion. Zwischen den Beteiligten besteht eine gegenseitige Abhängigkeit; denn während der Lehrende durch sein Wissen über die inhaltliche Organisation des Diskurses verfügt, verfügt nur der Lernende über einen direkten Zugang zu seinem Lernprozess; diesen signalisiert er dem Lehrenden entweder von sich aus (*hm*) oder auf Nachfrage (*Hast du das verstanden?*). Diese Bedingungen können als notwendige Voraussetzungen für das Gelingen des Wissenstransfers bezeichnet werden.

Ehlich bestimmt sodann die Unterschiede, die sich im Unterrichtsdiskurs zeigen, auch wenn dieser zunächst einmal große Ähnlichkeiten aufweist. Durch die Schulpflicht verliert sich die Freiwilligkeit des Lernens, die Vielzahl der Schüler führt bei diesen zu einer Fluktuation zwischen (mentaler) An- und Abwesenheit im Diskurs und es schwindet die gegenseitige Anerkennung. In einem zweiten Schritt rekonstruiert Ehlich dann die Bedingungen für das Funktionieren der Lehrerfrage, indem er sie aus der Frage-Antwort-Sequenz herleitet. Er zeigt, wie sich die Lehrerfrage die durch eine Frage quasi automatisch ausgelösten Suchprozesse im eigenen Wissen zunutze macht. Die Frage wird also instrumentalisiert, um kognitive Prozesse beim Schüler anzuregen. Ehlich spricht hier von einer taktischen Verwendung in dem Sinne, dass ein sprachliches Muster für einen neuen Zweck eingesetzt wird.

Im dritten Schritt folgt dann die Analyse eines authentischen Beispiels:

(6) „Volksvertretung": Gesellschaft und Politik (Jg. 7)

Teilnehmer-Siglen: *L*: Lehrerin, *Sp*: Petra,: *Ss*: Sylvia. Aufnahme: Ehlich & Rehbein (1974); Transkription: Ehlich (1977): 1:60 Korrektur: Rehbein (1977): 1:60; Legende: S. 185.

```
1   L [ Wir wollen jetzt nur mal zusammentragen ((6 sec.)) ist

2   L [ Interessensvertretung Volksvertretung? ((1/ (     ) aber

3   L [ nochmal auf/auf das zurückzukommen, was der . . äh

         >
4   L  [ Christoph und der Ralf   sachten . . ((2/ Petra ((3/
    Sp[                                                    Es

5   Sp[ gibt da verschiedne Partein; die ham ja alle ne andre

6   Sp[ Meinung ehm deswegen is das Volk/das wählt die, damit/
```

```
 7  Sp[ wo d/also wo die Meinung von denen/ dem Volk am besten/

 8  Sp[ zu den Leuten/ äh zu den Parteien äh gehören (wo dann

 9  Sp[ also sozusagen) also, was sie meinten, also dass sozu-

10  Sp[ sagen sie ei'ntlich an der Macht wären, also dass man .

     L [ Jaha.......((5a/                           vielleicht
11  Sp[    . ihre Meinung vertreten (würde) ((4/

12   L [ schreiben (wir mal den Begriff) an die Tafel ((5b/

     L [                          Seid ihr damit einver-
13     [ Schreibt an: Macht(kampf) ((6/

14   L [ standen, oder trifft das nicht zu bei Wahlen? ((7/ Syl-

     L [ via! Ja hast' noch was?
15  Ss[                 ((8/  (Ja, ich meine also Politik/ es

       >[              vv vvvvvvv
     L [              ss sssssss ((9/
    Ss [ gibt) verschiedene Politiken . .            also
16     [                                    lehnt sich wartend zu-

    Ss [    zum Beispiel äh in Deutschland is ja ne andere Po-
17     [ rück

18  Ss[ litik als zum Beispiel in . Polen oder / oder in/ in/

     L [                                         Nickt mit dem
    Ss [ China   oder weiß ich da    wo dat alles is . also in
19     [        Handbewegung zur Seite

     L [ Kopf ((11/
20  Ss[ anderen Ländern is ne ganz andre (Richtung), zum Bei-
```

```
     L  [              Nickt mit dem Kopf o----------------o((12/
     Ss [ spiel in England, in England is nämlich 'ne Königin.
21
```

```
     L  [ ((13/ Selbstverständlich, ('s gibt) verschiedene politi-
     Ss [ ((10/
22
```

```
     L  [ sche Systeme. Aber alle politischen Systeme haben
     Ss [
     [                                         Wegwenden zum
23
```

```
     L  [ ganz bestimmte Ziele, die in den meisten Ländern über-
     Ss [
     [ Hintermann nach rechts o----------------------------
24
```

```
     L  [ einstimmen. Über die einzelnen politischen Systeme wer-
     Ss [
     [ -------------------------------------------------------
25
```

```
     L  [ den wir noch sprechen. (Wir werden uns)/(das könn) wer
     Ss [
     [ ------------------------------------------------------- -
26
```

```
     L  [ heut noch nich alles behandeln ((15/
     Ss [
     [ ----------------------o          formelles Nicken
27
```

```
     L  [ Tobias! ......   ((17/ Wer wollen uns heute mal (über/
     Ss [
     [  ((16/               Wendet sich wieder L zu   ((18/
28
```

```
     L  [ damit) beschäftigen
29
```

Interessant an diesem Beispiel ist das nonverbale Verhalten der Schülerin Sylvia in Segment (s14) (= Fläche 22–26). Sie wendet sich noch während der Einleitung der Bewertung der Lehrerin zu ihrem Hintermann und richtet erst gegen Ende der Bewertung ihre Aufmerksamkeit wieder der Lehrerin zu. Sie nimmt also die Bewertung ihres Beitrags durch die Lehrerin nicht wahr, sondern kommuniziert stattdessen mit einem Mitschüler. Ehlich nennt das *Lösung abliefern* und interpretiert es als Ausdruck der spezifischen Bedingungen des Unterrichtsdiskurses. Die Veränderungen des Lehr-Lern-Diskurses zum Unterrichtsdiskurs haben zur Folge, dass die Schüler ohne Interesse an ihm beteiligt sind. Für die vorliegende Situation bedeutet das konkret, dass die Schülerin einen Beitrag abliefert, um ihre Beteiligung zu demonstrieren; an den Inhalten ist sie aber nicht näher interessiert, weil sich die Klasse in einer Sammelphase befinden, in der keine spezifischen Bewertungen (Noten) vorgenommen werden. Sie steigt also gewissermaßen aus dem Unterrichtsdiskurs aus.

Rehbein (1985) untersucht eine längere Sequenz aus einer Geschichtsstunde (Gymnasium 8. Klasse), in der die Vor- und Nachteile der Kontinentalsperre Napoleons für Europa behandelt werden. Der Lehrer wendet hier das fragend-entwickelnde Verfahren an, um den komplexen historischen Zusammenhang zu erarbeiten, dass die betroffenen Länder durch die Handelssperre gezwungen sind, ihre eigene Industrie aufzubauen.

(7) „Kontinentalsperre" (Jg. 8, Gy, Geschichte) (Rehbein 1985, 12ff.)

(s 1) L: Könnt ihr eu/euch noch mehr vorstellen, wie man Schwarzhandel treiben kann? ((lacht)) Birgit!
(s 2) Bi: Ja, soviel konnten die Hamburger gar nicht machen und auch die anderen kleinen Seehäfen nicht.
(s 3) L: Naja, soviel konnten sie nicht machen, aber Schwarzhandel konnten sie treiben.
(s 4) Bi: Ja, schon, aber sie konnten sich nicht dagegen wehren, daß äh Kontinentalsperre war.
(s 5) L: Das is richtig, die Kontinentalsperre gabs.
(s 6) Und die Kontinentalsperre wurde durch Schwarzhandel zum Teil unterlaufen.
(s 7) Aber man mußte immer mit ihr rechnen und sie machte den Hamburger Kaufleuten ständig Schwierigkeiten und ihre Geschäfte gingen zurück.
(s 8) Aber sie wollten ja leben, deswegen zum Teil Schwarzhandel. Ah Jan!
(s 9) Ja: Ich glaub', die haben da auch nicht üble Geschäfte gemacht, denn die konnten das doch jetzt viel teurer alles absetzen, also ich meine, unter Schwarzhandelsbedingungen.
(S10) L: ((unterbrechend)) Ach so, ja.
(s11) Äh du meinst also, daß die Waren, die jetzt so knapp waren, sehr stark nachgefragt wurden?
(s12) Ja: Jà.
(s13) L: Hm`hm´ und dadurch wurden höhere Preise gezahlt.
(s14) Anke!
(s15) An: Denn Napoleon, der hatte wohl kaum also Gewinn dadurch,
(s16) denn der Schwarzhandel, der wurde dann ja getrieben, und Napoleon, der konnte dann kaum irgendetwas machen.
(s17) L: Hm`hm´
(s18) Also der Handel war zwar unterbunden, der offizielle Handel, aber sonst gings ja so weiter.
(s19) L: Ja⁻,... jà, gut.
(s20) Das sind mehr so wirtschaftliche Auswirkungen.
(s21) Äh welche wirtschaftlichen Auswirkungen könnte die Kontinentalsperre noch bringen?
(s22) Ihr müßt mal davon ausgehen, daß in damaliger Zeit /_₁ viele Fertigwaren aus England nach Europa geliefert ₁_/ worden sind. (/_₁ Intonation: *geheimnisvoll*)
(s23) Diese Waren werden jetzt nicht mehr so stark geliefert wie vorher.
(s24) Der Schwarzhandel gleicht etwas aus, aber er/er kann nicht alles schaffen, was gebraucht wird.
(s25) ... Was könnte das in Europa wohl auf'm Kontinent bedeuten?
(s26) ... Klaus?

(s27)		Kl:	Also, daß Napoleons Reich eben selber was fehlte, womit er nicht leben kann, also, daß er selber nicht zurechtkommt,
(s28)	L:		Jà.
(s29)		Kl:	...weil ihm eben so viele Handelsgüter aus England fehlen.
(s30)	L:		Das is richtig.
(s31)			Aber du meinst dann, daß es für Napoleon persönlich zu wenige Waren gibt, oder wie denkst du dir das?
(s32)		Kl:	Nee, daß Napoleon eben selber n Verlust hat, weil er eben keine Fertigwaren aus England bekommt, also weil..
(s33)	L:		Richtig.
(s34)		Kl:	also weil ja auch so rum Handel/
(s35)	L:		((unterbrechend)) Gut.
(s36)			Was müßte er jetzt tun?
(s37)			. . Äh wollt ihr dazu antworten, ja?
(s38)		SS:	Ja, ja.
(s39)	L:		Wolfgang?
(s40)		Wo:	Ähm ne eigene Wirtschaft aufbauen.
(s41)	L:		Ja. . . Tim?
(s42)		Ti:	Ja, ich wollt' no' ma' sagen: Wenn irgendwie an einer Stelle der Damm sozusagen bricht, ne?, denn bricht er ja an allen anderen Stellen mit.
(s43)			Also, wenn irgendwo einer sich Napoleon widersetzt, denn, würd' ich sagen, denn machen die andern das alle mit.
(s44)			... Weil sie ja angewiesen sind <u>auf</u> den Handel.
(s45)	L:		Jà.. jà, äh das ist aber jetzt n anderes Thema.
(s46)			Wir gehen jetzt erst ma darum: Die äh versuchen das Unterlaufen durch Schwarzhandel..
(s47)			Aber es kommen nicht genug Waren rein, der Bedarf ist größer.
(s48)			Jetzt war hier doch was gesagt: „Er baut eine eigene Wirtschaft auf".
(s49)			Äh das müssen wir noch ein bißchen genauer erklären.
(s50)			Das is n guter Gedanke.
(s51)			Wie ist das wohl zu verstehen: Eine eigene Wirtschaft? Bärbel!
(s52)		Bä:	Na, vielleicht äh Europa hat ja die äh also Rohstoffe geliefert, und äh also England die Fertigwaren dann praktisch wieder zurück,
(s53)			äh daß also äh in Europa die jetzt selbst fertiggestellt werden.
(s54)	L:		Richtig.
(s55)			Und <u>wo</u> werden diese Rohstoffe..
(s56)		Bä:	In der Fabrik (natürlich).
(s57)	L:		Jà.
(s58)			Und jetzt könnt ihr damit sagen: Was muß Napoleon damit fördern?
(s59)		SS:	Die Industrie aufbauen.
(s60)	L:		Ja, also die Fabriken, die es in England gibt, die müssen jetzt auf dem Kontinent auch aufgebaut werden.
(s61)			Und so muß man dann versuchen, äh die Bevölkerung mit den Waren zu versorgen, die vorher aus England kamen.
(s62)	L:		Äh Jan, noch was?
(s63)		Ja:	Ja, und ich glaube, daß da gerade Frankreich äh ganz gut in dem Geschäft drin is,
(s64)			weil die waren ja damals auch schon ziemlich fortschrittlich also hinter England her.
(s65)			Und daß gerade Frankreich das beste Geschäft denn noch daraus macht.

(s66) L: Eben, das ist möglich.
(s67) Und wie siehst du das mit den anderen europäischen Ländern?
(s68) Wenn du das überhaupt so sagen kannst. Äh . . . . . äh Jochen?
(s69) Jo: Jà, die waren größtenteils immer noch auf 'n Handel angewiesen, wenigstens die an der Küste.
(s70) L: Jà.
(s71) Nich?, der hat 'n Unterschied gemacht.
(s72) Spanien war weit unterentwickelt – so würden wir das heute sagen – und Frankreich hat davon wohl den größten Vorteil gehabt, indem die Industrie dort . . . äh gefördert wurde.
(s73) Also was können wir sagen zur Kontinentalsperre: Inwiefern war sie schlecht und inwiefern hatte sie auch ((lacht)) – ohne/ohne daß Napoleon vielleicht das erst mal wollte – was Gutes?
(s74) Ihr habt das doch nun alle mitgehört und könnt das sicherlich noch ma erklären . . . . . . Eduard?
(s75) Ed: Also schlecht war's eben für England. Die konnten keine Waren mehr reinkriegen, oder nur schwer, und auch ausführen.
(s76) L: Jà.
(s77) Und eben für n selben s/äh für Frankreich war's schlecht, denn England hat ja ein paar wichtige äh ähm Fertigwaren eingeführt, und ohne die mußten se jetzt auch auskommen.
(s78) L: Ja˙, äh warum betonst du Frankreich hier so sehr?
(s79) Ed: Najà::.na˙, hauptsächlich Frankreich vielleicht,
(s80) L: Jà.
(s81) oder weil Napoleon sich ja dadurch praktisch selber gestraft hat.

Rehbein analysiert diesen Ausschnitt unter drei Fragestellungen; er fragt a) nach den Gründen für die starke Lehrerzentriertheit, b) nach der Funktion der Lehrerfragen in diesem Zusammenhang und c) nach dem globalen Gesamtformat des Ausschnitts.

a) In einer segmentweisen Analyse rekonstruiert Rehbein zunächst die sprachlichen Handlungen des Lehrers, die er zur Steuerung der Schüler einsetzt. Es ist der Lehrer, der den inhaltlichen Fokus aufbaut und aufrechterhält. Er lenkt kontinuierlich den thematischen Fokus der Schüler, indem er sie durch je geeignete sprachliche Mittel anhält, in ihrem Wissen nach den jeweils erforderlichen Wissenselementen zu suchen. So richtet er in (s1) den inhaltlichen Fokus auf *Schwarzhandel*, das heißt, die Schüler sollen ihre Aufmerksamkeit auf bestimmte Elemente im Vorstellungsraum richten, konkret, sie sollen sich die Situation des Schwarzhandels vorstellen, imaginieren. Die Antwort der Schülerin Birgit in (s2) und (s3) folgt diesem thematischen Fokus nur bedingt, ohne dass die Aussage inhaltlich falsch wäre; sie fokussiert jedoch nicht das Thema „Schwarzhandel". In (s3) relativiert der Lehrer die Aussage von Birgit durch eine – von ihm mehrfach verwendete – *ja-aber*-Konstruktion. So auch in (s5–8); hier rephrasiert er zunächst die Aussage von Birgt (s5), bevor er durch eine gegensätzliche Bewertung (*zum Teil unterlaufen*) und eine zusätzliche Begründung des Themas Schwarzhandel (*die wollten ja leben*) den Fokus der Schülerin wieder auf seinen eigenen umlenkt.

In (s21) wird mit dem Fachausdruck *wirtschaftliche Auswirkungen* ein neuer Fokus errichtet; um den Schülern eine Antwort zu ermöglichen, gibt der Lehrer in (s22) ein entscheidendes Stichwort: *Fertigwaren aus England*. Damit liefert er den Schülern den Wissensbereich, in dem sie nach einer Antwort suchen sollen; das nennt Rehbein eine Elizitierungsstrategie. Indem auf diese Weise Bekanntes in den Vorstellungsraum gerufen wird, ist es nur ein kleiner Schritt zur gewünschten Antwort. In (s41) bringt der Schüler Tim ein Thema ein, das erst später besprochen werden soll; der Lehrer qualifiziert es als neues Thema und verschiebt es damit auf später, er macht eine thematische Vorankündigung. Zugleich sieht er sich aber veranlasst, die bislang vorgetragenen Wissenspartikel zusammenzufassen und so das Thema zu reaktualisieren; so greift er in (s48) die Schüleräußerung aus (s40) wieder auf und thematisiert es in der Frage in (s51) erneut. Rehbein spricht hier vom Einsatz des Trichtermusters.

Diese Strategie bestimmt den gesamten Ausschnitt: Indem der Lehrer passende Schüleräußerungen aufgreift und unpassende fallen lässt, lenkt er die Aufmerksamkeit der Schüler auf die je relevanten thematischen Aspekte. Für die Realisierung dieser sprachlichen Handlungen bedient sich der Lehrer insbesondere folgender sprachlicher Mittel (Prozeduren): der deiktischen Mittel des Verweisens (*das, diese, dazu*), der operativen Mittel zur Bearbeitung des Wissens (*jetzt, aber dadurch, dann, doch*) sowie der Fragewörter (*wie, welche, warum*).

Rehbein sieht in dem gehäuften Einsatz solcher aufmerksamkeitslenkenden sprachlichen Mittel den Grund für die starke Lehrerzentriertheit dieses Ausschnitts; zugleich sieht er in der Konzentration dieser Mittel bei einer Person eine Verzerrung alltagssprachlicher Kommunikation. Die Folge auf Schülerseite besteht darin, dass diese den Fokus nicht selber entwickeln, sondern übernehmen;

> ... sie entwerfen kein Gesamtziel des Diskurses, sondern richten sich – nolens volens – in ihren Antworten nach den Vorgaben in den Fragen des Lehrers. Die Schüler werden also bei Themen, die der Lehrer einführt und bestimmt, unter einem fremdgesetzten Fokus auf die Spur des gewünschten Ziels gesetzt; (...) Entsprechend suchen sie das Wissen dort, 'wo es zu holen ist', entweder im Buch oder als Folgerung/Erschließung aus dem L-Wissen. Anders: Die Schüler fokussieren bei ihren Antworten nicht mehr als das unmittelbar vorgegebene Wissen; häufig bearbeiten sie Fragen, die bereits beantwortet worden sind, bzw. noch drankommen sollen: Diese Erscheinung ist eine Fokus-Inkongruenz, und sie ist das Ergebnis der ständigen Leitung des Fokus durch den Lehrer. Sie ist ein Indiz für die Gesamt-Ziellosigkeit der Schüler.
>
> Es ergibt sich eine Widersprüchlichkeit: Den Schülern wird einerseits ein rationaler Diskurs abverlangt, auf der anderen Seite jedoch die Durchschaubarkeit rationalen Argumentierens insgesamt entwunden: Ihr Fokus wird auf Teilziele partikularisiert, ihr Wissen fragmentarisiert. Dies kennzeichnet auch die Brüchigkeit der Schülerbeiträge. (ebd., 22)

b) Die Lehrerfragen haben in diesem Zusammenhang die Funktion, den thematischen Gesamtplan des Lehrers, der sich anhand der Frageinhalte rekonstruieren lässt, so zu zerlegen, dass die Inhalte auf Lehrer und Schüler verteilt werden können. Die Schüler sollen so entsprechend des Gesamtplans das Wissen selbstständig erarbeiten.

c) In einem letzten Schritt rekonstruiert Rehbein den Diskursverlauf als Ganzes, indem er zum Vergleich den verwandten alltäglichen Diskurstyp des gemeinsamen Erörterns heranzieht. Der Zweck des Erörterns wird bestimmt als gemeinsame Begriffsbildung. Ausgangspunkt ist ein Kategorisierungsproblem einer Aktantengruppe, das bearbeitet wird, indem Behauptungen vorgetragen und gemeinsam argumentativ abgewogen werden. Dieses Verfahren wird Deliberieren (lat. *deliberare* ‚erwägen, überlegen') genannt; erst an seinem Ende steht eine gemeinsame Entscheidung bezüglich des Kategorisierungsproblems. Charakteristisch ist das gemeinsame und ergebnisoffene Abwägen.

In dem vorliegenden Ausschnitt funktionalisiert der Lehrer dieses Diskursmuster für didaktische Zwecke. Entsprechend seinem thematischen Grobplan fordert der Lehrer die Schüler durch Äußerungen wie *Könnt ihr euch noch mehr vorstellen* (s1) oder *Was könnte das wohl auf dem Kontinent bedeuten*? (s25) auf, sich in einen Vorstellungsraum zu versetzen, um sich so historische Zusammenhänge zu vergegenwärtigen und zu veranschaulichen. Die Schüler sind aufgefordert, sich auf Kommando etwas vorzustellen und in diesem Vorstellungsraum Schlüsse etc. zu ziehen. Über die Richtigkeit der Schlussfolgerungen entscheidet jedoch alleine der Lehrer aufgrund seines Fachwissens. Damit tritt an die Stelle des gemeinsamen Deliberierens beim diskursiven Erörtern das *gemeinsame Ventilieren standardisierten Wissens*. Das Erörtern wird eines wesentlichen Aspektes entkleidet; an die Stelle des gemeinsamen Abwägens tritt die alleinige Entscheidung des Lehrers.

Mit dieser Veränderung, die das Erörtern beim Übergang zum Ventilieren erfährt, erklärt Rehbein die Ziellosigkeit der Schülerantworten. Sie wissen zwar im Einzelfall, welches Wissenselement gefordert ist, allerdings bleiben die einzelnen Vorstellungstätigkeiten zusammenhanglos, das Wissen bleibt fragmentarisch. Insofern verwundert es nicht, wenn die Schüler die erfragten Wissenselemente dort suchen, wo sie leicht zu finden sind: im Lehrbuch und in den Lehrerfragen selbst.

Rehbein vergleicht das Muster des gemeinsamen Ventilierens anschließend mit dem Lehrervortrag mit verteilten Rollen und dem Aufgabe-Lösungs-Muster. Der Unterschied zum Lehrervortrag mit verteilten Rollen besteht darin, dass die Schüler hier lediglich Ergänzungen auf einzelne Lehrerfragen liefern, so dass die Gesamtheit der Äußerungen einen Vortrag ergibt. Beim Ventilieren sind die Schüler dagegen zu komplexeren Antworten aufgefordert. Und das Aufgabe-Lösungs-Muster unterscheidet sich dadurch, dass hier genau eine Lösung gesucht wird und das Ende mit der richtigen Lösung erreicht ist.

Kritisch zu der vorliegenden Analyse ist anzumerken, dass die Rekonstruktion sehr stark auf die Lehrerseite konzentriert ist; während seine Äußerungen detailliert funktionalpragmatisch, d.h. mit Blick auf zugrunde liegende Pläne und beabsichtigte Wirkungen analysiert werden, finden die Schüleräußerungen deutlich weniger Beachtung. Worin die Ziellosigkeit sprachlich genau zum Ausdruck kommt, wird ebenso wenig im Detail gezeigt wie die Fragmentarisierung des Schülerwissens. Hier sind vertiefte Analysen erforderlich, um die Wissensgenese der Schüler im Detail zu rekonstruieren. Insbesondere ist es nötig, die Wirkung der kommunikativen Widersprüche auf die Verarbeitung der Propositionen zu analysieren. Es ist denkbar, dass hier Kompensationsstrategien greifen.

Als Ergebnis der referierten linguistischen Analysen kann man zusammenfassend festhalten, dass eine deutliche Skepsis gegenüber dem didaktischen Optimismus, der beispielsweise Aeblis Darstellung des fragend-entwickelnden Verfahrens prägt, angezeigt ist. Es ist ganz offensichtlich, dass sich die beabsichtigten kognitiven Prozesse auf Schülerseite nicht so umstandslos einstellen, wie dies in der didaktischen Konzeption vorgesehen ist.

Die bei Ehlich beschriebenen institutionellen Veränderungen des Lehr-Lern-Diskurses betreffen nicht nur die kommunikative Oberfläche, sondern auch und gerade die Wissensgenese der Schüler. Angesichts der Widersprüche und Brüche der benachbarten Muster (Lehrervortrag und Aufgabe-Lösungs-Muster) stellt sich an dieser Stelle jedoch auch die Frage nach einer Alternative.

3.2.6. Weitere Beispiele

Die Analysen von Ehlich und Rehbein zeigen, dass die Veränderung des Lehr-Lern-Diskurses hin zum Unterrichtsdiskurs zu Widersprüchen führt, die in der Institutionalisierung des Lernens begründet ist: Massenhaftigkeit, Verlust der gegenseitigen Anerkennung und Verschwinden der Freiwilligkeit wirkt sich auf die sprachlichen Handlungsmuster aus. Solche Widersprüche treten nur selten offen zu Tage, in der Regel bemühen sich alle Beteiligten um ein oberflächliches Funktionieren. Im Folgenden sollen einige Beispiele vorgestellt werden, in denen die Widersprüche und Schwierigkeiten deutlicher, d.h. auch sprachlich, hervortreten.

Die folgenden Beispiele stammen alle aus einer Unterrichtsreihe in einer 9. Klasse des Gymnasiums, in der das Jugendbuch „Traumhöhle" von Malcom Bosse besprochen wurde. In dem Buch geht es um einen Jungen, der nach Todesfällen in seiner Familie im Traum weitere Todeserfahrungen, angesiedelt in unterschiedlichen Epochen der Menschheitsgeschichte, macht und so seine real-fiktive Trauer verarbeitet.

Zu den zentralen Widersprüchen des fragend-entwickelnden Verfahrens gehört die Orientierungslosigkeit der Schüler. Durch die Zerlegung des Unterrichtsstoffes in kleine Fragmente und die starke Steuerung durch den Lehrer verlieren sie das Gesamtziel aus den Augen. Der folgende Transkriptausschnitt aus der 2. Stunde ist ein Beispiel hierfür:

(8a) „Traumhöhle": Lehrerimpuls (Jg. 9, Gy, Deutsch)
Zwei Schüler haben ihre Hausaufgaben (Inhaltsangabe) vorgetragen. Von denen sich bei der Besprechung ergebenden Fragen greift der Lehrer eine auf.

Teilnehmer-Siglen: *L*: Lehrer, *G*: Gerlinde,: *Ss*: mehrere/alle Schüler. Aufnahme: Bergs (1997), Transkription: Becker-Mrotzek (2000): 1:20, Korrektur: Becker-Mrotzek (2000): 1:10; Legende S. 185.

```
3   L [                              ((So, liebe Leute. . Dann

4   L [ fangen wir mal . an mit der Fragestellung von Martin.

5   L [ Er sprach vom Unterschied . zwischen dem Realen . und

6   L [ dem, ja Nicht-Realen oder dem Anderen, nenn ichs einmal
```

```
      ┌─────────────────────────────────────────────────────────┐
   7  │ L [ . neutral. Danke schön./⁴  . . . Um . das etwas näher zu │
      └─────────────────────────────────────────────────────────┘
      ┌─────────────────────────────────────────────────────────┐
   8  │ L [ hinterfragen: Welche Problematik müssen wir untersuchen │
      └─────────────────────────────────────────────────────────┘
      ┌─────────────────────────────────────────────────────────┐
   9  │ L [ jetzt? ((6 sec.)) Große/ . großes Staunen. Will der da │
      └─────────────────────────────────────────────────────────┘
      ┌─────────────────────────────────────────────────────────┐
  10  │ L [ vorne eigentlich? . Ich frage anders: . . . . Ähm, wo │
      └─────────────────────────────────────────────────────────┘
      ┌─────────────────────────────────────────────────────────┐
  11  │ L [ taucht . . denn dieses reale Leben auf in unserem Buch? │
      └─────────────────────────────────────────────────────────┘
      ┌─────────────────────────────────────────────────────────┐
  12  │ L [ ((      8 sec.       )) Gerlinde.                   │
      │ G [       ((melden    sich ))         Ganz am Anfang und am │
      └─────────────────────────────────────────────────────────┘
      ┌─────────────────────────────────────────────────────────┐
  13  │ L [     . Kannst du das vielleicht an Kapiteln festmachen? │
      │ G [ Ende.                                                │
      └─────────────────────────────────────────────────────────┘
```

In den Fl. 3–8 greift der Lehrer die Aussage eines Schülers auf und formuliert daraus die Aufgabenstellung: *Welche Problematik müssen wir untersuchen jetzt?* Nach einer Pause von sechs Sekunden und dem Ausbleiben von Schülermeldungen thematisiert er die Situation: *Großes Staunen. Will der da vorne eigentlich?* Indem er das Schweigen der Schüler explizit anspricht, tut er zweierlei: Zum einen aktualisiert er die Erwartung an die Schüler, nun entsprechend dem Muster einen Lösungsversuch abzuliefern, zum anderen unterbricht er die mit sechs Sekunden bereits relativ lange und damit peinliche Pause.

Analytisch belegen solche Sequenzen die Wirksamkeit der rekonstruierten Muster in der kommunikativen Wirklichkeit. Des Weiteren zeigt der Ausschnitt, wie der Lehrer das Problem der ausbleibenden Schülerantworten bearbeitet: Zunächst einmal bleibt er in dem Muster und behält so den eingeschlagenen methodischen Weg bei; das zeigt die Ankündigung: *Ich frage anders*, und zwar Schülern und Analytikern gleichermaßen. Inhaltlich folgt eine Zerlegung der Aufgabenstellung in noch kleinere Einheiten. Nicht mehr das Verhältnis von realer und imaginierter Welt in der Geschichte ist das Thema, sondern ihre Identifizierung im Text. Das zeigt der weitere Verlauf:

(8b) „Traumhöhle": Schülerbeiträge

```
      ┌─────────────────────────────────────────────────────────┐
  12  │ L [ ((      8 sec.       )) Gerlinde.                   │
      │ G [       ((melden    sich ))         Ganz am Anfang und am │
      └─────────────────────────────────────────────────────────┘
      ┌─────────────────────────────────────────────────────────┐
  13  │ L [     . Kannst du das vielleicht an Kapiteln festmachen? │
      │ G [ Ende.                                                │
      └─────────────────────────────────────────────────────────┘
```

---

[4] Zu einem Schüler, der einen Schwamm bringt.

14	G [Ähm, (das erste Kapitel) . . . ja das erste würd man
15	G [vielleicht noch vom zweiten, weil da springt der dem Hasen
16	G [hinterher/äh da rennt der dem Hasen hinterher Ss [((Lachen))
17	L [. . Ja, dann lies mal den Anfang des zweiten Kapitels vor
18	L [und dann schauen wir uns an, ob das jetzt noch . Realität
19	L [ist oder schon dieses andere Leben. Kannst du mal die Sei-
20	L [tenzahl nennen? Ja, lies bittte vor. G [Vierundzwanzig.

Hier werden die Schüler durch Nachfragen aufgefordert, ihren Lösungsversuch zu präzisieren; an die Stelle der ursprünglich erwarteten komplexen Antwort tritt eine kleinschrittige Suche nach der richtigen Lösung.

Das zweite Beispiel zeigt eine weitere Möglichkeit, wie die Orientierungslosigkeit der Schüler bearbeitet werden kann.

(9)   „Traumhöhle": Verfahrensfragen

In einer vorangehenden Phase wurde der Zusammenhang der Todeserfahrungen des Protagonisten mit seinen Veränderungen erarbeitet.

Teilnehmer-Siglen: *L*: Lehrer, *B*: Britta,: *Sw*: Schülerin,: *Ge*: Gerald,: *Sa*: Sandra,: *Sm*: Schüler.
Aufnahme: Bergs (1997), Transkription: Becker-Mrotzek (2000) 1:20 Korrektur: Becker-Mrotzek (2000) 1:10.

3	L [Es ist auf jeden Fall richtig, .
4	L [die Toten in den verschiedenen Phasen haben etwas mit
5	L [der Veränderung zu tun. Ob es jetzt die Anzahl der Toten
6	L [ist oder andere Gründe gibt, . das müssen wir hinter-
7	L [fragen. . Wie gehen wir also am besten vor? . . Ist es

```
 8  L [ sinnvoll, dass Ihr . jetzt das ganze Buch noch mal neu

 9  L [ lest und jeweils das Ganze hinterfragt oder was sollen

      >             /
    L  [ wir machen? . . Hm? Gerald.
    Ge[                              (Ich würd sagen/)ähm ich den-
10

    L [       ("Ich) denke" ist auch nicht besser.
    Ge[ ke, .                                        ((Lacht)) Ja
11

12  Ge[ gut. Man sollte am besten (nur) die Stellen lesen, wo

13  Ge[ Leute sterben. Also (nochmal die/die/die/) von da, wo

      >                                            v
    L  [                                         Hm. .
    Ge[ die gestorben sind, lesen, wie Ben sich da verhält.
14

15  L [ . . Und wenn man sie gelesen hat, dann legt man das

    L [ Buch weg? . . .
    Ge[               Ja, man müsste die auch untersuchen die
16

      >                      v
    L  [                   Hm. Auf welche Frage?
    Ge[ Stellen noch, auf die Frage.              Ja, wie
17

18  Ge[ der das verarbeitet, das was der/ . wie der trauert, was

      >             v            /
    L  [          Hm. Richtig. Ja.
    Sw[                            Ja, wir können Notizen
    Ge[ der empfindet.
19

20  Sw[ von den einzelnen Stellen machen, damit man es verglei-

      >                        v      /
    L  [                      Hm. Ja.
    Sw[ chen wir es dann (     ).
    Sa[                              Nachdem (
21
```

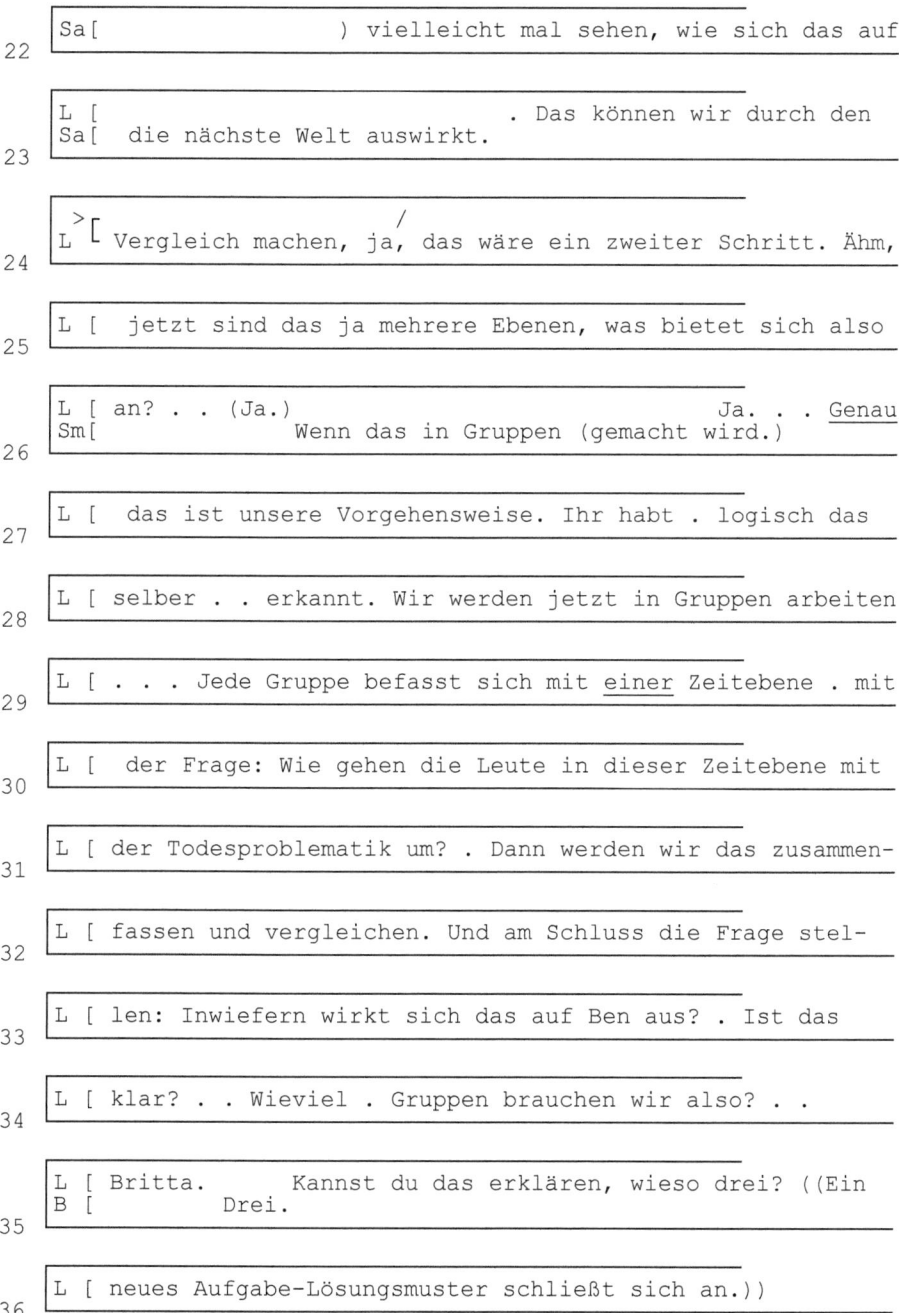

In den Fl. 3–5 fasst der Lehrer die zuvor erarbeiteten Inhalte zusammen und formuliert anschließend in Fl. 5–6 eine textanalytische Fragestellung (*die Gründe für die festgestellten Veränderungen sollen hinterfragt werden*). Daran schließt sich eine Aufgabenstellung an:

Wie gehen wir also am besten vor? . . . Ist es sinnvoll, dass Ihr . jetzt das ganze Buch noch mal neu lest und jeweils das Ganze hinterfragt oder was sollen wir machen? (Fl. 7–9). Die Aufgabenstellung lenkt den Fokus der Schüler auf einen neuen thematischen Aspekt: weg von der inhaltlichen Textbesprechung und hin zur Methode der Textanalyse. Das bringen die Fragewörtern *Wie* und *Was* zum Ausdruck. Inhaltlich enthält die Frage *Ist es sinnvoll ...* einen Hinweis auf ein mögliches Vorgehen, nämlich eine vollständige Textrezeption, etwa im Unterschied zu einer partiellen.

Diesen Hinweis nehmen die Schüler auf; so schlägt der Schüler Gerald das partielle Lesen vor (Fl. 10–14). In seiner anschließenden Äußerung (Fl. 14–15) bestätigt der Lehrer den Vorschlag und bittet um eine Präzisierung. Damit signalisiert er zugleich, dass die Lösungssuche prinzipiell in die richtige Richtung geht. Die Antwort des Schülers in Fl. 15–17 und Fl. 17–18, einzelne Textstellen unter einer bestimmten Fragestellung zu analysieren, bewertet der Lehrer als richtig. Die weiteren Lösungsvorschläge greifen diesen Aspekt auf und bauen ihn zu einem Analyseplan aus. In Fl. 23–24 bestätigt der Lehrer erneut die Richtigkeit der Vorschläge, weist sie aber implizit zurück, indem er eine Vorankündigung formuliert: *Das können wir durch den Vergleich machen, ja, das wäre ein zweiter Schritt.* Daraufhin wiederholt er seine ursprüngliche Aufgabenstellung und lenkt so die Aufmerksamkeit der Schüler wieder auf den für ihn relevanten methodischen Aspekt: *Ähm, jetzt sind das ja mehrere Ebenen, was bietet sich also an?* Das Thematisieren der mehreren Ebenen ist ein zusätzlicher Wink, wo die Lösung zu suchen ist. Es geht nämlich nicht, wie die bisherigen Äußerungen vermuten lassen könnten, um textanalytische Methoden, sondern um arbeitsorganisatorische Fragen, nämlich um Gruppenarbeit. Die Frage in Fl. 7–9, ob es sinnvoll ist, das ganze Buch noch einmal zu lesen, enthält einen mehrdeutigen Hinweis: Er kann einmal in der beobachteten Weise interpretiert werden (vollständige vs. partielle Lektüre) oder als Hinweis auf ein arbeitsteiliges Vorgehen. Die schnelle Bestätigung des Lösungsversuchs eines Schülers durch den Lehrer und das betonte *Genau* in Fl. 26 zeigen, dass damit genau seine Erwartung getroffen wird.

Und hier finden wir nun eine weitere Strategie, den Schein von Selbstständigkeit zu bewahren. Der Lehrer versucht den Schülern den Eindruck zu vermitteln, sie wären von selber auf dieses Verfahren gekommen. Dabei zeigt der bisherige Verlauf sehr deutlich, dass die Schüler eben nicht die Arbeitsorganisation im Fokus hatten, sondern die Analyseverfahren. Erst der letzte, für erfahrene Schüler sehr deutliche Hinweis auf die verschiedenen Ebenen, hat zur richtigen Antwort geführt. Sie haben die richtige Lösung also aus der Lehrerfrage geschlossen und eben nicht aus der Beschäftigung mit dem Unterrichtsgegenstand. Diesen Sachverhalt soll die Lehreräußerung verschleiern.

Dahinter kann folgende Strategie vermutet werden: Indem der Lehrer das gewählte Verfahren „Gruppenarbeit" den Schülern zuschreibt, d.h., als ihre Entscheidung definiert, verpflichtet er sie zugleich darauf. Die Entscheidung, im weiteren Verlauf in Gruppen zu arbeiten, erscheint so weniger als eine Aufgabenstellung des Lehrers als vielmehr als ein Vorschlag der Schüler. So wird der Eindruck erweckt, die Schüler hätte sich auf die Gruppenarbeit selber verpflichtet. Dieses Verfahren ist für die Schüler nicht leicht zu durchschauen, weil die Zuschreibung der Selbstverpflichtung in Form eines Lobs daherkommt.

Damit wird ein Lösungsversuch im Rahmen des Aufgabe-Lösungs-Musters unter der Hand vom Lehrer umdefiniert zu einer Selbstverpflichtung der Schüler.

Das dritte Beispiel zeigt einen Ausschnitt aus der 6. Stunde. In der vorangegangenen Stunde waren die Situation des Protagonisten zu Beginn der Geschichte besprochen und die Ergebnisse in Form einer Liste zusammengefasst worden. Der inhaltliche Kern bestand in der Feststellung, dass seine Trauer in Selbstmitleid umgeschlagen sei. Gegenstand der aktuellen Stunde ist nun die Situation des Protagonisten am Ende der Geschichte; sie sollte in der Hausaufgabe für diese Stunde erarbeitet werden. Der Grobplan des Lehrers besteht, wie das Ende der Stunde zeigt, darin, für die beiden behandelten Situationen eine tabellarische Gegenüberstellung zu erarbeiten, die die Veränderungen des Protagonisten anhand von Textbelegen dokumentieren, um dann in der folgenden Stunde nach den Gründen für die Veränderungen zu fragen. Dieser Gesamtplan kann anhand der Aufgabenstellungen und Zusammenfassungen des Lehrers relativ genau rekonstruiert werden.

Der vorliegende Ausschnitt zeigt eine Sequenz, in der einige Begriffe für die tabellarische Gegenüberstellung erarbeitet werden sollen.

(10) „Traumhöhle": Textarbeit

Teilnehmer-Siglen: *L*: Lehrer, *M*: Martin,: *J*: Janik,: *B*: Barbara,: *Th*: Thilo,: *Sw*: Schülerin.
Aufnahme: Bergs (1997), Transkription: Leffin (1999) 1:30, Korrektur: Becker-Mrotzek (2000) 1:20.

```
1    M [ ((Liest auf Aufforderung eine längere Textstelle laut

2    L [       Was bedeutet das?
     M [ vor.))                         ((5 Sec.)) Ja, der hat eben

3    M [ durch den Traum gelernt, seine ähm Erlebnisse zu verar-

4    M [ beiten und ähm trotz Halluzinationen und Träume etcetera

5    M [  und hin und her, aber trotzdem ähm ist ja das, was da

6    M [ war, auch die Wirklichkeit gewesen, mit dem Tod der

7    M [ Eltern. Dann hat er im Traum eben gelernt, das zu verar-

8    L [      ((30 sec. Lehrer schreibt an die Tafel)) Thilo.
     M [ beiten.
```

```
 9  Th[ Ja, der Onkel will sagen, dass ähm Ben die Tode jetzt

    L  [                . Ja. Todesfälle ((10 sec.: Schreibt an
10  Th[ verkraftet hat.

    L [ die Tafel)) Barbara.
11  B [                      Ben weiß jetzt auch, was er in Zu-

12  B [ kunft machen will, (so dass der jetzt nicht nur immer

    L [                                 Das ist alles richtig,
13  B [ Trauer                  .)

14  L [ nur: Was macht Ihr jetzt wieder für einen Fehler? . .

    L [                                Ja bitte, wo steht das
15  M [ Wir stellen Behauptungen auf.

16  L [ genau? Bleibt doch mal beim Text. . . . . An dieser

    L [ Textstelle, was wird genau gesagt? Martin.
    M [                                          Ähm, "Du bist
17      [                                          ((liest vor))

18  M [ nicht mehr der Junge, der du noch vor einer Woche

19  M [ warst." Der hat sich also ziemlich stark verändert

20  M [ und dann, äh (                                 ) und

21  M [ dann: "Die Dinge haben sich geklärt und du bist mit dir
          ((liest aus dem Buch vor))

22  M ᴸ ins Reine gekommen. Er fügte hinzu: Deine Gedanken sind

23  M [ klar." Ja und seitdem er so/seit er diesen Traum ge-
```

```
            L [                            . . Ja, nehmt doch das,
            M [ habt hat, ist er reifer geworden.
     24

            L [ was da steht. Was soll ich an die Tafel schreiben?
            M [                                                  Dass
     25

            L [              Veränderung, jawohl
            M [                          ((schreibt an die Tafel))
     26       Ben sich verändert hat.
```

Der Ausschnitt beginnt nach einer gemeinsamen Lektüre mit der Aufgabe, die Textstelle zu deuten, d.h., ihren Sinn zu explizieren. Dem kommen zunächst die Schüler Martin, Thilo und Barbara nach, indem sie die vorgelesene Textstelle interpretieren. In einem eingeschobenen Aufgabe-Lösungs-Muster in Fl. 13–17 bewertet der Lehrer die Lösungsversuche trotz ihrer inhaltlichen Richtigkeit als unzureichend, weil sie ohne Textbelege seien. In Fl. 16–17 präzisiert er seine Aufgabenstellung: *Ja bitte, wo steht das genau? Bleibt doch mal beim Text. . . . . An dieser Textstelle, was wird genau gesagt?* Die Aufgabe scheint nun darin zu bestehen, Interpretation und Text möglichst genau aufeinander zu beziehen. Der Schüler Martin versucht der Aufgabe nachzukommen, indem er einzelne Textstellen wörtlich zitiert und anschließend paraphrasiert. Erst in Fl. 24–25 präzisiert der Lehrer seine Aufgabenstellung so weit, dass sie von den Schülern gelöst werden kann: Er fragt nach einem Begriff für den Tafelanschrieb.

Während die Schüler zuvor bereits den gesamten Komplex der Veränderungen des Protagonisten interpretiert hatten – und damit dem Plan vorgegriffen hatten – ging es dem Lehrer um einen zusammenfassenden Begriff für seine tabellarische Gegenüberstellung. In Kenntnis des angestrebten Ziels werden die Lehrerfragen nachvollziehbar; ohne seine Kenntnis sind sie jedoch nur schwer beantwortbar, wie die Lösungssuche der Schüler zeigen.

3.2.7. Resümee

Die linguistischen Analysen haben deutlich gemacht, wie der fragend-entwickelnde Unterricht funktioniert. Sein Hauptmerkmal ist die klare, vom Lehrer bestimmte Strukturierung des Unterrichtsgeschehens, insbesondere die des propositionalen Gehalts. Der thematische Unterrichtsverlauf wird also vom Lehrer bestimmt, obwohl die Schüler regelmäßig einbezogen werden. Dadurch ist aus Lehrersicht sichergestellt, dass der thematische Plan (das zu vermittelnde Wissen) wie vorgesehen umgesetzt werden kann. Auf diese Weise entwickeln Lehrer und Schüler scheinbar gemeinsam das Unterrichtsthema. Scheinbar deshalb, weil die Durchsetzung des thematischen Lehrerplans einen hohen Preis hat: die Fragmentarisierung des Wissens. Das Unterrichtsthema wird vom Lehrer in eine Vielzahl kleiner Wissenspartikel zerlegt, zu denen die Schüler jeweils aus ihrem Wissensbestand etwas beisteuern.

Auf diese Weise werden sie zwar an der thematischen Progression beteiligt, jedoch ohne dass sich ihnen der Gesamtzusammenhang erschließt. Sie werden im Extremfall zu Stichwortlieferanten, die den thematischen Zusammenhang aus dem Auge verlieren.

3.3. Das Schülergespräch: Diskussionen im Unterricht

3.3.1. Zur Linguistik und Didaktik der Diskussion

Unsere Erfahrungen mit kommunikativen Ereignissen, die wir als *Diskussionen* bezeichnen, verdanken wir unterschiedlichen Kontexten, in denen wir einen Platz entweder als aktive Teilnehmer oder aber als Zuschauer haben. So diskutieren wir selbst in der Familie über die Wochenendunternehmung oder am Arbeitsplatz in einer Besprechung über die Lösung praktischer Probleme, vielleicht abends in der Kneipe über das Problem der Arbeitslosigkeit oder die richtige Aufstellung der Fußballnationalmannschaft. Wir können aber auch als Zuschauer einer Podiumsdiskussion von Fachleuten über ein spezielles wissenschaftliches Thema beiwohnen oder aber abends in einer Fernseh-Talkshow die verbale Auseinandersetzung von paritätisch ausgewählten Repräsentanten politischer Positionen zu einer aktuellen politischen Fragestellung verfolgen. Auch in unserer Ausbildung haben wir in der Teilnehmerrolle diskutiert, sowohl in der Schule als auch in der Universität.

Diskussionen finden also in unterschiedlichen Zusammenhängen statt, entsprechend variieren die Teilnehmer, Themen, Verlaufsformen und Abschlüsse. Gemeinsam ist allen diesen kommunikativen Ereignissen, die wir als *Diskussion* (lat. *discutere* ‚auseinanderschlagen', ‚auflösen') bezeichnen oder aber unsere Tätigkeiten als *diskutieren* beschreiben würden, dass sie ein von den Beteiligten für wichtig erachtetes Thema establieren und argumentativ bearbeiten mit dem Ziel, entweder Übereinstimmung herzustellen oder aber Unterschiede in der Sichtweise deutlich zu machen. Die teilnehmenden Subjekte können unterschiedliche Positionen oder Meinungen einbringen, für die sie aber nur Geltung beanspruchen können, wenn sie sie begründen können. Die Funktion einer Diskussion lässt sich aus dem jeweiligen Handlungszusammenhang bestimmen: In erster Annäherung kann zwischen Gegenständen und Themen unterschieden werden, die als Problemkonstellation innerhalb eines sozialen Handlungszusammenhangs formuliert werden, wie z.B. in einer betrieblichen Mitarbeiterbesprechung, und solchen Themen, die außerhalb eines verbindlichen Handlungszusammenhangs liegen, wie z.B. die Auseinandersetzung um politische Meinungen im abendlichen Kneipengespräch. Während die Beteiligten in der gebundenen Diskussion eine für alle verbindliche Lösung erarbeiten, verschiedene Standpunkte vereinheitlichen müssen, tauschen sie in der auf die Entwicklung von Perspektivenvielfalt zielenden ungebundenen Diskussion unterschiedliche Positionen aus und rechtfertigen diese. Dieser Funktionsunterschied hat vor allem Auswirkungen auf den Abschluss von Diskussionen: Die gebundene verlangt ein Regulierungsmodell bei Fortbestehen unterschiedlicher Problemlösungsvorschläge, die ungebundene kann darauf verzichten.

Eine besondere Form der Diskussion stellt die stark formalisierte *Debatte* dar, wie sie z.B. in den Institutionen der Legislative auf der Grundlage einer Geschäftsordnung geführt wird. In ihrer gebundenen Form dient sie der Entscheidungsfindung, die schließlich durch eine Abstimmung herbeigeführt wird; in ihrer ungebundenen Form, etwa in der „aktuellen Stunde", machen die Volksvertreter ihre unterschiedlichen Positionen deutlich.

Diskussionen in den verschiedenen Kontexten weisen hinsichtlich ihres Verlaufs Gemeinsamkeiten auf. Diese sind sowohl in der normativ als auch in der deskriptiv orientierten Gesprächsforschung herausgearbeitet worden: Während die erste gleichsam „von oben" den Verlauf einer „kritischen Diskussion" über die im Idealfall zu vollziehenden sequentiellen Makrostrukturen in den Blick nimmt, erfasst die zweite „von unten" die Entfaltung von Interaktionsschritten auf der Grundlage von deutlich gewordenen Positionsdifferenzen.

Der normative Ansatz, wie er etwa von v. Eemeren/Grotendurst (1992) vertreten wird, verknüpft sprechakt- und argumentationstheoretische Konzepte miteinander. Die Diskussion (*critical discussion*) erscheint in dieser Sichtweise als ein kommunikatives Ereignis, in dessen Verlauf durch komplexe Sprechakte des Argumentierens Meinungsverschiedenheiten aufgelöst werden; genauer: Die Beteiligten sollen Übereinstimmung über die Angemessenheit bzw. Unangemessenheit der konkurrierenden Standpunkte erzielen, indem sie prüfen, ob diese gegen Zweifel oder Kritik verteidigt werden können. Der Verlauf einer solch „idealen" *kritischen Diskussion* umfasst vier Abschnitte (vgl. 1992, 34ff.):

1. In der Konfrontationsphase (*confrontation stage*) wird der Disput eröffnet, wenn ein eingebrachter Standpunkt in Frage gestellt wird.
2. In der Eröffnungsphase (*opening stage*) entschließen sich die Beteiligten, die Meinungsverschiedenheit durch eine argumentative Diskussion beizulegen. Es bildet sich sowohl die Partei der Protagonisten – die ihren Standpunkt verteidigt – als auch die der Antagonisten – die diesen herausfordert. Beide Parteien stimmen mit dem Ausgangspunkt sowie mit den Diskussionsregeln überein.
3. Die Argumentationsphase (*argumentation stage*) stellt den zentralen Abschnitt dar, denn die strittigen Standpunkte erfahren eine argumentative Stützung bzw. Herausforderung.
4. Die Abschlussphase (*concluding stage*) beendet die Argumentation: Jetzt entscheidet sich, welche der beiden Parteien erfolgreich war. Die jeweils unterlegene ist verpflichtet, das Ergebnis zu akzeptieren.

Die deskriptive Gesprächsforschung arbeitet dagegen „von unten", indem sie unterschiedliche Perspektiven im Vollzug von Äußerungen rekonstruiert, also bei einzelnen Beiträgen in einer Diskussion ansetzt. In ethnomethodologischer Tradition hat Gruber die Struktur sog. „dissenter Sequenzen" beschrieben (1996, 82–123). Eine *dissente Sequenz* (lat. *dissensus* ‚Meinungsverschiedenheit') ist demnach eine makrostrukturelle konversationelle Einheit, in der mindestens zwei der Beteiligten einen Konflikt austragen. Das wirkt sich auf die beiden Ebenen Thema und Gesprächsstruktur aus (56ff.): In thematischer Hinsicht besteht Nicht-Übereinstimmung, in gesprächsstruktureller Hinsicht stellen die Beteiligten eine Dissensorganisation her. Solche Sequenzen beginnen mit einer Äußerung, in der einer der

Gesprächsteilnehmer (A) den Konsens der Beteiligten (lat. *consensus* ‚Übereinstimmung') infrage stellt bzw. diesen verletzt (vgl. Gruber 1996, 83). Diese Konsensverletzung kann auf unterschiedlichen Ebenen stattfinden: erstens auf der Ebene des Themas, zweitens auf der Ebene der Rollenbeziehungen zwischen den Interaktanten und drittens auf der Ebene der Gesprächsstruktur. Erst wenn ein anderer Gesprächsteilnehmer (B) die erste Äußerung zurückweist, wird die Konsensverletzung offensichtlich. In einem dritten Schritt erfolgt dann eine Zurückweisung der von B geäußerten Position durch A – oder durch eine andere Person (vgl. Übersicht 3.1.).

Übersicht 3.1: Struktur einer inhaltlichen dissenten Sequenz (nach Gruber 1996, 120)

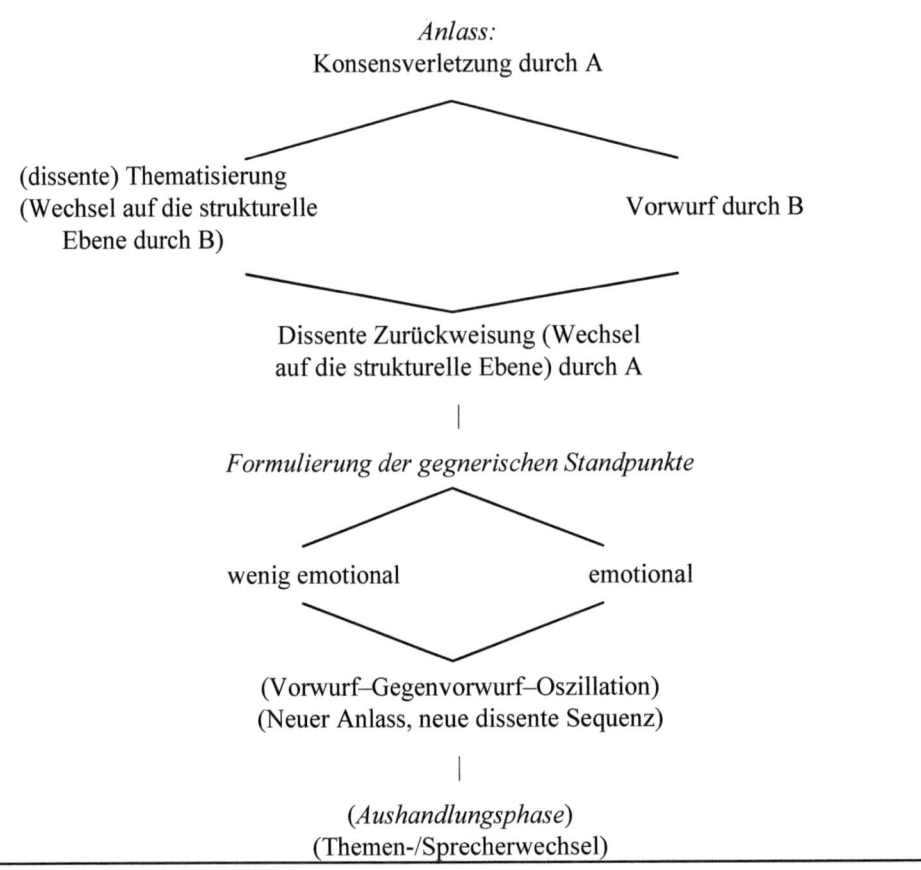

Der Anlass für dissente Sequenzen kann immer nur *ex post* festgestellt werden, nämlich dann, wenn der Gegensatz explizit thematisiert wird.[5] Dissente Sequenzen haben eine Vor-

---

[5] Diese Annahme muss jedoch insofern modifiziert werden, als das jeweilige Wissen der Gesprächsteilnehmer über ihre Interaktionspartner sich auf die sprachliche Gestaltung ihrer Beiträge auswirkt. Dies lässt sich gut am Beispiel einer Provokation zeigen: Wenn eine Person von einer anderen weiß bzw. zu wissen glaubt, dass diese einen bestimmten Standpunkt einnimmt, ohne

geschichte – sie „entstehen" in der Regel nicht erst in einer Situation, sondern sind in vielerlei Hinsicht vorbereitet, in der alltäglichen Praxis durch länger dauernde Kommunikationserfahrungen mit dem Partner. Der Hauptteil dissenter Sequenzen besteht in der Formulierung der gegnerischen Standpunkte, die nach dem Grad ihrer Emotionalität zu unterscheiden sind. Mit einer kleinen terminologischen Modifikation wollen wir dieses Konzept übernehmen: Statt von dissenter Sequenzen werden wir von *kontroversen Sequenzen* (lat. *controversus* ‚der Erörterung unterworfen, strittig') als der mikrostrukturellen Einheit sprechen, denn es könnte sein, dass sich die widerstreitenden Positionen im Verlauf der Auseinandersetzung annähern. Das Ergebnis dieser Interaktionsform könnte einverständlich im Konsens oder aber, wenn die Positionen sich nicht angenähert haben, im Dissens bestehen.[6]

Ein weiterer Punkt betrifft die Organisiertheit des kommunikativen Ereignisses: Nicht wenige der Diskussionsanalytiker sehen in der Einsetzung eines Leiters das wichtigste Kriterium für eine Diskussion (z.B. Hartung 1985). Wir glauben jedoch, dass vor allem der jeweilige Rahmen sowie die Anzahl der Teilnehmer dafür entscheidend ist, ob die Rolle eines Diskussionsleiters ausgefüllt wird oder nicht. So hat beispielsweise der Leiter einer Fernsehdiskussion die Aufgabe, für die ausgewogene Rederechterteilung einer relativ kleinen Anzahl von Teilnehmern zu sorgen, während die Bundestagsdebatte im Rahmen von potentiell 600 Teilnehmern auf eine Geschäftsordnung bzw. auf einen diese umsetzenden Versammlungsleiter angewiesen ist. Vielleicht braucht man einen Leiter, um eine Diskussion zu führen; man braucht ihn jedoch nicht, um über ein Thema zu diskutieren.

Auch in den Schulunterricht hat die Diskussion als Unterrichtsmethode Einzug gehalten. Dieser Kommunikationsform kommt sowohl in den Lehrplänen als auch in den Methodiken eine wichtige Rolle zu. So lesen wir im Lehrplan Nordrhein-Westfalens für das Fach Deutsch an Gymnasien: „Absprachen über gemeinsame Vorhaben, Diskussionen über strittige Fragen prägen die tägliche gemeinsame Arbeit im Unterricht" (Lehrplan NRW 1993: 39). In der Methodik Meyers stehen drei Formen der Diskussion nebeneinander: Schüler-, Streitgespräch und Debatte unterscheiden sich in Hinblick auf den Formalisierungsgrad (vgl. Meyer 1987 II, 291–6). Seit über 40 Jahren diskutieren Schüler unter Anregung und Aufsicht des Lehrers vor allem in den gesellschaftswissenschaftlich orientierten Fächern Politik, Gemeinschaftskunde, aber auch in anderen Fächern wie Ethik oder Religion und Deutsch fachspezifische Fragestellungen. Während in den sozialkundlichen Fächern allgemein-politische Themen dominieren, sind es in den anderen Fächern moralische Fragen. Die Besonderheit des Deutschunterrichts, der für die Gesprächserziehung im Allgemeinen zuständig ist, liegt darin, dass hier die Form der Diskussion geübt wird, während die Themen als eher nachrangig betrachtet werden. Die Vorzüge der Diskussion als Unterrichtsmethode liegen hauptsächlich darin, dass die Schüler lernen, eigene Standpunkte einzubrin-

---

dass dieser im aktuell geführten Gespräch explizit zum Ausdruck gekommen wäre, kann sie etwa durch die Äußerung eines dazu konträren Standpunkts die andere Person indirekt auffordern, ihren Standpunkt einzubringen und somit die dissente Sequenz initiieren.

[6] Die anderen systematisch möglichen Beziehungen, die zwischen Beiträgen in Diskussionen bestehen können, nämlich konvergente (‚aufeinander zulaufend') und divergente (‚auseinanderstrebend'), sollen hier nicht weiter verfolgt werden (vgl. Vogt i.V., Kap. 5).

gen, sie adressatengerecht zu vertreten und zu verteidigen sowie die Standpunkte anderer
darauf zu beziehen. Eine im Unterricht geführte Diskussion verlangt eine besondere kommunikative Ordnung, denn sie setzt nicht nur die übliche *turn*-Verteilungsorganisation (vgl.
Abschnitt 4.5) außer Kraft, sie verlangt darüber hinaus vom Lehrer, dass er seine kontrollierenden Aufgaben zumindest für ihren Verlauf zurückstellt. Dafür muss er in seinen Instruktionen Vorkehrungen treffen, also den Raum für eine größere Eigenständigkeit der Schüler
schaffen.

3.3.2. Unterrichtsszenen: Schüler im Gespräch

Die Unterrichtsszenen zeigen diskutierende Schüler unterschiedlichen Alters: Zunächst
beobachten wir Viertklässler bei einer Auseinandersetzung um die Bedeutung von Hausaufgaben, dann Oberstufenschüler, die eine Kurzgeschichte interpretieren. Im ersten Schritt
untersuchen wir, wie die entsprechende kommunikative Ordnung der Diskussion funktioniert und wie sie hergestellt wird. In einem zweiten Schritt werden die thematischen Möglichkeiten dieser Lehrform herausgearbeitet. Im ersten Beispiel übernimmt die Lehrerin die
Rolle der Diskussionsleiterin, während im zweiten Schüler miteinander in Auseinandersetzung treten, ohne dass die Lehrerin in Erscheinung tritt.

(11) Hausaufgaben am Wochenende? (Jg. 4, Deutsch)

Ausgehend von einem als „Gesprächsanlass" fungierenden Text haben sich die Schülerinnen
und Schüler mit dem Problem von Hausaufgaben auseinandergesetzt. In einer ersten Runde
thematisierten sie eher allgemeine Fragen wie die Praxis der Hausaufgabengestaltung in der eigenen Klasse. Mit der Aufforderung, die Schüler sollten in Gruppen ihre Meinung zum Thema
entwickeln, hat die Lehrerin eine Gruppenarbeitsphase eingeleitet. Nach deren Abschluss werden nun die Ergebnisse im Plenum präsentiert; es schließt sich eine Aussprache an.

Teilnehmer-Siglen *L*: Lehrerin, *An*: Anna, *Ev*: Eva, *Su*: Susanne, *S1*, *S2*: nicht identifizierbare
Schüler, *mS*: mehrere Schüler. Aufnahme (1997), Transkription (1998) und Bearbeitung
(1999): Vogt.

```
        S2[ ja als Belohnung
        An[              ja ich hab noch geschrieben also wochen
51
```

```
           >[           <           >           + !
        An[ tags vielleicht weniger weil   dann können also dann frei-
        S1[                          ja
52
```

```
        An[ tags können wirs ja noch übers Wochenende machen . wenn
53
```

```
           >[                                    (1 ..........
        An[ wir vielleicht absolut keine Lust haben aber wochentags
54
```

```
 55 | L [                              da muss ich mich jetzt selber zu
    |  >[ ..................)
    | An[ geht das ja gar nicht

 56 | L [ Wort melden als Diskussionsbeitrag . auf einem Eltern-

 57 |  >[              !
    | L [ abend ist hier in dieser Klasse gesagt worden . die Eltern

 58 | L [ möchten keine Hausaufgaben haben wir möchtens überdenken

 59 | L [ am Freitag mittag Hausaufgaben zu geben dein Wunsch ist

 60 |  >[    /
    | L [  jetzt
    | An[          genau andersrum (lacht)
    | Ev[                                    ich fänd es auch
    | mS[                        (lachen)

 61 | Ev[ besser wenn wir freitags keine Hausaufgaben (hätten)
    | S1[                                                     ja

 62 | Ev[   (dass wir dann das Wochenende frei haben)
    | Su[                                             ja man is
    | S2[ ja
    | mS[    (Gemurmel.........

 63 |  >[                                         :!   >
    | Su[ öfters irgendwo    ja oder man hat Besuch und dann möch-
    | S1[                    ja

 64 | Su[ te man keine Hausaufgaben machen  und dann wird man von
    | S1[                                   ja

 65 | Su[ Freunden gefragt ob man Zeit hat und man muss noch Haus-

 66 | L [                            hmhm wir sind jetzt wieder in ei-
    | Su[ aufgaben machen
    | S1[                   ja
    | S6[             ja
```

```
                  >                    /     \/
            67   L [ ner allgemeinen Diskussion durch das was ihr erarbeitet

            68   L [ habt und dort waren dort drüben das haben wir nicht beach-

            69   L [ tet da waren Wortmeldungen zu euren eh Beiträgen der Mi-

            70   L [ scha und der Marian hat sich gemeldet (dazu)
                 Mi[                                         also ich würd sagen

            71   Mi[ dass wir am Freitag doch Hausaufgaben aufkriegen weil

            72   Mi[ man für die ja auch das ganze Wochenende Zeit hat man

            73   Mi[ übernachtet ja nicht immer das ganze Wochenende wenn man

            74   Mi[ Besuch hat
                 S1[          doch wenn man (...)
                 mS[                            (Gemurmel)

                  >                                  /
            75   L [ Moment das ist jetzt Rede und Gegenrede eine Gruppe die

                  >                         >
            76   L [ andere Gruppe und eh fairerweise müsste jetzt Marian sich

            77   L [ äußern dürfen der hatte vorher zu eurer Meinung noch

            78   L [ Stellung nehmen wollen
                 Ma[                       ja ich finds auch so wie der Mi-

            79   Ma[ scha dass man Freitag n bisschen weniger Hausaufgaben

                  >                                                \/
            80   L [                                                hmhm
                  >  .            .
                 Ma[ kriegt (auch) zwar Hausaufgaben aber nich so viel
```

Das Tableau (franz. ‚gruppiertes Bild auf dem Theater') für diese Szene ist der Stuhlkreis: Alle Beteiligten sitzen im Kreis, ohne dass vor ihnen Tische stehen. Zu diesem Zweck haben sie die sonst an den Arbeitstischen stehenden Stühle genommen und den großen Raum vor der Tafel auf die angegebene Weise gefüllt. Mit der Veränderung der Sitzordnung akzentuiert die Lehrerin die Besonderheiten des jetzt stattfindenden Gesprächs. Der Vorteil dieser Anordnung liegt darin, dass alle Beteiligten sich jederzeit gegenseitig wahrnehmen können.

Die Schüler und Schülerinnen haben Vorschläge gemacht, wie die Verteilung von Hausaufgaben in der Klasse geregelt werden könnte. Der Vorschlag, auch übers Wochenende Hausaufgaben zu machen, weil die Schüler dann mehr Zeit hätten, die Erledigung der Aufgaben zu verteilen, löst eine Kontroverse aus. Zunächst weist die Lehrerin darauf hin, dass die Eltern die Lehrer aufgefordert hätten, auf Hausaufgaben am Wochenende zu verzichten. Die Opponenten (lat. *opponere* ‚entgegenhalten, entgegensetzten') führen mehrfach ihre vielfältigen Aktivitäten am Wochenende ins Feld, während die Proponenten (lat. *proponere* ‚(öffentlich) vorlegen') immer wieder auf die Vorteile der freien Zeiteinteilung hinweisen.

Betrachten wir zunächst die kommunikative Organisation, wie sie sich auf der Grundlage der Transkription ergibt. Mit der metakommunikativen Einleitung *ich hab noch geschrieben* (Fl. 51) legitimiert Anna ihren Beitrag, indem sie das Rederecht beansprucht auf der Grundlage der zuvor praktizierten Ordnung, nach der die von den Gruppensprechern eingebrachten Positionen durch nicht berücksichtigte Meinungen ergänzt werden sollten. Er gehört somit einerseits zur Präsentationsphase, eröffnet jedoch andererseits eine inhaltliche Auseinandersetzung mit dem hier fokussierten thematischen Aspekt „Hausaufgaben am Wochenende" (vgl. Transkript Nr. 15 in Abschnitt 3.5)

Der folgende Beitrag der Lehrerin (Fl. 55–60) vertieft nicht nur diesen thematischen Aspekt, er markiert darüber in seiner metakommunikativen Einleitung hinaus eine Veränderung der kommunikativen Ordnung. Mit der Formulierung *da muss ich mich selber zu Wort melden als Diskussionsbeitrag* etabliert sie nicht nur die Diskussion als die nunmehr gültige soziale Praktik, sondern markiert darüber hinaus ihre Funktion innerhalb dieses Rahmens, indem sie einen thematischen Beitrag einbringt. Implizit zeigt sie auch, dass sie gleichzeitig die Rolle einer Gesprächsleiterin übernommen hat.

Die Verteilung der beiden nächsten Beiträge (Fl. 60–66) bleibt etwas unklar: Die Opponenten ergreifen das Wort, bringen ihre Positionen ein. Das in Fl. 62 notierte *Gemurmel* – spontane Stellungnahmen zum vorher eingebrachten Widerspruch – zeigt, dass die nunmehr ratifizierte Konzentration auf diesen Aspekt auf einem allgemeinen Interesse beruht.

Der folgende Lehrerbeitrag eröffnet ebenfalls mit einer metakommunikativen Einleitung (Fl. 66–7), mit dem die Lehrerin nicht nur einleitend das kommunikative Geschehen als „Diskussion" deklariert, sondern weiterführend nun auch explizit ihre Gesprächsleiterrolle wahrnimmt. Innerhalb des Beitrags wechselt sie ihre Rolle: Während sie im ersten Teil durch das evaluierende *hmhm* und dem metakommunikativen Ausdruck in ihrer Berufsrolle als Lehrerin agiert, schlüpft sie im zweiten Teil zusätzlich in die Gesprächsleiterrolle, indem sie den Redewunsch zweier Schüler zur Kenntnis nimmt und die Reihenfolge der beiden nächsten Beiträge festlegt. Die Verteilung des Rederechts, die sich vorher gleichsam naturwüchsig ergeben hat, wird nun durch ein Verfahren geregelt. Die Schüler wissen, dass sie ihren Redewunsch durch Meldung signalisieren können und dass ihm auch entsprochen wird.

Der folgende Schülerbeitrag stellt die Begründungen der Opponenten aus der Sicht der Proponenten in Frage. Die spontanen Schülerreaktionen, im Transkript als *Gemurmel* notiert (Fl. 74), veranlassen die Lehrerin zu einer weiteren metakommunikativen Intervention (Fl. 75–78). Mit der Gegenüberstellung von *Rede und Gegenrede* sowie der beiden Gruppen akzentuiert sie den Status der Beiträge in der Kontroverse, die sich zur thematisierten Frage „Hausaufgabe am Wochenende" ergeben hat. Darüber hinaus bezieht sie sich auf das *Gemurmel*, indem sie an die Fairness der Opponenten appelliert, auch andere Positionen einbringen zu können. An dieser Stelle arbeitet sie lediglich auf der Ebene ihrer Rolle als Diskussionsleiterin. Sie verzichtet also auf die Möglichkeiten, die ihr ihre Berufsrolle in dieser Situation eröffnet hätte, nämlich die gezielte Disziplinierung einzelner Schüler. Mit der Erteilung des Rederechts an Marian ermöglicht sie die inhaltliche Fortsetzung der Auseinandersetzung.

Ein weiterer, etwas später platzierter Schülerbeitrag zeigt, wie die Schüler die kommunikative Ordnung in dieser Szene deuten. Eine Schülerin, der gerade das Rederecht zugewiesen wurde, weist darauf hin, dass ein anderer Schüler sich vor ihr gemeldet habe (*der Klaus hatte sich als erstes gemeldet*) und sorgt so dafür, dass das Verfahren entsprechend den Vorgaben praktiziert wird.

Die in dieser Szene rekonstruierte kommunikative Ordnung orientiert sich am formalen Verfahren der Rederechterteilung nach dem Kriterium der Reihenfolge der Wortmeldungen. Sie wird im Prozess konzeptuell entwickelt: Die so vermittelte Vorstellung von Diskussion bleibt nicht nur formal auf die Modalitäten der Rederechtverteilung bezogen, sondern bringt auch in inhaltlicher Perspektive die Formulierung unterschiedlicher Standpunkte zum Ausdruck.

Thematisch entfalten die Schüler eine kontroverse Sequenz, sie entwickeln unterschiedliche Meinungen bezüglich eines Gegenstands und setzen diese zueinander in Beziehung. Eine Abfolge von Beiträgen lässt sich dann als eine kontroverse Sequenz rekonstruieren, wenn einer eingebrachten Position eine widerstreitende entgegengesetzt wird und dieser Unterschied weiter bearbeitet wird. Der Beginn einer solchen Sequenz lässt sich nur *ex post* feststellen, denn der Beitrag von Anna (Fl. 51–55) wird erst mit Evas Gegenrede (Fl. 60–62) zum Ausgangspunkt der Kontroverse. So sind die widerstreitenden Positionen etabliert, sie werden in der Folge nicht nur aufrechterhalten, sondern von den Schülern weiter entwickelt, indem sie ihre Differenzen entweder auszugleichen suchen oder aber sie vertiefen. Ein Beispiel für einen solchen Ausgleich stellt Marians Beitrag dar (Fl. 78–80): Er erhält zwar die Opponenten-Position aufrecht, aber mit der Forderung nach „weniger Hausaufgaben am Wochenende" kommt er auch den Proponenten entgegen. Diese allerdings bestehen auf ihrer negativen Bewertung des Vorschlags. Eine Entscheidung über die strittige Frage erreichen die Schülerinnen und Schüler nicht, vielmehr liest die Lehrerin, den Verlauf resümierend, den letzten Satz aus dem zu Beginn der Stunde eingebrachten Artikel vor: „Am

Mittwoch nächster Woche treffen sich die Vertreter der Schulkonferenz, um eine für die ganze Schule gültige Lösung zu finden. Es ist allerdings nicht zu erwarten, dass diese alle Beteiligten zufrieden stellt." – woraufhin eine Schülerin seufzt: „Wir finden auch keine Lösung". Es besteht also ein Konsens darüber, dass unterschiedliche Meinungen im Raume stehen.

Die Fähigkeit, Sequenzen zu gestalten, gehört zu jenen sozialen Praktiken, die Kinder und Heranwachsende in der Sozialisation erwerben. Leicht zu erklären sind überschaubare Praktiken, die gewisse klare Rollen an die Beteiligten verteilen, der den Weg Erfragende und der Ortskundige. Komplexer sind Praktiken, die von der Anzahl der möglichen Beiträge her offen sind, hier in einer kontroversen Sequenz mit den Argumentationsrollen der Proponenten und der Opponenten. Die mit dieser spontan initiierten Sequenz gestellten Aufgabe bearbeiten die Schüler insoweit konsequent, als selbst der nicht explizit Stellung beziehende Beitrag von Klaus kontextuell den Proponenten zuzurechnen ist (Fl. 86–91). Keine der Äußerungen fällt aus dem gegebenen Rahmen, die Schüler erledigen ihre Jobs.

Die Frage stellt sich, ob überhaupt eine Lösung gefunden werden sollte, genauer, ob die Lehrerin überhaupt eine Lösung der Hausaufgabenregelung in der Klasse anstrebte. Rekapitulieren wir: Aufgabe der Gruppen in der entsprechenden Phase war es, Meinungen über Hausaufgaben niederzulegen. Die Schülerinnen und Schüler haben die Aufgabe so interpretiert, dass sie Wünsche bezüglich des in der eigenen Klasse praktizierten Umgangs äußern, Vorschläge für eine schülerfreundliche Gestaltung machen. Kurz: Die Schüler planen. Sie planen jedoch eine Praxis, über deren Bedingungen sie nicht verfügen – und die die Lehrerin ihnen auch nicht zugänglich macht. Die Schülerinnen und Schüler tun dies nicht nur, weil sie das thematische Angebot – dem konkretistischen kognitiven Zugriff ihrer Altersgruppe entsprechend – erlebnishaft auf die eigene Praxis bezogen haben, sich das Thema angeeignet, eigenständig zugänglich gemacht haben, sondern auch, weil oft eine Auseinandersetzung um strittige Probleme, z.B. politische, nicht allein mittels Meinungsbekundungen geführt wird, sondern darüber hinaus auch in Form von Planungen, eine Form also, die geeignet ist, sich den Gegenstand gleichsam hypothetisch anzueignen. Die Lehrerin lässt sie gewähren, nachdem sie gleich zu Beginn auf die Beschlusslage der Klassenkonferenz hingewiesen hat – und die Schüler sind auch keineswegs darüber enttäuscht, dass ihre Vorschläge keinen Niederschlag in konkreten Neuregelungen finden.

Andere Verhältnisse können wir in der nun dokumentierten Szene beobachten.

(12) „Augenblicke": Kommunikationsprobleme (Jg. 11, Deutsch)
    Die Schüler behandeln die Frage, warum es zwischen den beiden Protagonistinnen der Kurzgeschichte „Augenblicke" von W.H. Fritz Kommunikationsprobleme gibt: ein Mutter-Tochter-Konflikt.

Teilnehmer-Siglen: *An*: Anke, *Ha*: Hanno, *In*: Inge, *Pe*: Petra, *Ro*: Rolf. Aufnahme (1996) Transkription (1996) & Bearbeitung (1998): Vogt.

```
     S4[ damit auseinanderzusetzen
     An[                              ich denke dass weder die
156
```

157 An[Tochter die Mutter noch die Mutter die Tochter verstehen

158 An[>⌈ können warum . < die Tochter kann nich verstehn warum die >

159 An[Mutter immer ins Bad kommen muss . wenn sie grad da is

160 An[. hm die Mutter kann auch nich verstehn warum die Tochter

161
In[ja weil sie sich damit auseinandersetzen
An[das nicht will
Pe[aber sie könnten doch
Ro[nein ich denk

162
In[muss
Pe[mal drüber reden
Ro[nein aber das is ja nur die Rahmenhand-

163
Pe[nein   es gibt
Ro[lung   ich glaub das is das is sone Art Symbol für das

164
Pe[nicht mehr zu redn*
Ro[ganze Problem*   in dieser Mutter-Tochter-Beziehung

165
Pe[die verstehn sich nich und dann könn sie drüber reden
Ro[das fängt doch mit dem Badezim-

166
Ha[doch doch die Toch-
Pe[(solange sie wolln)*   !
S2[>⌈   doch doch die könn doch aufn Kompromiss
Ro[mer an*

167
Ha[ter*   kann doch mal n Mund aufmachen und ...
S2[kommen*

Auch diese Gruppe sitzt in einem Stuhlkreis, der zu Beginn der Stunde bereits von der Lehrerin eingerichtet worden ist. Sie ist relativ klein, überschaubar; ihre Mitglieder kennen sich bereits aus der Sekundarstufe I. In der inhaltlichen Auseinandersetzung um die Deutung der Kurzgeschichte „Augenblicke" bietet Anke eine Interpretation an, dass zwischen den beiden Protagonistinnen wechselseitig keine Verständigung über die problematische

Beziehung hergestellt werden kann. Danach beginnen drei Schüler – Petra, Inge und Rolf – nahezu gleichzeitig mit einem Beitrag (Fl. 161): Rolf bricht seinen Beitrag ab, während Petra und Inge parallel sprechen. Petra ergänzt Ankes Beitrag, indem sie deren Deutung stützt, Inge schlägt dagegen eine praktische Lösung des Problems vor: Die Protagonistinnen sollten miteinander reden. Danach hat Rolf freie Bahn (Fl. 162–164): Er führt erzähltechnische Aspekte an und orientiert auf eine symbolische Deutung der Badezimmerszene, der jedoch Inge widerspricht und ihren Vorschlag einbringt. Der Beitrag von Hanno richtet die Aufmerksamkeit auf einen neuen Aspekt.

Was tut die Lehrerin? Sie sitzt ebenfalls im Kreis, sie verzichtet jedoch darauf, gegen die im Transkript verzeichneten Überlappungen vorzugehen: Offenbar sind diese Teil der etablierten kommunikativen Ordnung. Die Schüler haben selbst die Aufgabe übernommen, die Abfolge der Beiträge untereinander zu regulieren. Die Lehrerin hat in ihrer einleitenden Phasierung zu Beginn zwar das Thema genannt, aber keine expliziten Hinweise auf die so etablierte Ordnung gegeben. Diese hat sich einfach daraus ergeben, dass sie auf engschrittige Strukturierungen und Disziplinierungen verzichtet hat. So entsteht im Verlauf der Auseinandersetzung um kontroverse Deutungen eine kommunikative Ordnung, in der die Schüler die problematischen Situationen wie Überlappungen oder Pausen eigenständig bearbeiten, denn die Lehrerin beschränkt ihre Interventionen auf einige wenige Strukturierungen und mehrere inhaltliche Beiträge. So kämpfen in unserem Transkriptausschnitt die Schüler um den *turn*, die Beiträger selbst müssen sich neben zustimmenden oder ablehnenden spontanen Kommentaren auch Einwürfe und andere Interventionen gefallen lassen; sie können auch nicht sicher sein, dass sie ungestört ihren Beitrag zu Ende bringen können. Hier nähert sich die Gesprächsform dem informellen, ungezwungenem Privatgespräch an, allerdings mit dem Unterschied, dass die Schüler in der thematischen Entwicklung nicht frei sind, denn sie können ja keinen Themenwechsel vornehmen, da die Lehrerin doch durch ihre Präsenz eine Kontrollfunktion wahrnehmen kann. Sie hat also einen Rahmen geschaffen, innerhalb dessen den Schülern die eigenverantwortliche Regulierung ihrer verbalen Tätigkeiten überlassen bleibt: Eine solche Ordnung kann als schülerzentriert bezeichnet werden (siehe auch Abschnitt 4.5).

3.3.3. Kontroverse Sequenzen in der Schule

Wir haben im vorangegangenen Abschnitt gesehen, was es heißt, Diskussionen in einer größeren Gruppe wie einer Schulklasse zu führen. Die für diese Form der verbalen Interaktion adäquate Organisationsform weicht von der üblichen Lehrerlenkung ab und muss deswegen markiert sein. Die Lehrerin in unserem ersten Beispiel hat sich Mühe gegeben, innerhalb eines lehrerzentrierten kommunikativen Rahmens einen verfahrensgeregelten zu etablieren: Den Schülern wurde so klar gemacht, dass hier eine besondere Organisationsform etabliert wurde. Diese bestand aus einer organisatorischen Regelung der Rederechtverteilung und einer thematischen, die Abfolge der kontroversen Positionen betreffend, in Rede und Gegenrede. Die Schüler haben mit ihren Beiträgen gezeigt, dass sie sich auf die veränderten kommunikativen Bedingungen eingestellt haben. Die Eigenständigkeit der Schüler in der Organisation verbaler Interaktion zeigt sich auch dann, wenn der Lehrer ohne explizite Markierung seine Lenkungsaufgabe nicht erfüllt, wenn er also die Schüler „reden lässt". Die – kommunikativ gesehen – „heiklen" Stellen wie z.B. Überlappungen bewältigen sie sicher. Zudem gelingt es ihnen auch, ohne Ordnungsvorgabe kontroverse Sequenzen zu entfalten. Allerdings gilt für beide Formen ein entscheidender Vorbehalt: Es handelt sich immer noch um einen vom Lehrer verantworteten Unterricht. Denn ohne die institutionelle Rahmung würden diese Ereignisse nicht stattfinden, und bei erheblichen Disfunktionalitäten wie z.B. handgreiflichen Auseinandersetzungen muss der Lehrer seine Aufsichtspflicht wahrnehmen. Dennoch eröffnen verfahrensgeregelte und schülerzentrierte kommunikative Ordnungen Potentiale, die die eigenverantwortlichen Tätigkeiten von Schülern fördern und so für bestimmte Aufgaben des Unterrichts genutzt werden können.

3.4. Schüler arbeiten zusammen: Gruppenunterricht

3.4.1. Zur Linguistik und Didaktik des Gruppenunterrichts

Gruppenarbeit gehört – neben der Partner- und Einzelarbeit – zu den Lehrformen, in denen die Öffentlichkeit des Klassenplenums für eine bestimmte Zeit aufgehoben ist. Auf diese Weise entstehen andere kommunikative Verhältnisse im Klassenzimmer. Während im Plenumsunterricht der Lehrer die Tätigkeiten aller Schüler kontrolliert – auch wenn er zurückhaltend agiert –, ist nach der Aufteilung in mehrere Kleingruppen die Verantwortung für die zu erledigende Aufgabe ganz auf ihre Mitglieder übergegangen. Diese prozessuale Offenheit ermöglicht ein thematischer Rahmen, der im Plenumsunterricht zunächst etabliert und dann – nach Abschluss der Aufgabenbearbeitung – dort wieder aufgegriffen wird. In der Regel nutzen Lehrer diese Sozialform für die Erarbeitungsphase innerhalb einer Stunde: Sie ist durch einen meist plenaren Vorlauf vorstrukturiert, in dem die Aufgabe gestellt bzw. besprochen wird. Es folgt die Auflösung des Plenums durch die Einsetzung von Kleingruppen, die sich mit der gegebenen Aufgabe beschäftigen. Im Anschluss an diese Gruppenarbeitsphase erfolgt die Auswertung im Plenum. Gruppenunterricht ist also meist in einen größeren thematischen Zusammenhang eingebettet, innerhalb dessen bestimmte Erarbeitungsschritte im Rahmen dieser Sozialform realisiert werden. In pädagogischer Perspektive umfasst der Begriff des Gruppenunterrichts nach dem Kriterium der Lernprozessorganisation die Phasen von der Aufgabenstellung bis hin zur Auswertung (vgl. auch Fürst 1996: 38f.), während er in linguistischer Sicht nach dem Kriterium der kommunikativen Ordnung nur die Phase bezeichnet, in der die Schüler ihre Aktivitäten in Kleingruppen entfalten.

Zwar wissen wir von erfahrenen Lehrern, dass Gruppenarbeit nicht so effektiv wie Frontalunterricht ist – was das zu vermittelnde Wissensquantum anbelangt – und auch mehr Vorbereitungszeit erfordert (vgl. Meyer 1987 II, 252), gleichzeitig bestätigen die Praktiker unsere durch die didaktischen Legitimationen erzeugten Erwartungen, dass Gruppenunterricht eine intensivere Bereitschaft zur Auseinandersetzung mit Lerngegenständen bewirken kann. So verbindet sich mit dem Gruppenunterricht die Erwartung, dass er nicht nur Selbstständigkeit und Eigenverantwortlichkeit, sondern darüber hinaus auch die Fähigkeit zur Kooperation fördere. Auch stützen Befunde aus der empirischen Unterrichtsforschung die These, dass Gruppen- im Vergleich zum Frontalunterricht zu besseren Leistungen führt (vgl. Tausch/Tausch 1991: 261–263). Um so erstaunlicher wirkt vor diesem Hintergrund die Tatsache, dass Gruppenunterricht relativ selten praktiziert wird – Hage et al. (1985: 47) geben seinen Anteil mit 7,43 % an. Als Ursachen für diese Zurückhaltung von Lehrern gelten neben fehlenden eigenen Erfahrungen sowie mangelnden Fähigkeiten der Schüler, in Gruppen zu arbeiten, der Verlust der Kontrolle über den Verlauf des Lehrprozesses (vgl. Tausch/Tausch 1991: 266). Die ebenfalls in diesem Zusammenhang genannten Schwierigkeiten der Beurteilung weisen hin auf den grundsätzlichen Widerspruch zwischen den schulischen Funktionen der Selektion und der Integration:

> Schule leidet insgesamt an dem Widerspruch, einerseits eine fortwährende individuelle Leistungsbeurteilung und Selektion der Schülerinnen zu betreiben, andererseits Selbständigkeit und Solidarität der Schülerinnen zu einem wichtigen Erziehungsziel zu machen. ... Gruppenunterricht ist, was die Gestaltung des schulischen Gewaltverhältnisses betrifft, weder Fisch noch Fleisch. Er gibt den Schülerinnen ein Stück weit, aber nicht völlig frei; er fördert das solidarische Handeln der Schülerinnen, gibt aber kaum Gelegenheit, es ernsthaft auf die Probe zu stellen (...). (Meyer 1987 II: 253)

Dieser Widerspruch erweist sich jedoch auch für die zielorientierte Kleingruppenkommunikation zwischen zufällig assoziierten Mitgliedern als konstitutiv: Auch in betrieblichen Teamsitzungen, in Weiterbildungsveranstaltungen und schließlich in Hochschulseminaren müssen die Teilnehmer die Spannung zwischen individueller und kollektiver Verantwortung aushalten. Gemeinsam ist dieser Interaktionsform die ihr zugewiesene Aufgabe, eine von mehreren Subjekten erarbeitete Problemlösung zu erzeugen. Die Qualifikation zur Kooperation im Team gehört heute wohl zu den in Wirtschaftsbetrieben am meisten nachgefragten. Die Kombination von Gruppenunterricht und -arbeit bereitet in der Tat vor auf das erfolgreiche Agieren im Rahmen zukünftiger beruflicher Praxis.

Über den Verlauf von Gruppenarbeitsprozessen liegen aus linguistischer Perspektive Untersuchungen vor, die die Qualitäten des Gruppenunterrichts (GU) in Abgrenzung zu denen des Frontalunterrichts (FU) bestimmen. Abhängig von der unterschiedlichen Teilnehmerzahl in beiden Zusammenhängen und der dominierenden Rolle des Lehrers im Frontalunterricht beschreiben Diegritz/Rosenbusch die Unterschiede in den kommunikativen Verhältnissen so:

- die Interaktionsdichte ist im GU wesentlich höher als im FU, ...
- der Kommunikationsrhythmus im GU zeigt größere Ausschläge als im FU (z.B. in Bezug auf Tempo, Intensität), ...
- die sprachliche Handlungsorientierung ist im GU anders als im FU; im GU im allgemeinen Orientierung an der vorausgegangenen Schüleräußerung, im FU in der Hauptsache an der Lehrerreaktion auf die Schüleräußerung, ...

- im GU dominieren andere Sprechhandlungsklassen (*Evaluativa, Positionale*) als im FU (*Konstativa*),
- das Sprechhandlungssortiment der Schüler ist im GU reichhaltiger als im FU, ...
- im FU findet sich eher eine geschlossene Kommunikationssituation, im GU eher eine offene,
- das persönliche Engagement der Schüler an Ergebnissen des GU scheint nachhaltiger als das im FU zu sein (...). (1977: 134)

Resümierend lässt sich also festhalten, dass die Bedingungen des Gruppenunterrichts geeignet sind, nicht nur die aufgabenorientierten kommunikativen Aktivitäten der Schüler zu intensivieren, sondern auch deren eigenaktiven Anteile an Lernprozessen zu erhöhen.

Was machen nun Schülergruppen, wenn der Lehrer sie mit einem Arbeitsauftrag zu einer gemeinsamen Aufgabenbearbeitung veranlasst? Zunächst etablieren und entfalten die Beteiligten durch ihre verbalen Interaktionen einen eigenständigen sozialen Handlungsraum, der seine charakteristische Spannung aus der Aufgabenorientierung einerseits und der interpersonalen Dynamik andererseits gewinnt. Den Fremdanforderungen auf der Inhaltsebene stehen also die selbstbezüglichen auf der Beziehungsebene gegenüber. Methodisch lässt sich die Intra-Gruppen-Kommunikation mithilfe der Ordnungsdimensionen rekonstruieren: Die Untersuchung der kommunikativen Ordnung lässt Rückschlüsse auf den durch die Gruppe etablierten sozialen Handlungsraum zu, während die Auseinandersetzung mit der thematischen Ordnung Aufschlüsse über Form, Intensität und Modalität der Aufgabenbearbeitung verspricht.

3.4.2. Unterrichtsszenen: Schüler arbeiten in Schreibkonferenzen

Im Mittelpunkt dieses Abschnitts stehen Abschnitte aus dem Gruppenunterricht einer Schreibkonferenz auf der 3. Jahrgangsstufe. Dieses vor allem für den Lernbereich Textproduktion genutzte unterrichtliche Arrangement bindet die Gruppenarbeit in ein Verlaufsschema ein, das die Phasen der Produktion, Überarbeitung und Veröffentlichung von Schülertexten aufweist. Die Gruppenarbeit hat den Zweck der Überarbeitung eines einzelnen Textes; neben seinem Autor gehören der Gruppe noch weitere Schüler an, die sich mit dem Text auseinander setzen. Ihre Aufgabe ist es, eine verbesserte Fassung des Ausgangstextes zu erarbeiten. Der Autor schreibt dann den so überarbeiteten Text ins Reine und bringt ihn in der abschließenden Veröffentlichungsphase seinen Mitschülern zu Gehör. Gegenstand der Gruppenarbeit sind also – grob ausgedrückt – die sprachlichen Eigenschaften von Schülertexten, und zwar sowohl in stilistischer als auch in orthographischer Perspektive. Im Gegensatz zu der in der didaktischen Literatur empfohlenen Vorgehensweise einer ungeleiteten Gruppenrezeption (vgl. Spitta 1992), hat in den hier dokumentierten Szenen der Lehrer als erster Leser der Schülertexte bereits einen Kurzkommentar verfasst, der in einen konkreten Auftrag an die Arbeitsgruppe mündet. Diese Lehreraufforderung im Zusammenhang mit dem Schülertext gibt den Rahmen für die Aktivitäten der Schüler während des Gruppenunterrichts.

Für die exemplarische Analyse von kommunikativen Aktivitäten im Gruppenunterricht haben wir fünf Szenen ausgewählt: Während die erste Szene den Prozess des „Zur-Sache-

Kommens" dokumentiert – also die Etablierung sowohl der kommunikativen als auch der thematischen Ordnung durch die Schüler – (a), zeigt die zweite einen Beobachter, der durch seine Intervention den Gruppenprozess kurzzeitig unterbricht (b). Die dritte Szene schließlich fokussiert eine gruppeninterne Diskussion, in der die Beteiligten sich mit einer strittigen Frage beschäftigen (c). Abschließend zeigen wir zwei Szenen aus einer umfangreichen Besprechung, die zum einen Probleme beim Notieren von Revisionen und zum anderen einen Kohärenzbruch dokumentieren (d).

(a) In der in Szene 1 dokumentierten Vorbereitungsphase schaffen die Schüler die Voraussetzungen für ihre Arbeit in der Gruppe: Sie legen die Materialien bereit und verständigen sich gegebenenfalls über das gemeinsame Vorgehen.

(13a) Schreibkonferenz (1): Der Anfang (Jg. 3, Deutsch)

Teilnehmer-Siglen: *An*: André, *Ew*: Ewald, *Jo*: Johannes, *B*: Beobachterin, *mS*: mehrere Schüler. Aufnahme & Transkription: A. Albert (2000), Bearbeitung: Vogt (2001).

```
1   An ⌈ dadeldadeldeidelda
       ⌊ singend
     > ⌈                                            !
    Ew ⌊             wo is wo is ah hier ist das erste Blatt

2   Jo ⌈           nein das ist das Zweite
     > ⌈                                         /
    An ⌊                              tatsächlich    die kann
     > ⌈           /                                    !
    Ew ⌊ ... oder                                      ja

3   An[ man ja kaum unterscheiden weil man weiß ja nicht mal wo

4   Jo[                                              es leb-
    An[ der Anfang ist    ach ja da steht ja Wochenplan
    Ew[               doch

5   Jo[ ten ein   wart einmal ich setz mich mal eben ich muss mal
     > ⌈         !
    An ⌊         ah

6   Jo ⌈ den Fuß sonst stoß ich da oben dran
       ⌊                    lächelt, geht vom Stuhl
                            runter in die Hocke

7    > ⌈                                                  !
    Jo ⌊                                  ja das is mir klar
     > ⌈                                /
    An ⌊ is dir klar dass wir gefilmt werden
```

```
     ┌ >  ┌                              /
   8 │ An └                         tatsächlich         na also
     │ >  ┌         !                            !
     │ Be └ und ihr sehr so gut aus (lacht)     klar
     │ mS [                         (lachen)
```

```
   9 │ An [ und das macht das macht wenigstens mehr Spaß als mit Ro-
```

```
     │ An [ bert oder dem Dincer . also das mit dem Dincer war ja
  10 │ >  ┌                              !
     │ Ew └                         äh hier nimm das Heft
```

```
     │ >  ┌       :
     │ Jo └       ja ich kann
     │            greift zum Arbeitsheft und blättert darin
     │ An [ schrecklich
  11 │ Ew [                                                komm
```

```
     │ >  ┌                         /
  12 │ Jo └       du kuckst nach ja oder na ja wir machens
     │ Ew [ ich kontrollier
```

```
     │ >  ┌                                                !
  13 │ Jo └ so der Ernest liest mir vor und du sagts kuck hier wie
     │                                                 zu André
```

```
  14 │ Jo [ wirs letzte Mal gemacht haben . du liest mirs vor ne ..
```

```
  15 │ Jo [ . und der sagt dann wo äh wenn wir da noch net weiter sind
```

```
  16 │ Jo [ dann sagt er ganz viele Kinder aber du sagt natürlich
```

```
     │ Jo ┌ es lebten einmal eine Schule aber dann schreiben wir aber
  17 │    └                    deutet aufs Heft
```

```
     │ Jo ┌ ganz viele Kinder
  18 │    └        deutet aufs Ewalds Blatt
```

Diese Szene lässt sich nach den Aktivitäten der Beteiligten in drei verschiedene Abschnitte einteilen: In der Vorbereitungsphase schaffen die Schüler die notwendigen Voraussetzungen für die Bewältigung der Aufgabe, indem sie sich am Tisch arrangieren und die für die Arbeit erforderlichen Papiere ordnen (Fl. 1–6); in der anschließenden Seitensequenz thematisieren sie zusammen mit der studentischen Beobachterin die Aufnahmesituation (Fl. 7–8); die dann folgende Organisationsphase dient dazu, das gemeinsame Vorgehen festzulegen (Fl. 11–18).

In der Vorbereitungsphase stellen die drei Schüler die Materialien zusammen, die sie für ihre Arbeit brauchen. Sie bringen nicht nur die Blätter des zu behandelnden Textes gemeinsam in die richtige Reihenfolge, darüber hinaus geht es auch noch um eine angenehme Sitzposition am Tisch. Die so etablierte kommunikative Ordnung lässt sich als kooperativ beschreiben, weil sich alle drei Schüler am Vorbereitungsprozess beteiligen. In ihren verbalen Aktivitäten bearbeiten sie gemeinsam das Problem der richtigen Zuordnung der drei Blätter des zu besprechenden Textes von Johannes (Fl. 1–4). Deshalb ist er auch der Adressat von Ewalds Frage, ob das in seiner Hand befindliche Blatt das erste sei. Doch auch er ist sich unsicher, wie das fragend intonierte *oder* am Ende seines Beitrags zeigt. Ewald widerspricht ihm und trifft eine eindeutige Zuordnung, die André jedoch bezweifelt (*tatsächlich*). Ewald ist sich trotzdem sicher, sein *ja* veranlasst André dazu, seine Zweifel an der richtigen Zuordnung in einem begründenden Beitrag zu verdeutlichen. Johannes widerspricht ihm, und nun bemerkt auch André jenen Hinweis *WP* als Abkürzung für *Wochenplan* auf dem Blatt, der es als erstes kennzeichnet. Zur Bestätigung liest Johannes den Anfang des ersten Satzes vor (Fl. 4–5). So gelingt den drei Beteiligten eine einvernehmliche Lösung des Problems der Zettelordnung. Johannes' Kommentar zu seinen körperlichen Auflockerungen beschließt diese Phase (Fl. 5–6).

Mit der Thematisierung der Aufnahmesituation eröffnet André eine Seitensequenz, die die Aufmerksamkeit der drei Schüler auf die Besonderheit ihres Gruppenunterrichts orientiert und die studentische Beobachterin miteinbezieht. Sie wird eröffnet durch die Frage Andrés, mit der er die besonderen Charakteristika der Situationswahrnehmung thematisiert und sie so bewusst macht (Fl. 7). Johannes antwortet zustimmend, auch er ist sich der besonderen Situation bewusst. Mit einer scherzhaften Äußerung, die das gute Aussehen der Schüler konstatiert, bringt sich die studentische Beobachterin ins Spiel. Das gemeinsame Lachen bestätigt die Übereinstimmung der Beteiligten (Fl. 8). Die folgende kurze Sequenz zwischen André und der Beobachterin leitet über zu einem Vergleich Andrés, in der er die aktuell anstehende Gruppenarbeit vergleicht mit seinen Erfahrungen in anderen Schreibkonferenzen. Mit diesem Beitrag beendet er die Nebensequenz, die nicht nur die Besonderheiten der Situation thematisch gemacht hat, sondern auch zur Aufnahme einer interaktiven Beziehung der Beobachterin zu den Schülern geführt hat. So gelockert können die Schüler nun den nächsten Schritt in Angriff nehmen.

In der Organisationsphase verständigen sich die Schüler über ihr Vorgehen in der Schreibkonferenz. Ewald eröffnet die Aushandlung dieser Modalitäten, indem er Johannes auffordert, das Heft zu nehmen. Dieser ist mit der Aufgabenzuweisung einverstanden (Fl. 11). Ewalds Aufforderung *komm ich kontrollier* kann schon als Initiative zur Einleitung der Textarbeit aufgefasst werden. Aber es gibt noch Klärungsbedarf: In einem längeren Beitrag (Fl. 12–17) instruiert Johannes André, indem er ihm mit einem Beispiel für eine gemeinsame Textrevision auf seine Aufgabe orientiert. Dabei zeigt er immer wieder auf den Text. Er verteilt die Arbeit so, dass Ewald und André die Textbearbeitung kontrollieren und er selbst schreiben wird. Später zeigt sich dann, dass die Aufgaben nicht über die ganze Zeit verteilt sind, vielmehr wechseln sich die Schüler ab (vgl. Albert 2000, 57). Allerdings ist nicht klar, ob jetzt alle wissen, was passiert, denn nun schaltet sich die Beobachterin ein und bringt einen neuen Aspekt ein: Diese Intervention wird gleich zu behandeln sein.

Resümierend lässt sich feststellen, dass die Schüler konzentriert zur Sache kommen, in ihren Aktivitäten die besonderen Bedingungen – die Teilnahme eines noch nicht beteiligten Schülers – berücksichtigen und so eigenständig die Voraussetzungen für die gemeinsame Auseinandersetzung mit dem Text schaffen. Die so deutlich hergestellte kommunikative Ordnung balanciert die unterschiedlichen Voraussetzungen der Beteiligten aus, was vor allem in den sprachlichen Aktivitäten Johannes' deutlich wird: Geduldig hilft er André, sich in die für ihn und Ewald bekannten Interaktionskonventionen einzufinden.

(b) Die zweite Szene dokumentiert einen externen Eingriff: Die Beobachterin richtet die Aufmerksamkeit der Schüler auf die Lehrerkritik, die zu diesem Zeitpunkt lediglich Johannes als Autor bekannt ist.

(13b) Schreibkonferenz (2): Eine Intervention (Jg. 3)

```
18    Be[                    weißt du noch was die Frau Frank da-

      Jo[                                              ja das hab ich
19    Be[ zu gesagt hat deinem Text hast du das noch

      Jo ⌈ warte
         ⌊ sucht
20    Be[        vielleicht liest du das dem André nochmal vor sonst

      Jo[                          Johannes du hats eine inter
      > ⌈                /
      An ⌊       was steht denn da
      Be[ weiß er gar nicht
21

22    Jo[ interessante Geschichte geschrieben es geht aber ein biss-

23    Jo[ chen durcheinander überarbeite sie in der Schreibkonferenz

      > ⌈  !
      Jo ⌊ ja
      An ⌈     ja . ja das (stimmt) ein Momoment
         ⌊                                         liest den Zettel
24
```

```
       Jo ⌈                           ja
          >                 /
       An ⌈ ja .. (lacht) stimmt doch oder ja       also
          ⌊                              winkt in    nimmt J.s
25                                       die Kamera  Heft
```

```
       An ⌈ also es lebte einmal eine Schule
26        ⌊      diktiert
```

Die Beobachterin greift an dieser Stelle ins Geschehen ein, indem sie die Schüler auf den Lehrerkommentar hinweist, ihn so thematisch macht (Fl. 18–19). Die Schüler gehen darauf ein: Johannes kramt in seiner Tasche, holt den Zettel hervor und liest ihn vor. In einem zweiten Beitrag begründet sie nachträglich ihr Eingreifen, indem sie auf die Unkenntnis Andrés verweist. Dieser zeigt sich nun sehr interessiert und fordert Johannes auf, den Text vorzulesen (Fl. 21). Anschließend bestätigt er die Einschätzung der Lehrerin – ohne jedoch Johannes' Text zu kennen. Mit dem zustimmenden *ja* endet diese Sequenz, und die Schüler beginnen mit der Textarbeit.

In dieser Sequenz greift der Beobachter – in der Funktion eines Lehrers – in das Geschehen ein. Solche Handlungen werden von Fürst als Lehrerinterventionen bezeichnet, funktional charakterisiert als „Unterbrechung der Intragruppenkommunikation durch die Lehrkraft" (1999, 122). Nach den Kriterien der Veranlassung – durch Schüler oder Lehrer – sowie der Adressierung – einzelne Gruppe oder Plenum – lassen sich nach Fürst insgesamt vier Typen unterscheiden. Die vom Lehrer ausgehende invasive Intervention ist abzugrenzen von einer durch einen Schüler initiierten responsiven Lehrerintervention; beide können sich auf einzelne Gruppen oder das Plenum beziehen (1999, 122f.). Die hier gewählte Interventionsform und ihre Bearbeitung durch die Gruppenmitglieder macht die Ambivalenz von Lehrerinterventionen während eines Gruppenarbeitsprozesses deutlich (vgl. Albert 2000, 67f.). Ausgehend von der – am Transkript rekonstruierbaren – Folgenlosigkeit der Lehrerintervention für die weitere Arbeit der Gruppe lässt sich feststellen, dass die Schüler in ihrer eigenaktiven Textarbeit unterbrochen werden. Sie sehen sich durch die Beobachterintervention veranlasst, auch den Lehrerkommentar zur Kenntnis zu nehmen. Dieser thematisiert kritisch übergreifende Gesichtspunkte (*es geht aber ein bisschen durcheinander*). In ihrer weiteren Auseinandersetzung mit den Texten beziehen sich die Schüler jedoch nicht darauf, sie arbeiten sich gleichsam Satz-für-Satz durch den Text. Übergreifende Fragen thematisieren sie selten und wenn, dann okkasionell. Die Beobachterin dagegen arbeitet darauf hin, dass auch André sich den Text durchliest, um sich dann gemeinsam mit den beiden anderen Überlegungen auf der Textebene zu machen. Allerdings macht sie dies den Schülern nicht deutlich, so dass ihr Versuch scheitert, eine andere Ebene der Textauseinandersetzung zu etablieren. Die Schüler kehren nach dieser „Störung" zu ihrem Textbearbeitungsmodus zurück.

Dieses Beispiel zeigt, wenn auch nur im Ansatz, welche negativen Auswirkungen der Versuch einer Einflussnahme von außen durch den Lehrer auf den Gruppenprozess haben kann. Nach der Einteilung von Dann et al. (1999, 62–88) führt diese Intervention zu einem „Einbruch": Die Aufmerksamkeit in der gruppeninternen Interaktion richtet sich kurzfristig auf das vom Beobachter eingebrachte Thema, danach orientiert sie wieder auf eine eigenaktive Steuerung des Gruppenprozesses.[7] Vom „Einbruch" zu unterscheiden sind nach den Auswirkungen von Lehrerinterventionen einerseits der „Abbruch", also der vollständige Verlust der Aufgabenorientierung in der Schülergruppe, andererseits die Folgenlosigkeit einer Lehrerintervention, das „gleichbleibend hohe Niveau" in der Aufgabenorientierung. Einen Beleg für diesen Typ der Gruppenarbeit liefert das folgende Beispiel.

(c) Die dritte Szene führt uns dieselben Schüler vor Augen, die an den charakteristischen Aufgaben der Schreibkonferenz arbeiten, sie beschäftigen sich nämlich mit orthographischen und stilistischen Detailfragen.

(13c) Schreibkonferenz (3): Textarbeit (Jg. 3)

```
1   An[ da wür da würd ich dann nach beschreiben würd ich ein Kom-

2   Jo[              beschreiben . beschreiben wat ämal wo sim
    An[ ma hinmachen

3   Jo[ mer . ja okay . ne hat aber die Frau B hier net hingemacht

4   Jo⌈ die hat en nja                        hmhm ja okay warte
       ⌊        lässt seine Hände kreisen

5   Jo⌈ . genauer        ne um es zu . zu beschreiben
       ⌊    schreibt
    Er[                                                      wieso

6   Jo[                                           wart mal
     >⌈                                                /
    Er⌊ hast du da hingeschrieben jetzt geht es los        es

7   Jo[                        es es zu da kommt gar kein zu
    An[                        ah ja ja
    Er[ ist doch schon losgegangen

8   Jo[                    um                          ja dass
    An[ ja hier steht das aber
    Er[                    zu wird klein geschrieben
```

---

[7] In funktional-pragmatischer Perspektive handelt es sich bei dieser Störungsform um eine „Ruption" (lat. *ruptura* ‚Bruch').

```
     ┌─────────────────────────────────────────────────────────┐
     │ Jo[ soll ja hier weil ... genauer zu beschreiben     ne │
     │ An[                                               Punkt │
 9   └─────────────────────────────────────────────────────────┘

     ┌─────────────────────────────────────────────────────────┐
     │ Jo[ ich amch da keinen Punkt hin . so jetzt schreibst du mal │
 10  └─────────────────────────────────────────────────────────┘

     ┌─────────────────────────────────────────────────────────┐
     │ Jo[ André . ja du schreibst jetzt mal oder oder kannst du │
     │ An [                                                      │
     │                                     greift nach Heft und Stift │
 11  └─────────────────────────────────────────────────────────┘

     ┌─────────────────────────────────────────────────────────┐
     │ Jo[ mit deinem schreiben net mit dem da weil des is net so │
 12  └─────────────────────────────────────────────────────────┘

     ┌─────────────────────────────────────────────────────────┐
     │ Jo [ weil ich schreib ja links . so jetzt geht es los ... │
     │                                      liest               │
 13  └─────────────────────────────────────────────────────────┘
```

Dieser Ausschnitt lässt sich in drei Sequenzen einteilen: Hauptsächlich thematisieren die Schüler ein orthographisches Problem, darin eingelagert etablieren sie ein stilistisches, ohne dass dieses im Verlauf der dokumentierten Interaktion gelöst worden wäre. Schließlich erfahren wir etwas über die Art und Weise, wie die Schüler interne Organisationsfragen bearbeiten.

Das orthographische Problem bringt André ein: Welches Satzzeichen soll die beiden Sätze *Also um es genauer zu beschreiben: jetzt geht es los: ...* in Johannes' Text verbinden? André schlägt vor, statt des von Johannes genutzten Doppelpunkts ein Komma zu setzen. Johannes verbalisiert, dass er erst die Stelle in seinem Text suchen muss (Fl. 2–3). Zunächst stimmt er dem Vorschlag zu; dass die Lehrerin seine Wahl nicht durch Anstreichen moniert hat, veranlasst ihn dazu, auf seiner Wahl zu bestehen. Der Satzabbruch *die hat en nja* lässt, zusammen mit den kreisenden Bewegungen seiner Hände Formulierungsschwierigkeiten bezüglich der Bezeichnung *Doppelpunkt* vermuten (Fl. 4). Dann schreibt er weiter ab, seine Tätigkeit durch das langsame Mitsprechen der geschriebenen Wörter begleitend. Nun bringt Ewald seinen Einwand vor, der den zweiten Satz betrifft (Fl. 5–7). Johannes hat mit der Aufforderung *wart mal* deutlich gemacht hat, dass er noch nicht soweit ist. Der vorgreifend eingebrachte Einwand Ewalds steht noch im Raum, denn Johannes bezieht sich in einer späteren Äußerung zustimmend darauf, indem er die Streichung dieser Formulierung ratifiziert und Ewalds Begründung wiederholt. Johannes fährt nun fort, den Text weiter aufzuschreiben. Johannes konzentriert sich auf die weitere Schreibung dieses Abschnitts. Am Satzende angekommen, soll es um die Frage „Punkt oder nicht" gehen. André schlägt vor, einen Punkt zu setzen, Johannes lehnt ab, indem er ausdrücklich darauf hinweist, dass er keinen setzen wird. Schließlich fordert er André auf, diese Arbeit zu erledigen.

Hier haben wir Schülern bei der Arbeit zugeschaut, die am Text arbeiten. Konzentriert behandeln sie die Probleme, die dabei entstehen und bearbeitet werden müssen. Sachlich arbeiten sie sich von Satz zu Satz. Aufgrund der Übertragung der Arbeit auf André scheint es zwar so zu sein, als würde Johannes die beiden anderen dominieren; seine besondere

Position ergibt sich jedoch aus der Tatsache, dass er als „Autorenkind", also als Autor des behandelten Textes, im Mittelpunkt des Geschehens steht.

(d) Im Folgenden sollen zwei weitere Unterrichtsszenen besprochen werden, in denen eine Gruppe von drei Schülern eines 4. Schuljahres selbstständig arbeiten; sie sind ebenfalls mit der Überarbeitung des Textes eines Mitschülers beschäftigt. Inhaltlich geht es um die zurückliegende Klassenfahrt, an der alle teilgenommen haben; infolgedessen sind alle mit dem Inhalt vertraut. In Szene 4 geht es um eine größere Revision, nämlich das Umstellen von zwei Sätzen:

(14a) Schreibkonferenz: Satzumstellung (Jg. 4)

Teilnehmer-Siglen: *Ni*: Nick, *Jo*: Jochen, *Ma*: Markus. Aufnahme: Leister/Puzberg/ Sander/Creutz (1998), Transkription: Leister/Creutz (1997) 1 : 60, Korrektur: Creutz/Becker-Mrotzek (2000) 1:10.

```
Ni ⌐ Mm, mm. . Wir drehen das jetzt einfach um. Herr Lammert/
   ⌊ (verneinend)
1
```

```
Ni ⌐
   ⌊ (Markiert durch Einkreisen in seinem Text die umzu-
Jo ⌐ Nein! Umdrehen kannstes aber nicht, weil das dafür
   ⌊ (Beugt sich über Nicks Text und beobachtet ihn beim
     (Spricht genervt)
Ma ⌐
   ⌊ (Schaut zu Nick und beobachtet ihn beim Schreiben
2
```

```
Ni ⌐                    Erzählt und/
   ⌊ stellende Textstelle ------------------------------
Jo ⌐ viel zu lang ist!
   ⌊ Schreiben --------------------------------------
Ma ⌐                                   Wir können doch schrei-
   ⌊ --------------------)
3
```

```
Ni ⌐                                   So, und/und das drehen
   ⌊ ---------------------------------)
Jo ⌐
   ⌊ -------------)                    (Markiert in sei-
Ma ⌐ ben: Auf dem Boden  (( 5 sec. ))
                                       (Schaut zu, wie
4
```

```
Ni [ wir jetzt um. So: Ich hab mich an Herrn Lammerts Jacke
Jo ⌐
   ⌊ nem Text die umzustellende Textstelle ------------------
Ma ⌐
   ⌊ Jochen schreibt --------------------------------------
5
```

```
  Ni ⌈ festgehalten. Da/Das ist dann der Schluss von . dem Satz
  Jo ⌈ ------------------------------------------------------
  Ma ⌈ ------------------------------------------------------
6
```

```
  Ni ⌈ (sein), weil Herr Lammert hat ja nicht im Haus ne Jacke
  Jo ⌈ ------------------------------------------------------
  Ma ⌈ ------------------------------------------------------
7
```

```
  Ni ⌈ an. So, a/a/Am nächsten Tag/
  Jo ⌈ -------------------)           Hä? Warte, ich bin doch
  Ma ⌈ ----------)
8
```

```
  Ni ⌈                              So, . ach/Am/
  Jo ⌈ noch gar nicht fertig, jetzt.            Ach, Nick,
     ⌊                                         (Wirft den
9
```

```
  Ni ⌈                                                  A/also/
  Jo ⌈ mach du da mal, ich begreif das jetzt nicht, Mann!
     ⌊ Stift hin, Arbeitshilfe fällt vom Tisch)
10
```

```
  Ni ⌈                                      Ich les das jetzt
     ⌊                                     (Richtet sich auf,
  Jo ⌈ Mach du jetzt! Du drehst das auch um!
     ⌊ (Wirft den Stift noch mal, schiebt Schreibblatt zu Nick.)
       (aggressiv)
11
```

```
  Ni ⌈ ma/                                            Ok.
     ⌊ nimmt seinen Zettel in die Hand)
  Jo ⌈      Du hast das/ . dreh/ Du drehst das jetzt um! Nicht
     ⌊ (Haut Hand auf den Tisch. Zeigt mit dem Finger auf
       (aggressiv)
12
```

```
  Ni ⌈    Herr Lammert hat/          Ja, ich hab/
     ⌊                              (Macht beruhigende
  Jo ⌈ ich!    Umdrehen sollst du das! Du sollst nicht
     ⌊ den Text) (Schaut auf Nicks Text ----------------- -
                 (laut und befehlend)
13
```

```
         Ni ⌈                                  Ja, ich hab jetzt
            ⌊  Handbewegung in Richtung Jochen)
         Jo ⌈  erzählen. Du sollst etwas machen!
            ⌊  ----) (Schiebt seinen Text etwas zu Nick hin und zeigt
         Ma ⌈                                  (Wir können ja auch
            ⌊                                  (Beugt sich zu Joch-
  14

         Ni [ dies hier nach da unten gesetzt.
         Jo ⌈                         Ja, dreh das für mich
            ⌊  ihm die Stelle.)  (Haut mit der Hand auf den Tisch.)
         Ma ⌈  fragen!)
            ⌊  en und Nick herüber ------------------------------
  15

         Ni ⌈
            ⌊                    (Schreibt etwas in Jochens Text -
         Jo [ um! Ich kann das nicht!
         Ma ⌈                    Ja, wir können das ja auch ein/
            ⌊  ------------------------------------------------
  16

         Ni ⌈  ------------------------------)
            ⌊
         Ma ⌈  auf ein/ auf ein Blatt machen...
            ⌊  ------------------------------)
  17
```

In Fl. 1 schlägt der Schüler Nick vor, zwei Sätze umzustellen, um dadurch eine inhaltliche Unstimmigkeit zu beheben. Diesen Vorschlag weist Jochen in Fl. 2 unmittelbar zurück, und zwar mit der Begründung, die Textstelle sei dafür zu lang. Ohne auf den Einwand ein zugehen, kreist Nick in seinem Text die entsprechende Textstelle ein und kommentiert sein Tun handlungsbegleitend *und das drehen wir jetzt um* (Fl. 4–5); dabei wird er von Jochen beobachtet. Anschließend liest er den Text in der neuen Reihenfolge vor (Fl. 5–6) und erklärt noch einmal den Zweck (Fl. 6–7). Mit dem Gliederungssignal *so* gibt er in Fl. 8 zu erkennen, dass er in der Textrevision fortfahren will. Hier wird er von Jochen mit dem Hinweis unterbrochen, er sei noch nicht fertig. Zudem fordert er Nick auf, auch in seinem Text die Revision vorzunehmen. Als Nick der Aufforderung nicht folgt, wiederholt er diese sehr massiv, indem er seinen Stift wegwirft und damit symbolisch seine Kooperationsbereitschaft aufkündigt (Fl. 9–16). Jochen reagiert hierauf erst in Fl. 14, indem er erklärt, was er gemacht hat und dann in Fl. 16, indem er die Revision in Jochens Text vornimmt. Die Aufforderung weist er jedoch an keiner Stelle explizit zurück.

Während der Auseinandersetzung zwischen Nick und Jochen macht Markus an zwei Stellen den Versuch, seinerseits einen Vorschlag einzubringen: In Fl. 14 schlägt er vor, zu fragen, gemeint ist wohl der Lehrer; in Fl. 16 schlägt er vor, die revidierte Textstelle auf ein gesondertes Blatt zu schreiben. Beide Vorschläge werden von den anderen jedoch erkennbar nicht zur Kenntnis genommen. Das ist insofern interessant, als es sich bei Markus um den Autor des Textes handelt.

Insgesamt zeigt die Analyse dieser Szene Folgendes: Größere Textrevisionen bereiten Grundschülern offensichtlich erhebliche Probleme; es fehlt ihnen an Techniken, Revisionen in einem Text zu notieren. Das kann eine Erklärung dafür sein, dass sich Textrevisionen in der Schule in der Regel nur auf Oberflächenphänomene wie die Orthographie beschränken. Obwohl Jochen seinen Mitschüler Nick dabei beobachtet, wie er die Revision vornimmt, gelingt es ihm nicht, diese in seinem eigenen Text nachzumachen. Aber auch der erfolgreiche Schüler Jochen ist offensichtlich nicht in der Lage, seinen Mitschülern eine brauchbare Hilfestellung zu geben. Die einzige Möglichkeit besteht im stellvertretenden Handeln, d.h. in der Revision aller Texte durch Jochen. Damit wird zugleich auch ein Unterschied zwischen der Kommunikation in Peergroups und Erwachsenen-Kind-Gruppen sichtbar: Erwachsene, insbesondere ausgebildete Lehrer sind in der Lage, Handlungsprobleme von Schülern durch minimale Hilfestellungen zu lösen. Durch gezielte Hinweise gelingt es ihnen, Lernenden solche Handlungen zu ermöglichen, die sie ohne Hilfe noch nicht beherrschen. Das hat Wygotski mit der Zone der nächsten Entwicklung beschrieben.

Des Weiteren wird deutlich, dass es dem ruhigen Schüler Markus nicht gelingt, sich in den Diskurs einzuschalten, obwohl es sich um seinen Text handelt. Nicht nur in der dokumentierten Szene ist er von der Revision weitgehend ausgeschlossen; diese wird von den beiden Mitschülern über weite Strecken ohne ihn vorgenommen. Das deutet darauf hin, dass sich in der Gruppenarbeit möglicherweise Kommunikationsstrukturen und Dominanzverhältnisse fortsetzen. Ob und unter welchen Bedingungen sich solche Strukturen verändern lassen, bedarf der weiteren Analyse. Solche und ähnliche Beobachtungen sind bedeutsam, um Möglichkeiten und Grenzen unterschiedlicher Unterrichtsverfahren realistisch einschätzen zu können.

Die im Folgenden dokumentierte Szene stammt aus der gleichen Gruppenarbeit wie das vorangegangene Beispiel:

(14b) Schreibkonferenz: Textkohärenz herstellen (Jg. 4)

```
1   Ni[ Wir sind doch morgens um elf Uhr angekommen. Wir können

2   Ni[ uns doch nicht um zwölf Uhr mittags umziehen und ins

3   Ni[ Bett gehen.
    Ma[          Ja, aber . ich hab ja geschrieben: Wir sind

4   Ni[                      Jaja.
    Jo[                           Wir sind überall hingegangen.
    Ma[ überall hingegangen.

5   Ni[                                              Doch.
    Jo[ Da wars aber immer noch nicht abends. . .       Nee.

6   Ni[ Doch, dann nach/nachher hatten wir bis zum Abend freie
```

```
     ┌─────────────────────────────────────────────────────────┐
     │ Ni[ Zeit. Über freie Zeit kann man nicht viel berichten.│
     │ Ma[                                                   Ja.│
  7  └─────────────────────────────────────────────────────────┘

     ┌─────────────────────────────────────────────────────────┐
     │ Ni[                 So, aber/                           │
     │ Jo[ Freie Zeit  stimmt doch gar nicht. Wir haben das Burg-│
  8  └─────────────────────────────────────────────────────────┘

     ┌─────────────────────────────────────────────────────────┐
     │ Ni[                          Ja                         │
     │ Jo[ museum noch besichtigt!                             │
     │ Ma[                         Ja, aber ich hab ja hier ge-│
  9  └─────────────────────────────────────────────────────────┘

     ┌─────────────────────────────────────────────────────────┐
     │ Ni[                                          Ja/ . Ja   │
     │ Jo[                         Wir gehen in die Burg.      │
     │ Ma[ schrieben: . . Wir sind überall hingegangen.        │
 10  └─────────────────────────────────────────────────────────┘

     ┌─────────────────────────────────────────────────────────┐
     │ Ni[ genau. So Jochen, du kannst jetzt nicht . die/ die Ge-│
     │ Jo[                                          Ach, so/   │
 11  └─────────────────────────────────────────────────────────┘

     ┌─────────────────────────────────────────────────────────┐
     │ Ni[ schichte jetzt noch verlängern. Das geht nicht.     │
     │ Jo[          Jaa!                                Na gut,│
 12  └─────────────────────────────────────────────────────────┘

     ┌─────────────────────────────────────────────────────────┐
     │ Ni[                     Denn schließlich ist es Markus  │
     │ Jo[ schreiben wir das hin.                              │
 13  └─────────────────────────────────────────────────────────┘

     ┌─────────────────────────────────────────────────────────┐
     │ Ni[ Text, ne?                                           │
 14  └─────────────────────────────────────────────────────────┘
```

In den Fl. 1–3 macht Jochen auf einen unmotivierten Zeitsprung in der Erzählung aufmerksam, der darin besteht, dass sich die Schüler nicht direkt nach der Ankunft am Mittag bettfertig gemacht hätten. Markus weist den Einwand in Fl. 3–4 mit dem Hinweis auf den Satz *Wir sind überall hingegangen* zurück. Er hält diese Assertion also für ausreichend, um den Zeitraum eines ganzen Nachmittags wiederzugeben. Jochen besteht jedoch auf seinem Einwand (Fl. 5); daraufhin weist Nick den Einwand ebenfalls zurück, dieses Mal mit der Begründung, über freie Zeit könne man nicht viel berichten (Fl. 6–7). Jochen weist dieses Argument als inhaltlich unzutreffend zuück, indem er auf eine Aktivität hinweist (*Museumsbesuch*). Darauf hin verteidigt Markus seinen Text erneut, indem er darauf besteht, auch das sei in dem Satz *Wir sind überall hingegangen* inkludiert (Fl. 9–10). Erst der Hinweis von Nick, er könne den Text nicht verlängern, führt dazu, dass Jochen seinen Einwand zurückzieht.

An dieser Szene ist zweierlei interessant: Zum einen zeigt sie, wie ernsthaft schon Grundschüler argumentieren. In mehreren Durchgängen werden Argumente und Gegenargumente darüber ausgetauscht, wie eine Textstelle zu interpretieren ist. Im Kern geht es dabei um die Frage, ob eine Äußerungsfolge eine Ereigniskette angemessen wiedergibt. Allerdings, und das ist der zweite interessante Punkt, verlieren die Schüler über ihre Argumentation ihr ursprüngliches Ziel aus den Augen, nämlich die Bearbeitung eines Kohärenzbruchs, der Jochen aufgefallen war. Die *mündlichen* Erklärungen ermöglichen es ihm, eine angemessene Vorstellung der dargestellten Ereignisfolge auszubilden. Das bedeutet, in einem solchen Fall tritt die mündliche Erklärung an die Stelle einer schriftlichen Revision. Unter den Hand verliert damit die mündliche Kommunikation ihren instrumentellen Charakter und wird zu einem eigenen Handlungsrahmen; es geht nicht mehr um das Revidieren des Textes, sondern um das gemeinsame Herstellen von Verständigung. Damit setzt sich der ursprüngliche Zweck von Diskursen, nämlich das Herstellen von Verständigung, gegen den spezifischen Zweck in Schreibkonferenzen durch. Insofern entspricht die Überarbeitung in solchen Fällen noch eher dem mündlichen Reparieren als dem schriftlichen Revidieren; ein sprachlicher Mangel wird dort bearbeitet, wo er entdeckt wird. Im Diskurs ist das wegen der Flüchtigkeit des Mündlichen die einzige Möglichkeit, ein Missverständnis zu reparieren, und daher auch funktional angemessen. Allerdings entspricht ein solches Verfahren weder den Möglichkeiten noch den Notwendigkeiten des Schriftlichen.

3.4.3. Verlaufsformen von Gruppenunterricht

Die Abwesenheit des Lehrers im Prozess der Aufgabenbearbeitung stellt die charakteristische Eigenschaft von Gruppenunterricht dar. Die Schüler müssen, um die ihnen gestellte Aufgabe erfolgreich zu bearbeiten, selbst sowohl die kommunikative als auch die thematische Ordnung herstellen und aufrecht erhalten. Dies gelingt ihnen i.d.R. auch, nämlich dann, wenn der Lehrer sie nicht durch Interventionen „stört", also kontrollierend eingreift. Für die Herstellung einer dieser Sozialform entsprechenden kommunikativen Ordnung nutzen sie zu Beginn die Vorbereitungsphase, in der die Bedingungen für eine Aufgabenbearbeitung geschaffen werden. Die Mitglieder nehmen untereinander Kontakt auf und verabreden Schritte des gemeinsamen Vorgehens. Dieses wird jedoch nicht für die gesamte Phase vorab konzipiert, sondern es wird während der Arbeitsphase immer wieder *ad hoc* ausgehandelt, wie etwa Wechsel in der internen Aufgabenverteilung. Die thematische Auseinandersetzung mit der Aufgabenbearbeitung steht im Zentrum der Arbeitsphase. Die im Gruppenunterricht assoziierten Schüler dürften sicher nicht immer so konzentriert und kooperativ arbeiten wie die Grundschüler, die wir hier beobachtet haben. Die Abschlussphase schließlich – die wir nicht behandelt haben – leitet über zur Wiederherstellung des Plenumsunterrichts – oder aber wird durch das Pausenzeichen beendet.

3.5. Schüler präsentieren Produkte

3.5.1. Zur Linguistik und Didaktik des Präsentierens

Nicht nur Lehrer vermitteln im Unterricht Inhalte in Form von inszenierten Lehrprozessen oder auch Vorträgen, sondern auch Schüler werden bisweilen durch das unterrichtliche Arrangement dazu veranlasst, Inhalte eigenständig in die Öffentlichkeit des Plenums einzubringen. Der dafür verwendete Ausdruck *präsentieren* bezeichnet ganz allgemein die direkte, sinnliche Darbietung von Inhalten durch eine Person einem Publikum gegenüber (lat. *praesentare* ‚gegenwärtig machen, zeigen, vor Sinnen führen'). In jüngerer Zeit werden unter dem Begriff zunehmend auch multimediale Formen verstanden, etwa computergestützte Präsentationen, die sich insbesondere durch die zahlreichen Visualisierungsmöglichkeiten auszeichnen.

Vor allem in einem binnendifferenzierenden und Schüler aktivierenden Unterricht kommt es häufig zur Präsentation von Arbeitsergebnissen, in denen die Schüler die Produkte von Auseinandersetzungsprozessen den Mitschülern und dem Lehrer „vorzeigen". Diese können im Rahmen von häuslicher Vorbereitung oder aber während besonderer Unterrichtsphasen in Einzel-, Partner- oder Gruppenarbeiten entstanden sein. Das Spektrum möglicher Produkte reicht von schriftlichen Texten (z.B. *Geschichten*, *Aufsätze*, *Referate*) über mündlich monologische Formen (z.B. *Gedicht auswendig vortragen*) und interaktive Formen der mediengestützten Präsentation bis hin zu dialogisch Erarbeitetem (z.B. *Rollenspiel*). Diese Ergebnisse präsentieren Schüler im Rahmen der Auswertungsphase eines Unterrichtsabschnitts im Plenum, indem sie ihre Produkte vorlesen bzw. monologisch, dialogisch oder interaktiv mündlich gestalten.

Linguistisch nimmt das Präsentieren eine Sonderstellung im Verhältnis von Text und Diskurs bzw. Mündlichkeit und Schriftlichkeit ein, wie Berkemeier (2006, 53ff) zeigt. Danach handelt es sich beim mündlichen Präsentieren um eine Handlung, die einen bestimmten Arbeits- oder Lernprozess unterstützt. „Der Handlungszweck von Präsentationen besteht in der Modellierung von Wissensbeständen für die RezipientInnen. Versteht man Rezeption ebenfalls als aktiven Handlungsprozess, so lässt sich Präsentieren als interaktives, kommunikatives und kognitives Problemlösen verstehen: Der/die Vortragende hat die Aufgabe, Wissen so zu modellieren, dass es den Hörer/innen gelingen kann, die neuen Wissenselemente in vorhandene Wissensbestände zu integrieren. Visualisierungen können diesen Prozess wirkungsvoll unterstützen" (ebd., 69).

Damit sind sie dem *Vortrag*, der *Rede* und dem *Referat* verwandt. Der *Vortrag* kommt der Präsentation in Struktur und Funktion sehr nahe. Er ist in Inhalt und Form weitgehend vorgeplant und dient dem Austausch von Wissen unter Fachleuten, beispielsweise unter Wissenschaftlern. Die *Rede* unterscheidet sich vom Vortrag durch ihren institutionellen Ort; wir finden sie etwa im Gericht in der Form des Plädoyers oder im Parlament, wo öffentlich etwas Strittiges verhandelt wird. Das *Referat* (von lat. *referat* = er möge berichten) stellt eine spezifische Form des Vortrags dar, hier wird im Wesentlichen Bekanntes berichtet. Wahrscheinlich aus diesem Grund hat sich das Referat fest im Lehr-Lern-Diskurs der

Schule und Universität etabliert, nämlich als Beitrag der Lerner zum Unterrichtsgeschehen (vgl. Becker-Mrotzek 2005).

Das Präsentieren erfordert eine spezifische kommunikative Organisation, in der die üblichen schulischen *turn*-Verteilungsprozeduren außer Kraft gesetzt sind. Der präsentierende Schüler erhält für einen längeren Zeitraum das Rederecht; dieser wird durch den Umfang des zugrunde liegenden Produkts bestimmt (vgl. Spinner 1997, 16). Nach Abschluss einer Präsentation kommt es in der Regel zu Auswertungsaktivitäten im Plenum, die der Lehrer oder auch ein Schüler organisiert. Die beschriebene Variation der kommunikativen Ordnung macht die explizite Thematisierung der jeweils geltenden Regeln erforderlich.

Die Fähigkeit, Inhalte angemessen darbieten zu können, gehört zu den wichtigsten Anforderungen, die in Arbeitszusammenhängen von Schulabsolventen erwartet wird. So ergeben sich im Fort- und Weiterbildungsbereich ebenso Notwendigkeiten, Arbeitsergebnisse für andere aufzubereiten wie in innerbetrieblichen Teams. Aber auch dem öffentlichen Auftreten anderen gegenüber wird immer mehr Aufmerksamkeit geschenkt, zumal als Vertreter von Wirtschaftsunternehmen. Eine relativ große Anzahl auf dem Markt befindlicher Ratgeber zu diesem Thema sowie entsprechende Angebote der Volkshochschulen zeigen nicht nur, dass für diesen Bereich eine große Nachfrage besteht, sondern dass die Schulen hier eine nicht hinreichende Vorbereitung der Schüler auf gesellschaftliche Anforderungen geleistet haben. Das hängt sicher auch zusammen mit der traditionell in der aufklärerischen Tradition kultivierten Skepsis der Rhetorik gegenüber.[8] Erst in den letzten Jahren lässt sich hier eine andere, die Rhetorik auch in ihrer praktischen Seite Ernst nehmenden Tendenz feststellen (z.B. das Themenheft „Reden lernen" der Zeitschrift *Praxis Deutsch* 144/1997 sowie „Präsentieren" Heft 190/2005).

Das Präsentieren von erarbeiteten Produkten kann sich auf die rhetorische Tradition verlassen. Alle Schritte des rhetorischen Prozesses zielen bekanntlich auf den Vortrag der Rede, die *pronuntiatio* oder *actio*: Der Erfindung der Gedanken (*inventio*) folgt zunächst deren Gliederung (*dispositio*), dann deren sprachliche Darstellung (*elocutio*); schließlich bereitet das Memorieren der Rede (*memoria*) ihre Darbietung vor. Nun beschränken sich die heute an Schulen üblichen Präsentationsformen keineswegs auf Formen der sprachlichen Bearbeitung; vielmehr treten darstellerische, künstlerische und textuelle Formen wie Rollenspiel, visuelle Darstellung und Schülerzeitung hinzu, um zumindest das Spektrum der Möglichkeiten anzudeuten. Das komplexe Verhältnis von zugrunde liegenden Inhalten und ihrer Erarbeitung durch die Schüler sowie ihre sprachlich-mediale Darstellung in der Präsentation wird detailliert und kenntnisreich am Beispiel von Buchvorstellungen und Referaten von Berkemeier (2006) rekonstruiert.

Die Zur-Schau-Stellung von Schülerprodukten findet ihre Begründung im Konzept des Projektunterrichts, das von Dewey u.a. entwickelt wurde: Schüler dokumentieren in ihren Produkten eine selbstbestimmte Auseinandersetzung mit einem Gegenstand. Dieser Zu-

---

[8] So polemisiert Kant in seiner *Kritik der Urteilskraft* (1790, 183): „Beredtheit und Wohlredenheit gehören zur schönen Kunst; aber Rednerkunst (*ars oratoria*) ist, als Kunst sich der Schwächen der Menschen zu seinen Absichten zu bedienen (diese mögen immer so gut gemeint sein, oder auch wirklich gut sein, als sie wollen), gar keiner Achtung würdig."

sammenhang ist in verschiedenen didaktischen Konzeptionen aufgegriffen worden: etwa im erfahrungsorientierten Unterricht (vgl. Scheller 1981) oder im handlungs- und produktionsorientierten und Unterricht (vgl. Meyer 1987 II: 395–419, Haas 1984). Das Präsentieren von Produkten im Schonraum des Klassenzimmers kann Schülern helfen, Fähigkeiten und Fertigkeiten herauszubilden, die in einer Phase der gesellschaftlichen Individualisierung für den einzelnen von großer Wichtigkeit sind.

3.5.2. Unterrichtsszenen: Schülerbeiträge im öffentlichen Raum

Im Folgenden dokumentieren wir ausschließlich Unterrichtsszenen, in denen das Präsentieren Medium des Unterrichts ist und nicht sein Gegenstand: Es handelt sich um das Einbringen von Ergebnissen aus Gruppenarbeitsphasen. Wir werden kontrastierend Schüler aus zwei ganz unterschiedlichen Jahrgängen beobachten: Während im ersten Beispiel Viertklässler als Präsentations-Novizen zu Wort kommen, sind es im zweiten Beispiel erfahrene, eloquente Oberprimaner, die ein Einleitungsstatement zu einer Diskussion einbringen. Zum anderen dokumentieren wir eine textgestützte Buchvorstellung aus einer sechsten Klasse.

Die Analyse thematisiert einen besonderen Typ von Schülerbeiträgen, der dadurch ausgezeichnet ist, dass er in Hinblick auf die klassenöffentliche Vorstellung vorbereitet wurde. Für die Analyse gehen wir – in Anlehnung an Schwitalla (1997, 51) – davon aus, dass Beiträge ganz allgemein sequentiell geordnet sind in einen Vorlauf, einen thematischen Kern und einen Nachlauf:

1. Im *Vorlauf* bezieht sich der Sprecher auf den unmittelbar zurückliegnden Interaktionszusammenhang und gibt vorgreifend erste Informationen über den Rahmen, den er selbst mit seinem Beitrag herstellen will;
2. im *thematischen Kern* entwickelt er dessen Inhalt; und
3. im *Nachlauf* bringt er ihn zu einem Abschluss, indem er sowohl die ausgeführten Inhalte resümiert als auch übergangsrelevante Punkte setzt, an denen andere Sprecher das Rederecht übernehmen können.

Die erste Szene dokumentiert einen Ausschnitt aus einer 4. Klasse: Nach einer Gruppenarbeitsphase sollen beide Gruppen ihre Position zum Thema *Hausaufgaben* im Plenum öffentlich machen. Nach einer Aushandlungsphase, in der die Lehrerin das Prozedere in Erinnerung ruft, erteil sie nun der Schülerin Irene als Gruppensprecherin das Wort.

(15a) Hausaufgaben (1): Die erste Präsentation (Jg. 4, Deutsch)

Teilnehmer-Siglen: *L*: Lehrerin, *Ir*: Irene, *S1*: unbekannter Schüler, *mS*: mehrere Schüler. Aufnahme (1997), Transkription (1998) & Bearbeitung (1999): Vogt.

```
              >[           /                            +
       Ir [        hm (1 sec) (ja mach ich auch) .. manchmal möchte ich
 15
```

```
          >
        Ir[   Hausaufgaben machen und manchmal nicht . es sollte manch-
16

          >                           \  .
        Ir[   mal weniger Hausaufgaben geben wenn schönes Wetter ist
17

          >                                                        -
        Ir[   möchte ich keine Hausaufgaben ma aufhaben (3 sec) das
18

        L [                                                   jetzt
        Ir[   habn die andern ungefähr auch so (...)
        S6[                                    jo
        mS[                                         (Gemurmel)
19
```

Nach dem Kriterium der Lautstärkevariation lässt sich dieser Beitrag in drei Teile einteilen: Der Vorlauf beginnt leise, der thematische Hauptteil ist laut gestaltet, und im Nachlauf reduziert die Sprecherin wieder die Lautstärke. Auf diese Weise markiert die Sprecherin die Präsentation der Gruppenüberlegungen. Der Vorlauf (Fl. 15) beginnt mit einem bestätigend, steigend intonierten *hm*, mit der sie die Übernahme des Rederechts ratifiziert. Einer ersten längeren Pause folgt das leise gesprochene *mach ich auch*: Dieser Ausdruck lässt sich interpretieren als Bestätigung der zuvor von der Lehrerin formulierten Verpflichtung des Gruppensprechers, auch die Argumente der anderen mit vorzubringen. Die Schülerin akzeptiert so den ihr zugewiesenen Status des Repräsentanten. Eine kürzere Pause akzentuiert den Übergang zum inhaltlichen Hauptteil. Mit deutlich gesteigerter Lautstärke liest die Schülerin ihren Text vor, sich bemüht sich zudem um eine deutliche Artikulation (Fl. 15–18). Wiederum beschließt eine Pause ihre Präsentation. Im Nachlauf ihres Beitrags (Fl. 18–19) stützt sie ihren repräsentativen Anspruch mit der Behauptung, die anderen hätten das auch ungefähr so. Damit spielt sie auf den Widerspruch an, dass sie zwar in ihrem Text mittels des *ich* ihre persönliche Sichtweise des Hausaufgabenproblems zum Ausdruck gebracht hat, hier jedoch als Gruppensprecherin agiert. Das Gemurmel anderer Gruppenmitglieder bestätigt ihre Einschätzung.

In diesem Beitrag bearbeitet die Sprecherin den an sie herangetragenen repräsentativen Anspruch mit den Mitteln der Pausengliederung und der Lautstärkevariation; in der Darbietung selbst ist sie um eine deutliche Artikulation bemüht. Sie liest den von ihr geschriebenen Text vor. Nach Abschluss dieses Beitrags fällt das Rederecht wieder der Lehrerin zu.

Die Probleme, die dieser Beitrag deutlich macht, verweisen eher auf andere, in der Gruppenarbeitsphase selbst liegenden Probleme, die hier zum Ausdruck kommen. So hat der Arbeitsauftrag *Sprecht in den Gruppen über das Problem der Hausaufgaben* nicht dazu geführt, dass die acht Mitglieder dieser Gruppe an der Verfertigung eines gemeinsamen Produkts gearbeitet hätten – vielmehr hat sich jedes eigene Notizen gemacht im Rahmen einer gemeinsam geführten Diskussion. Die von der Lehrerin intendierte Meinungsbildung hat also durchaus stattgefunden, allerdings nicht in der für eine Auswertungsphase erwünschten Form. Deshalb muss sich die Lehrerin auch in der folgenden Sequenz mit der Thematisierung von prozeduralen Fragen die Vollständigkeit der Meinungspräsentation sicherstellen:

(15b) Hausaufgaben: Sicherung der Repräsentativität (Jg. 4)

Teilnehmer-Siglen: *L*: Lehrerin, *Kl*: Klaus, *S1, S2*: unbekannte Schüler, *mS*: mehrere Schüler.

```
20  L [ jetzt eh bitte jetzt müsst ihr das wirklich so handha-

         >                    .           /    !
21  L  >[ ben     wie wir das sonst auch tun einer gibt seine Meinung
    S5 >[ h
        [ hmhm

        >[    >                           -              /
22  L   [ ... oder trägt seine Meinung vor und die eh die Gruppe

        >[ >-
23  L   [ die wird dann durch den einzelnen vertreten ... und was

24  L [ sagn die Gruppenmitglieder ist eure Meinung so in etwa

    L [ richtig zusammengefasst    habt ihr noch Ergänzungen da
25  S1[         ja                                              ja
    mS[                            ja

    S1[ so ähnlich (2sec)
26  Kl[                 also ich bin halt dafür dass man auch

27  Kl[ Hausaufgaben macht weil man soll ja auch schlau werden

       >[                                                  !
28  Kl [ und später will man sicher auch n guten Beruf haben
```

Die Lehrerin konzentriert sich in diesem Abschnitt auf die Akzentuierung prozeduraler Fragen, indem sie das übliche Vorgehen innerhalb der Lerngruppe ihren Schülern ins Gedächtnis ruft (Fl. 20–23): Einer liest das vor, was er während einer Gruppenarbeitsphase geschrieben hat, und die anderen ergänzen, falls ihre Meinung nicht berücksichtigt wurde. Nach dieser Erinnerung kehrt sie zur Thematisierung der aktuellen Frage zurück (Fl. 23–25), indem sie bei den anderen Mitgliedern der Gruppe nachfragt, ob deren Meinung auch eingebracht worden ist und ob noch Ergänzungen zu machen sind. Die meisten der Angesprochenen signalisieren in unterschiedlicher Form ihr Einverständnis, nur Klaus nutzt die

Gelegenheit, seine Position einzubringen (Fl. 28). Auch dieser Beitrag lässt sich als Präsentation rekonstruieren: Nach dem einleitenden, die Redeabsicht anzeigenden *also* folgt eine explizite Standpunktmarkierung, deren Geltung für das Folgende durch die Partikel *halt* abgeschwächt ist. Die Meinungsbekundung umfasst sowohl die These als auch die dazu gehörige Begründung; die Verwendung des Indefinitpronomens *man* akzentuiert den Anspruch des Schülers nach einer über-individuellen kollektiven Geltung seiner Meinung. Die Akzente auf *schlau* und *Beruf* sichern auch intonatorisch den von ihm implizierten Zusammenhang von guter Ausbildung und besseren beruflichen Möglichkeiten. Mit dieser kollektive Geltung indizierenden Präsentation seiner Position setzt er sich deutlich von seiner Mitschülerin ab, die ja in ihrem Beitrag ihre persönlichen Präferenzen zum Ausdruck gebracht hat.

Nicht nur mithilfe von prosodischen Mitteln markieren Schüler dieser 4. Klasse die Präsentation ihrer eigenen Meinung, sie nutzen darüber hinaus auch schon jene sprachlichen Mittel der Verallgemeinerung, die geeignet sind, den Geltungsanspruch ihrer Position zu erweitern.

Wie lösen nun erfahrene Schüler die Aufgabe, als Repräsentanten in einer inszenierten Diskussion aufzutreten? Besonders interessiert hier die Frage, ob die Präsentation des Produkts auch hier die dreischrittige Verlaufsform hat, wie sie oben herausgearbeitet wurde: Kommt es hier auch zu einem informellen Vor- bzw. Nachlauf und wie markieren die Schüler ihre Präsentation? Wir werden uns nun mit Ausschnitten zweier Beiträge beschäftigen, in denen ausgewählte Schüler die Arbeitsergebnisse einer Gruppenarbeit einbringen.

(16a) Todesstrafe: Vorlauf und thematischer Kern des ersten Schülerbeitrags (Jg. 13, Gemeinschaftskunde)

In der folgenden Szene beginnen zwölf Schüler der 13. Jahrgangsstufe, die Frage „Todesstrafe – ja oder nein?" zu diskutieren. Sie haben selbst nicht nur das Thema gewählt, sie haben darüber hinaus auch die Organisationsform des Gesprächs festgelegt, indem sie zwei Diskussionsleiter bestimmt und die anderen in zwei Gruppen (*pro* bzw. *contra*) eingeteilt haben. In einer Gruppenarbeitsphase haben sich die beiden konkurrierenden Gruppen auf die Diskussion eingestellt; es ist vereinbart worden, dass jede Gelegenheit zu einem Eingangsstatement bekommt.

Teilnehmer-Siglen: *L*: Lehrerin; *D1, D2*: Diskussionsleiter; *P1-5*: Vertreter der Pro-Partei; *C1-5*: Vertreter der Contra-Partei. Aufnahme (1998), Transkription (1998) & Bearbeitung (1999): Vogt.

```
        >       :                  /
7   C1 [      gut dann fangn wir an und zwar wir sind gegen die To-

        >                              !
8   C1 [      desstrafe ganz einfach aus dem Grund . erstens weil kein

        >                                    !/
9   C1 [      Mensch über einen andren richten darf kein Mensch kann
```

```
          >  [       !                                 :
10    C1 [   sich erlauben über das Leben eines andren zu . ja zu ent-
```

```
          >  [       /                                                  <
11    C1 [   scheiden das zweite is wir stimmen zwar da zu . dass (...)
```

Dieser Transkriptauszug dokumentiert den Vorlauf sowie den ersten thematischen Kern eines Schülerbeitrags. Der Vorlauf reicht bis zur Floskel *und zwar* (Fl. 7), dann beginnt die Entfaltung des thematischen Kerns.

Der Vorlauf selbst besteht aus drei Segmenten. Mit dem initialen gedehnten *gut* bestätigt die Schülerin, dass sie bereit ist, das ihr vom Diskussionsleiter zugewiesene Rederecht zu übernehmen. Im nächsten Schritt expliziert sie den Status ihres Beitrags, indem sie nicht nur seine sequentielle Position markiert, sondern auch seinen Geltungsanspruch – mit dem *wir* verdeutlicht sie die Repräsentativität der nachfolgenden Ausführungen. Die formelhaft verwendete Formulierung *und zwar* leitet über zum thematischen Kern; sie gehört auch deswegen noch zum Vorlauf, weil sie syntaktisch nicht in die Konstruktion der inhaltlichen These eingebunden ist.

Der inhaltliche Kern besteht aus mehreren Teilen, von denen hier nur die ersten beiden dokumentiert sind. Die These *wir sind gegen die Todesstrafe* erfährt eine argumentative Absicherung in mehreren Schritten, die von der Schülerin durch die ordenden Zahladverbien *erstens* etc. auch als solche markiert sind. Auch die Begründungsrelation wird explizit thematisiert, hier in der syntaktischen Form eines Anakoluths, der die Funktion erfüllt, die vorzubringenden Argumente herauszustellen (Fl. 2). Mittels eines *weil*-Satzes bringt die Schülerin das erste Argument vor, zweifach in Form von generalisierten Behauptungen, deren Geltungskraft als so stark eingeschätzt wird, dass eine Modalisierung oder ähnliche relativierende Formen als nicht nötig erscheinen. Die zweite Behauptung (Fl. 9–10) lässt sich als Paraphrase der ersten lesen; sie hat die Funktion, die zuvor eingebrachte Begründung in Hinblick auf die zur Diskussion stehenden Frage zu verdeutlichen.

Die Schülerin agiert als eine sachlich souveräne Vertreterin des Contra-Standpunktes, die vor Beginn ihrer Argumentation die selbst- bzw. situationsreflexiv für notwendig erachteten Hinweise gibt, so dass sie anschließend darauf zunächst keinen Bezug mehr zu nehmen braucht. Erst im Nachlauf kommt sie darauf wieder zurück:

(16b) C1: das war erst mal ein Einstieg die weiteren Argumente folgen (Fl. 26–27)

Das letzte von ihr eingebrachte Argument wird durch eine kurze Pause vom Nachlauf abgegrenzt. Zusammen mit dem betonten *gut* leitet die Pause über zum Nachlauf, der ex post den Status des Beitrags noch einmal metakommunikativ thematisiert. Dieser Nachlauf nimmt sowohl Bezug auf die Positionierung des Beitrags als Eröffnung als auch auf die in Aussicht stehende Auseinandersetzung mit der Pro-Gruppe. So abgesichert kann das Rederecht wieder abgegeben werden. Nicht der Diskussionleiter übernimmt nun das Wort, sondern der Sprecher der Pro-Gruppe.

In diesem Beitrag dienten sowohl sein Vor- als auch sein Nachlauf der metakommunikativen Explikation seines Status, während die Entfaltung des thematischen Kerns sich auf die propositionale Entfaltung der Argumente konzentrierte. Um diese Beobachtungen zu überprüfen, vergleichen wir im Folgenden den Vor- und Nachlauf des Eröffnungs-Statements der Pro-Gruppe.

(16c) Todesstrafe: Vor- und Nachlauf des zweiten Schülerbeitrags

```
            >  !
27    P4 [          so also ich möchte sagen wir sind für die

            >      /
28    P4 [  Todesstrafe und zwar denk ich hier sprech ich hier im Sin-

            >                                              !
29    P4 [  ne unsrer Gruppe wenn ich sage dass wir grundsätzlich für

            >                /
30    P4 [   die Todesstrafe sind also wir sind auch durchaus der

            >                              /
31    P4 [  Meinung dass man da differenzieren muss je nach Tat ...

...

            > !
41    P4 [  . bestrafen aber ich will jetzt nicht so viel vorwegneh-

42    P4 [  men an Argumenten von daher war das auch ne kleine Einlei-

      D1 [                              ja welche Seite contra
      C1 [          fangen wir mal an oder
43    P4 [  tung
```

Der Vorlauf dieses Beitrags ist relativ kurz, während der Anfang des thematischen Kerns von metakommunikativen Elementen durchsetzt ist. Der Nachlauf schließlich enthält ebenfalls sowohl ein rückbezügliches als auch ein vorgreifendes Element.

Der dreigliedrige Vorlauf (Fl. 27) dient zunächst dazu, das dem Sprecher zugefallene Rederecht zu bestätigen (*so*), sodann wird der Beitrag angekündigt (*also*) und schließlich markiert die Verwendung des Ausdrucks *ich möchte sagen* den Übergang zum thematischen Kern. Im Unterschied allerdings zu seiner Vorrednerin bearbeitet er hier nicht den repräsentativen Charakter seines Beitrags; das bleibt den gewählten Formulierungen in der Entfaltung des thematischen Kerns vorbehalten. Hier finden sich zahlreiche metakommunikative Elemente. Vor allem geht es dem Schüler um die Repräsentativität seines Statements, die er dadurch markiert, dass er das Verhältnis seines Beitrags zu seiner Gruppe thematisiert. Genauer: Er sichert noch genauer als seine Vorrednerin den Status seines Beitrags metakommunikativ ab, indem er die Gruppenthese zunächst formuliert (*wir sind für die Todesstrafe*, Fl. 27) und sie dann eingebunden in die formelhaft gebrauchte Wendung *denk ich hier sprech ich hier im Sinne unsrer Gruppe* (Fl. 28) wiederholt, intensiviert durch das neu hinzu gekommene Adjektiv *grundsätzlich* (Fl. 29). Im Nachlauf schließlich positioniert er seinen Beitrag als Einleitungsstatement, indem er nicht nur auf die anstehende Auseinandersetzung verweist, sondern auch seinen eigenen Beitrag als solches markiert.

Auch in diesem Beispiel arbeitet der Schüler daran, die Bedingungen seines Beitrags explizit zu machen. Neben den schon bekannten Möglichkeiten, dies im Rahmen eines Beitragsvorlaufs bzw. -nachlaufs zu tun, kommt es in der thematischen Entfaltung zu einer ständigen metakommunikativen Kontrolle der eingebrachten Thesen.

Das letzte Beispiel stammt aus der Arbeit von Anne Berkemeier (2006, 71f.) und dokumentiert eine Buchbesprechung in einer sechsten Klasse des Gymnasiums. Die Buchbesprechungen werden von den Schülern parallel zum laufenden Unterrichtsthema über einen längeren Zeitraum verteilt vorgetragen; zum Aufbau der Besprechung gibt es bestimmte formale Vorgaben, wie den Tafelanschrieb mit bibliographischen Angaben, die Nennung des Titels, Autors und Verlags; außerdem werden der Inhalt wiedergegeben, eine ausgewählte Stelle vorgelesen und ein persönliches Urteil abgegeben. Für ihre Buchvorstellungen fertigen die Schüler Sprechvorlagen an, deren Wortlaut im Transkript fett und kursiv unter der Sprecherzeile wiedergegeben wird.

(17) Buchvorstellung (Jg. 6 Gymnasium)

```
       L [ mich zurück.
       V [         Also ich (.) spreche über ein Buch von (.)
                                             2 Autor:
67

       V [ Hans Peter Richter, damals war es Friedrich, und zum Au-
         [ Hans Peter Richter 1 Damals war es Friedrich
68

       V [ tor, weiß ich nur, dass er neunzehnhundertvierund(.)zwan-
                            geb. 1925
69

       V [ zig in Köln geboren wurde und mit zweiundsiebzig (.) neun-
         [ in Köln                                           + 1993
70

       V [ zehnhundertdreiundneunzig auch dort starb, der Verlag is
                                                         Verlag:
71
```

72	V ⌈ der dtv Junior, dazu konnt ich <u>lei</u>der in der kurzen Zeit ⌊ **dtv Junior**
73	V [jetzt nichts Tolles rausfinden, und das Buch handelt
74	V ⌈ von der Judenverfolgung im und nach dem zweiten Weltkrieg ⌊ **Inhalt: Judenverfolgung im und nach dem 2. Weltkrieg!**
75	V ⌈ in dem Buch gibt es die Person Friedrich Schneider, den ⌊ **s. Rückseite! Personen: Friedrich S.**
76	V ⌈ Ich-Erzähler seinen Freund, Herrn und Frau Schneider, ⌊ **Ich erzähler Herr + Frau S.**
77	V ⌈ Herrn und Frau Resch, und Mutter und Vater. Mutter und ⌊ **Herr + Frau R. Mutter + Vater**
78	>⌈ - - V ⌊ Vater sind ähm die Eltern von dem Ich-Erzähler. Ähm zu dem
79	V [Buch noch Herr Resch is der Hausbesitzer von dem Haus
80	V [wo Schneiders und die andere Familie leben, und der
81	V [Herr Resch is zu Anfang eigentlich ein ganz normaler Mensch
82	>⌈ - V ⌊ nur dann später als ähm (2) es verboten wird mit Juden
83	>⌈ - \ V ⌊ ähm ja näheren Kontakt zu haben, will er denen kündigen.
84	V [Davon kommt jetzt in dem Stück erstmal <u>nichts</u> vor.
85	V ⌈ /// liest die ausgewählte Stelle /// (3) Mein Urteil zu ⌊ **Urteil:**

139

```
     ┌─────────────────────────────────────────────────────────────┐
     │ V ┌ dem Buch, es ist sehr gut, weil (.) es einem darstellt  │
     │   [      sehr gut!                                          │
  86 └─────────────────────────────────────────────────────────────┘
     ┌─────────────────────────────────────────────────────────────┐
     │ V [ (2) wie's den Juden damals ergangen ist, und ich bin darauf │
  87 └─────────────────────────────────────────────────────────────┘
     ┌─────────────────────────────────────────────────────────────┐
     │ V [ gekommen, weil wir's im Moment im Religionsunterricht   │
  88 └─────────────────────────────────────────────────────────────┘
     ┌─────────────────────────────────────────────────────────────┐
     │ V [ lesen,                                                  │
     │ M [        Will (    ) was dazu sagen? (3) Bitte            │
  86 └─────────────────────────────────────────────────────────────┘
```

Im Unterschied zu den anderen Beispielen haben wir es hier mit einer Präsentation zu tun, die individuell in häuslicher Arbeit vorbereitet wurde, indem der Primärtext zunächst gelesen und dann in Form einer Inhaltsangabe zusammengefasst wurde, die gestützt wird durch eine Visualisierung an der Tafel und zu der eine Sprechvorlage angefertigt wurde, auf die sich der Präsentierende stützen kann. Auch diese Präsentation beginnt in Fl. 67/68 mit einem Vorlauf, in dem die folgende Buchbesprechung angekündigt und damit aus dem laufenden Geschehen herausgelöst wird, gefolgt vom thematischen Kern, der sich an den inhaltlichen Vorgaben des Lehrers orientiert. In den Fl. 68–77 überführt der Sprecher sukzessive seine schriftliche, aus Stichwörtern bestehende Sprechvorlage in eine Verkettung (= Äußerungsfolge ohne Sprecherwechsel) mündlicher Assertionen. Dabei zeigt sich, dass die Stichwörter eben nicht nur abgelesen, sondern in einen eigenen mündlichen Zusammenhang gebracht werden; die Äußerungen sind alle wohlgeformt, ohne eindeutig der geschriebenen Sprache zugeordnet werden zu können. Darin wird die Sonderstellung dieser Äußerungen zwischen den Polen Mündlichkeit und Schriftlichkeit besonders deutlich; insbesondere wenn man sie mit den Äußerungen in den Fl. 78–84 vergleicht, in denen der Sprecher ohne Vorlage weitere Informationen zum Buch liefert, die zum Verständnis der Vorlesestelle relevant sind. Hier finden sich Verzögerungselemente (*ähm*) und auch eher mündlichsprachliche Konstruktionen (*der Hausbesitzer von dem Haus wo*).

Im Anschluss an die Vorlesestelle schließt sich in den FL. 85–87 noch die eigene Beurteilung einschließlich Begründung an sowie in den Fl. 87–89 ein Hinweis auf die ursprüngliche Leseanregung. Das ist zugleich der Abschluss der Kernphase, zu erkennen an der fallendens Intonation. Die Rückführung in die übliche Unterrichtskommunikation wird dann vom Moderator, einem anderen Schüler, in Fl. 89 übernommen.

3.5.3. Prozeduren des Präsentierens

In diesem Abschnitt haben wir zahlreiche Techniken kennen gelernt, mit deren Hilfe Schüler kenntlich machen, dass sie ihre Produkte im Unterricht präsentieren. Sie nutzen dafür nicht nur die entsprechenden Stellen in der sequentiellen Organisation ihres Beitrags, sondern auch prosodische Mittel; darüber hinaus geben sie in ihren Formulierungen Mitteilung über den Status ihrer Äußerungen. Die herausgearbeiteten Techniken lassen sich als Prozeduren i.S. der funktionalen Pragmatik rekonstruieren. Die nachfolgende Übersicht fasst die in diesem Abschnitt herausgearbeiteten sprachlichen Mittel zusammen.

Übersicht 3.2: Sequentielle Organisation von Schülerpräsentationen

Phase	Techniken	Prosodische Mittel
Vorlauf	Redeübernahme	Pausengliederung
	Anfangsmarkierung	Lautstärkemodulation
	metakommunikatives Element	Akzentuierung
	Vorbereitung des thematischen Teils	
thematischer Kern	metakommunikative Elemente	
	Markierung von Repräsentativität (*wir*)	
	Erweiterung des Geltungsanspruchs (*man*)	
Nachlauf	Abschlussmarkierung	
	Signalisierung der Übergabebereitschaft	
	Platzierung übergangsrelevanter Punkte	

3.6. Inhaltliche Zusammenhänge erschließen: Erklären im Unterricht

3.6.1. Linguistik und Didaktik von Erklärprozessen

Eine der wesentlichen Aufgaben von Unterricht ist es, den Schülern Einsichten in tiefer liegende fachliche bzw. inhaltliche Zusammenhänge zu vermitteln. Dies betrifft vor allem den Unterricht in den naturwissenschaftlichen Fächern oder in Mathematik, aber auch im Bereich der Sprachvermittlung oder im sozialkundlich-historischen Bereich ist es erforderlich, dass die Lehrer Strategien entwickeln, mit deren Hilfe es den Schülern möglich wird, Hintergründe von komplexen Sachverhalten angemessen zu erschließen. Lehrer müssen also in ihrem unterrichtlichen Handeln Prozesse initiieren, entwickeln und zum Abschluss bringen, die geeignet sind, Schülern solche Wissensbestände zu vermitteln, die es ihnen ermöglichen, Ursachen von naturwissenschaftlichen Prozessen, Hintergründe von historischen Ereignisse oder Bedingungen sprachlichen Handelns zu erkennen und zu reflektieren. Kurz: Der Lehrer muss ein unterrichtliches Arrangement schaffen, mit dessen Hilfe er fachliche Zusammenhänge *erklären* kann.

In erster Annäherung kann die Bedeutung von *erklären* im skizzierten Kontext so umschrieben werden: ‚etwas schwer zu Verstehendes durch Worte klar, deutlich machen'. Davon ist die Gebrauchsweise zu unterscheiden, in der ‚etwas offiziell zum Ausdruck gebracht bzw. gesagt wird' (z.B. durch eine Regierung ein Krieg gegen ein anderes Land) bzw. ‚jemand der etwas bzw. sich als etwas kennzeichnet oder bezeichnet' (z.B. jemand, der sich selbst als nicht zuständig erklärt). Für die Situation der Vermittlung von Stoff bzw. Inhalten im unterrichtlichen Zusammenhang ist nur die erste Variante angemessen.

Im Unterschied zu anderen, vergleichbaren sprachlichen Handlungen ist eine spezifische Eigenheit des Erklärens, dass die damit hergestellte Veränderung im Wissen des Hörers weiter geht als in anderen Zusammenhängen: Ein Lehrer, der seinen Schülern etwas *erklärt*, verfügt über ein bestimmtes fachliches Wissen, das so spezialisiert bzw. differenziert ist, dass die Ursachen und Gründe für bestimmte Phänomene vermittelt werden können. Insofern unterscheidet sich das Erklären von anderen sprachlichen Handlungen, in denen es ebenfalls um den Ausgleich von Wissensdefiziten geht. So sind es beim Feststellen oder Informieren beispielsweise neue Nachrichten, die für den Hörer im Rahmen einer gegebenen Situationskonstellation wichtig sind. In der Regel werden diese Informationen sprachlich dann realisiert, wenn der Nicht-Wissende entsprechende Fragen stellt. Ähnliches gilt für das Beschreiben, für das auch der Aspekt sprachliche Repräsentation der visuellen Anschauung zentral ist. Darüber hinaus lassen sich auch Vorgänge oder Prozesse beschreiben. Beim Behaupten bzw. Begründen dagegen geht es darum, eine Behauptung mit Argumenten zu stützen; diese Äußerungsformen werden erst dann erforderlich, wenn in einem Gespräch unterschiedliche Perspektiven in Hinblick auf ein strittiges Problem deutlich werden. Schließlich geht es auch beim Erläutern darum, Handlungen und Zusammenhänge jemandem verständlich zu machen. Diese Konstellation weist sehr große Überschneidungen mit dem Erklären auf, da auch hier solche Informationen eingebracht werden, die für das Verständnis eines bestimmten Zusammenhangs erforderlich sind.

Zusammenfassend lässt sich die Bedeutung von *erklären* so beschreiben: In einer in Hinblick auf die Wissensverteilung asymmetrischen Interaktion wird der zu erklärende Sachverhalt mit Hilfe von Assertionen in einen übergeordneten Funktionszusammenhang eingeordnet: Auf diese Weise werden seine Existenz, Entstehung und äußere Beschaffenheit verständlich. Diese Formen erfordern ein Mindestmaß an analytischer Durchdringung und Abstraktion (vgl. auch Zifonun et al 1997, S. 131). Nach dem Kriterium der Funktionalität lassen sich grob drei Erklärtypen voneinander unterscheiden: Während beim „Erklären-warum" Informationen gegeben werden, die Gründe für Sachverhalte oder Handlungsmotive verdeutlichen, geht es beim „Erklären-was" um die Vermittlung von weitergehenden Informationen. Beim „Erklären-wie" schließlich geht es um Instruktionen, die jemanden in die Lage versetzen, bestimmte Handlungen auszuführen. (vgl. Klein 2001).

Der Typ „Erklären-warum" wird vor allem genutzt, um das Zustandekommen eines Sachverhalts zu explizieren. Dabei lassen sich zwei Typen voneinander unterscheiden, nämlich deduktiv-nomologische und teleologische. Bei den deduktiv-nomologischen, also auf Ursachen bezogenen Erklärungen geht es i. W. um naturwissenschaftlich beantwortbare Fragen, die eine konkrete Erscheinung mit allgemeinen Naturgesetzen in Verbindung bringen. So könnte beispielsweise die Frage von Person A, warum Person B auf dem Bürgersteig ausgerutscht sei, mit Verweisen auf die Jahreszeit (*Winter*), die Form des Niederschlags (*Regen*) und die Temperatur (*unter Null*) beantworten werden: Aufgrund der genannten Bedingungen ist das Regenwasser gefroren, was zu Glatteis auf dem Bürgersteig geführt hat. Teleologischen Erklärungen, die sich auf Ziele oder Zwecke von Handelnden beziehen, werden durch Fragen nach den Gründen für Handlungsweisen von Subjekten erforderlich, die sich auf Umstände und Motive beziehen. Die Frage von A beispielsweise, warum B viel zu spät zu einer Verabredung gekommen ist, wird dieser beantworten durch Verweise auf die konkreten Umstände (z.B. *Stau auf der Autobahn*), die es verhindert haben, dass er pünktlich zum vereinbarten Ort gekommen ist. Für diesen Erklärungstyp ist also deklaratives Wissen erforderlich, das entsprechend den situativen Erfordernissen aktiviert wird: Ausgangspunkt ist ein Phänomen, das durch die Angabe von Naturgesetzen oder durch die Angabe von Gründen erklärt werden kann.

Dies gilt auch für den Typ „Erklären-was", nur in umgekehrter Richtung. Hier steht beispielsweise ein Begriff im Vordergrund, dessen Bedeutung und Verwendungsweise durch denjenigen, der über das entsprechende Wissen verfügt, erklärt werden kann. Dies ist dann gegeben, wenn A einen Ausdruck verwendet, den B nicht versteht bzw. dessen Bedeutung er nicht kennt. Dies kann beispielsweise bei Fachausdrücken, Fremdwörtern oder Redewendungen der Fall sein. Nehmen wir an, in einem Gespräch über einen Text nutzt eine Person A den Ausdruck *Metapher*. Person B kennt diesen Ausdruck nicht und fragt deshalb nach. A wird jetzt eine Bedeutungsbeschreibung des Begriffs geben, indem sie beispielsweise die Bedeutung des Ausdrucks als ‚sprachliches Bild' oder als ‚verkürzten Vergleich' expliziert. Es geht um begriffliche Wissensbestände, die, nachdem die Person B ihr Nicht-Wissen kundgetan hat, im Verlauf der verbalen Interaktion durch A an B weitergegeben werden (vgl. dazu auch Zifonun et al. 1997, 103ff.).

Der Typ „Erklären-wie" setzt voraus, dass A über ein prozedurales Wissen verfügt, B aber nicht. Das Wissen von A bezieht sich generell auf die Kenntnis von Abläufen, etwa in welcher Reihenfolge Handlungen koordiniert werden müssen, um ein bestimmtes Ziel zu erreichen. Dabei muss unterschieden werden zwischen dem Erklären eines unbekannten Prozesses, auf den sich das zu vermittelnde prozedurale Wissen bezieht, und der Anleitung zur Ausführung eben dieser Prozedur. Denn einmal geht es um die Vermittlung von prozeduralem Handlungswissen, das andere Mal um die Ausführung der Handlung selber (vgl. Becker-Mrotzek 2004, 183ff.). Beide Formen können im Vollzug realisiert werden, indem beim Anleiten Erklärungen genutzt und bei Erklärungen diese durch Handlungsausführungen veranschaulicht werden.

Bezogen auf den Unterricht in der Schule lässt sich feststellen, dass die Schule eine Institution ist, in der sehr viele inhaltliche Zusammenhänge erklärt werden müssen, wenngleich das ihren Agenten nicht immer bewusst ist. Tatsächlich verlangt die institutionelle Konstellation mit Lehrern und Schülern vom Lehrer eine Erklärkompetenz, denn es gilt, ein jeweils fachlich spezialisiertes Wissen zu vermitteln. Dies ist beispielsweise bei der inhaltlichen Vorbereitung des Unterrichts zu beachten, denn der Lehrer fraktioniert sein Wissen in Hinblick auf den antizipierten Lernprozess. Eine reibungslose Umsetzung des geplanten Verlaufs ist nicht zu erwarten: In der Interaktion zwischen Lehrer und Schülern kann es immer wieder zu kritischen Momenten kommen, die interaktiv bearbeitet werden müssen.

3.6.2 Unterrichtsszenen: Phasen des Erklärprozesses

Für die Prozessierung von Erklärungen im Unterricht legen wir ein Beschreibungsmodell zugrunde, das die üblicherweise verwendeten Schritte der Planung und Durchführung von Unterricht zugrunde legt. Es umfasst vier Phasen, nämlich die Aufmerksamkeitsausrichtung, die Phänomenisolierung, die Fokussierung und die Exemplifizierung. Die Phasen sollen exemplarisch am Beispiel einer Unterrichtsstunde zum Thema „Metapher" vorgestellt werden. In dieser Stunde führt eine Lehrerin in einer 8. Gymnasialklasse den Begriff der Metapher ein, indem sie zunächst ein Gedicht mit dem Titel „Scheinfreundschaft" analysiert.[9]

Die einleitende Phase der *Aufmerksamkeitsorientierung* dient dazu, die Schüler auf den vom Lehrer antizipierten thematischen Schwerpunkt zu konzentrieren. Dazu wird oft ein sog. „stummer Impuls" verwendet, also ein Bild gezeigt, eine Folie aufgelegt oder ein Gegenstand den Schülern präsentiert, der geeignet ist, Aufmerksamkeit zu erzeugen. In unserem Unterrichtsbeispiel nutzt die Lehrerin eine Folie, in der sich gegenseitige festhaltende Hände zu sehen sind. Hierzu äußern die Schüler Eindrücke. Abschließend fasst die Lehrerin diese Eindrücke zusammen, um zum Thema zu kommen, nämlich zu einem Gedicht mit dem Titel „Scheinfreundschaft". Der Titel ist den Schülern zu diesem Zeitpunkt noch nicht bekannt. Sie erteilt den Schülern die Aufgabe, zu überprüfen, was dieses Bild mit dem Gedicht „Scheinfreundschaft" zu tun hat. Beim Austeilen der Arbeitsblätter erläutert sie dessen Aufbau und vergewissert sich, dass alle Schüler ein Blatt vorliegen haben. Es folgt die Aufgabenstellung sowie eine Ankündigung des weiteren Vorgehens. Anschließend liest ein Schüler das Gedicht vor. Mit der folgenden Frage stellt sie den Zusammenhang zwischen dem Bild und dem Gedicht her.

(18a) Aufmerksamkeitsausrichtung

Teilnehmer-Siglen: L: Lehrerin, Sa: Sandra, Ch: Charlotte, mS: mehrere Schüler

1	L [was könnte des jetzt mit dem Bild zu tun haben . Sandra

2	Sa >[also da gehts halt wahrscheinlich um Freundschaft . weil

3	Sa >[des steht ja auch drin und dass man zusammenhält ja . aber

---

[9] Es handelt sich um ein Gedicht von Kristiane Allert-Wybranietz mit dem Titel Scheinfreundschaft
Du bist gekommen / und wir legten unsere / Freundschaften zusammen.
Du stecktest meine ein / wie einen Geldschein.
Unsere Freundschaft - / ein Gutschein, / den du hervorholst, /wenn du etwas willst? / Sonst nichts?
Ab heute / bleibt mein Schalter /geschlossen!

145

```
4   Sa[ da steht ja auch drin dass es jetzt vorbei ist und ich

         >
5   Sa [ versteh halt nicht ganz warum des so viele Hände sind ja

         >
6   Sa [ . weiß nich also mir kommts so vor als wärn da nu zwei

    L [           ja also es besteht auchn Unterschied .. jawoll
7   Sa[ Personen

    L [ . Charlotte
8   Ch[           ich würd sagen also dass halt hm irgendwie

         >
9   Ch [ die erste Strophe n bisschen bis zu dem . zusammen es

10  Ch[ isch irgendwie . des beschreibt des Bild so und dass die

    L [                                                  hm also
11  Ch[ halt son Bild haben und die sich dann loslassen

    L [ des passt in den ersten Teil des Bildes
12  Ch[                                         ja
```

Nach Abschluss der Textrezeption fordert die Lehrerin (1) die Schüler dazu auf, sich Gedanken über den Zusammenhang von Bild und Text zu machen. Sandra gibt in ihrer Antwort zunächst an, dass es im Gedicht um das Thema Freundschaft geht. Sie begründet diese Einschätzung damit, dass dieser Ausdruck explizit im Text enthalten sei und erläutert werde. Zudem verweist sie darauf, dass am Ende die Freundschaft bereits vorbei sei. Dann stellt sie einen Bezug zum Bild her, da sie der Meinung ist, dass man auf dem Bild mehr als nur vier Hände sehen könne, mithin mehr als zwei Personen beteiligt seien. Die Lehrerin bestätigt diese Beobachtung. Nun erhält Charlotte das Wort. Sie ordnet den visuellen Eindruck der Folie der ersten Gedichtstrophe zu, da das Bild genau diese Verbundenheit zum Ausdruck bringe. Die Lehrerin paraphrasiert den Beitrag, um sich von der Angemessenheit ihrer Sichtweise zu überzeugen. Dies wird abschließend von der Schülerin explizit bestätigt.

Es handelt sich hier um eine relativ konventionell gestaltete thematische Einführung: Ein Bild, das das Thema Freundschaft symbolisch zum Ausdruck bringt, wird genutzt, um die Schüler ins Thema einzuführen und eine erste Annäherung zu ermöglichen. Nach der

Rezeption des Gedichttextes hat die Aufgabe, Gedichtinhalt und Bild miteinander in Beziehung zu setzen, die Funktion, die Aufmerksamkeit der Schüler auf den im Mittelpunkt der Stunde stehenden Text zu richten. Damit ist die Phase der Aufmerksamkeitsorientierung abgeschlossen, denn nun beginnen die Schüler, sich mit dem Gedichttext auseinanderzusetzen.

Die Phase der *Phänomenisolierung* dient i.W. dazu, den ausgesuchten thematischen Schwerpunkt nachhaltig zu fokussieren. In unserem Beispiel dauert sie relativ lange, denn die Lehrerin bespricht das thematisierte Gedicht „Scheinfreundschaft" in Hinblick auf die darin enthaltenen metaphorischen Ausdrücke. Diese werden auf einer Overhead-Folie in einer besonderen Spalte beschrieben bzw. paraphrasiert. Dabei greift der Lehrerin im Wesentlichen die Vorschläge der Schüler zwar auf, allerdings leicht modifiziert.

Im Folgenden geht es um die gemeinsame Analyse der 2. Strophe: „Du stecktest meine ein / wie einen Geldschein." Der Lehrerin fragt zunächst, welches Bild als nächstes kommt.

(18b) Phänomenisolierung

```
Teilnehmersiglen: L:Lehrerin, Ma: Marlene, De: Dennis
```

```
       >
    L  [  so dann das nächste Bild was habt ihr da ((1 sec)) Marlene
1
```

```
    Ma[ der macht des wie sone Kasse is für ne Freundschaft (...)
2
```

```
       >                                                \/
    L  [  jawohl                              hmhm also
    Ma[        son Schalter wo mers rauslassen kann
3
```

```
       >   :        !           !              \   \/
    L  [  wie son son eh Kassen son Automaten an der Bank . hmhm
4
```

```
    L [ . Dennis
    De[       ich hab mir halt so vorgestellt dass da einer
5
```

```
    De[ zum andern kommt und sich n Geldschein abhebt und dann
6
```

```
       > ! :     >                         <
    L  [  aha . eh wie kann man des bezeichnen is eher ne (...) ..
7
```

```
       >                                           :    !
    L  [  überleg mer mal ((7 sec)) kassenautomat also . Bankschal-
8
```

```
        L [ ter                                                    \
      > [
 9    De    soso auch wie die Marlene gesagt hat dass der .
```

```
      > [    !             !                              !
10    De   Freund da wie so ne Kasse isch und mer sich da bedient . so
```

```
      > [                                                 /
11    L    okay . hmhm solln wir es denn so stehn lassen oder ..
```

Der erste Beitrag der Lehrerin orientiert die Schüler auf die Suche nach dem nächsten metaphorischen Ausdruck. Nach einer kurzen Pause erteile sie Marlene das Wort. Diese expliziert ihr Verständnis von der Gedichtzeile, indem sie explizit den Aspekt des Kaufens thematisiert. Dazu wählt sie die Form des Vergleichs: Die Freundschaft, die wie ein Geldschein eingesteckt wird, erscheint ihr als *Kasse*. Anschließend bringt sie die naheliegende Assoziation zum (Bank-)*Schalter* ein. Die Lehrerin bestätigt zunächst in ihrer beitragsinternen Rückmeldung die Angemessenheit dieser Interpretation, um anschließend den Inhalt der Äußerung zu paraphrasieren. Dabei bearbeitet sie den inhaltlichen Schwerpunkt, indem sie die inhaltliche Aussage auf den aktuellen Stand des Bargelderwerbs gleichsam aktualisiert: Statt des Schalters führt sie den Begriff *Kassenautomat* ein, nicht ohne auch prosodisch Akzente zu setzen. Dennis, dem sie anschließend das Wort erteilt, markiert seinen Beitrag als individuelle Vorstellung: Einer kommt zum anderen und hebt sich den Geldschein ab. Die Lehrerin ratifiziert den Beitrag, um anschließend zu fragen, welches Stichwort sie nunmehr notieren soll. Die erhöhte Sprechgeschwindigkeit zeigt, dass sie nicht unbedingt mit einer Schülerantwort rechnet. Vielmehr notiert sie nach einer Pause den Ausdruck Kassenautomat auf der Folie, wiederholt jedoch noch einmal die konkurrierende Bezeichnung *Bankschalter*. Dennis bestätigt die Angemessenheit dieser Präzisierung, indem er auf den initiierenden Beitrag von Marlene verweist, die bereits zu Beginn eine ähnliche Interpretation eingebracht hat. Abschließend fragt die Lehrerin noch einmal kurz nach, ob man das so stehen lassen kann – offensichtlich ist ihr auch bewusst, dass sie selbst jene Akzentverschiebung zum Kassenautomat eingebracht hat und bittet hier die Schüler um Prüfung. Mit der Rederechterteilung beginnt eine neue Sequenz im Unterrichtsgespräch.

Nachdem die Schüler auf diese Weise bereits die erste Strophe des Gedichts bearbeitet haben, wird deutlich, dass ihnen klar ist, was die Lehrerin von ihnen erwartet: Sie beschäftigen sich mit den im Gedicht genutzten Metaphern. Sie werden interaktiv von der Lehrerin unterstützt, die die genannten Aspekte aufgreift und bearbeitet: Dies zeigt sich an der Verschiebung vom *Schalter* zum *Automaten*. Dabei fällt auf, dass sie dies auch reflektiert einbringt, wenn sie etwa die Angemessenheit ihres Vorschlags durch eine Aufforderung an die Schüler überprüft. Auf diese Weise gelingt es, für das ausgewählte Gedicht „Scheinfreundschaft" die wesentlichen metaphorischen Ausdrücke herauszuarbeiten.

Die Phase der *Fokussierung* wird nach Abschluss der Beschäftigung mit dem Gedicht erreicht. Zunächst scheitert der Versuch, den Begriffsumfang des Ausdrucks Metapher im Rahmen eines Unterrichtsgesprächs zu bestimmen. Aus diesem Grund gibt die Lehrerin den Schülern in einer Stillarbeitsphase die Gelegenheit, sich Gedanken über die möglichen Bedeutungskomponenten des Begriffs Metapher zu machen. Die Auswertung dieser Phase beginnt mit einigen Schülerbeiträgen, die die Lehrerin eher zurückhaltend kommentiert. Erst am Ende folgen solche Begriffsbestimmungen, die ihren konzeptuellen Erwartungen entsprechen. Diese werden i.F. untersucht.

(18c): Fokussierung

Teilnehmer-Siglen: L: Lehrerin, Sa: Sabine, Le: Lena, Ma: Marlene

```
     >⌈    /
   L ⌊  Lena
1  Le⌈    ja eine Metapher is so ein indirekter Vergleich mit

     >⌈ :                              !
2  Le⌊ em dem Thema umd das es eigentlich geht mit nem ganz ande-

     >⌈                        \
   L ⌊                  okay . also des isch au wieder . da
     >⌈      /
3  Le⌊ ren Thema ((2 sec))

     >⌈                         !
4  L ⌊ gibts also ne ursprüngliche Bedeutung von dem Wort aber

     >⌈                 !              !
5  L ⌊ in dem Zusammenhang mit dem Text gibts ne ganz andere Be-

     >⌈       /
   L ⌊ deutung . gut Sabine
     >⌈                      --
6  Sa⌊                  also ich hab geschrieben Dinge die

     >⌈                         \
   L ⌊       nochmal laut und langsam
7  Sa⌈ (...)                           ich hab da geschrieben (...)

     >⌈ !
8  Sa⌊ Dinge die durch Bilder dargestellt werden und sie über-
```

```
           >  ⸢                            ! /
        L  ⸤        jawoll also wir haben jetzt Bild . wir haben Über-
     Sa⸢ tragen
 9
```

```
        >  ⸢  !                                         !
     L  ⸤   tragung (.) wir haben ursprüngliche Bedeutung . Marlene
10
```

```
        >  ⸢                            /
     Ma⸤ ja ich hab so ähnlich geschrieben . ich hab geschrieben
11
```

```
     Ma⸢ eine Metapher ist ein Ersatz der Sachen die sie bildlich
12
```

```
        >  ⸢                       !                          /
     L  ⸤          jawoll . also . wir schreiben auf bild-
     Ma⸢ darstellen sollen
13
```

```
     L ⸢ liche Darstellung mit dem fang mer an .. also . eine
14
```

```
        >  ⸢ ! ! !
     L  ⸤   Metapher ((30 sec))
                   schreibt an die Tafel "Eine Metapher liefert eine
15
```

```
        >  ⸢                              !                !  / -
     L  ⸤                 dabei ((4 sec)) werden Wörter ja
              bildliche Darstellung"
16
```

```
        >  ⸢                   +!                      !  \
     L  ⸤   also zum Beispiel der Geldschein oder der Schalter oder
                                            schreibt an die Tafel
17
```

```
        >  ⸢       /            !
     L  ⸤   auch mehrere . schwere Wörter ((16 sec)) nicht . in .. ih-
18
```

```
        >  ⸢     :
     L  ⸤   rem .. ursprünglichen Sinn ((5 sec)) sondern ((3 sec))
19
```

```
     L ⸢ in einem ((8 sec)) übertragenen Sinn verstanden ((22 sec)
20
```

```
      ┌ >                                                    !
    L │ ┌ das heißt also des liefert die andere Bedeutung des habt
      └ └   schreibt "Das Bild liefert eine andere Bedeutung
21
```

```
      ┌ >                      \
    L │ ┌ ihr ja auch gesagt
      └ └   geht zur Seite
22
```

Nachdem Lena von der Lehrerin das Wort erhalten hat, trägt sie vor, was sie in der Stillarbeitsphase erarbeitet hat: Sie glaubt, dass eine Metapher ein *indirekter Vergleich* sei. Dies wird noch konkretisiert um den Aspekt zweier vergleichbarer Themen. Die Lehrerin interpretiert diesen Beitrag, indem sie die Unterscheidung von ursprünglicher Bedeutung und textuell bedingter Bedeutungsvariation akzentuiert. Nach Abschluss dieser Sequenz, markiert durch ein *gut*, erteilt sie Sabine das Rederecht. Sabine spricht allerdings so leise, dass die Lehrerin eingreift und eine unterrichtskonforme Artikulation einfordert. Sabine bringt nun in ihrem Definitionsvorschlag den Aspekt der übertragenen bildlichen Darstellung von Dingen ein, und die Lehrerin ist durchaus einverstanden, denn sie akzentuiert in ihrem evaluierenden Beitrag die Aspekte *Bild*, *Bedeutung* und *Übertragung*. Schließlich erteilt sie Marlene das Wort, die darauf verweist, dass sie etwas Ähnliches geschrieben habe, nämlich dass eine Metapher der Ersatz für eine bildliche Darstellung der *Sachen* sei. Die Lehrerin bestätigt die Angemessenheit der Antwort mit einem entschieden artikulierten *jawoll*. Nunmehr sind die Voraussetzungen für eine Definition des Begriffs Metapher erfüllt, denn im Anschluss schreibt die Lehrerin die von ihr vorbereitete Definition des Begriffs Metapher an die Tafel. Zunächst orientiert sie die Schüler in ihrem Beitrag auf den Tafelanschrieb, indem sie den Anfang der Bedeutungsbeschreibung einführt. Durch die einleitende Bestimmung des Handlungszusammenhangs *wir schreiben auf* wird deutlich gemacht, dass nunmehr das Ziel der unterrichtlichen Bemühungen in dieser Stunde erreicht worden ist: Der zentrale Begriff wird definiert. Die Lehrerin liest die weiteren Teile der Begriffsdefinition, die an der Tafel notiert werden, parallel zum Schreiben vor und kommentiert sie. Schließlich steht die in der Stunde erarbeitete Definition an der Tafel. Damit ist die Phase der Fokussierung abgeschlossen.

In diesem Beispiel wird zunächst deutlich, wie die Lehrerin auf die von ihr vorbereitete Definition hinarbeitet. In ihren evaluierenden Beiträgen stellt sie die Gesichtspunkte heraus, die für das von ihr in diesem Zusammenhang genutzte Konzept von Metapher wichtig sind, indem sie etwa die Stichwörter *ursprüngliche* und *übertragene* Bedeutung akzentuiert. So gelingt es ihr, die für die Definition zentralen Aspekte bereits vor der schriftlichen Fixierung hervorzuheben. Eine andere Möglichkeit wäre gewesen, an dieser Stelle ein Art Brainstorming durchzuführen. Darauf hat sie verzichtet, um die für ihr Begriffsverständnis zentralen Aspekte herauszuarbeiten. So gelingt es ihr an dieser Stelle, das vorbereitete Konzept konsequent umzusetzen.[10]

---

[10] Die Frage, ob diese Definition von Metapher in diesem Kontext angemessen ist, kann an dieser Stelle nicht weiter verfolgt werden. Es müsste jedoch auch diskutiert werden, ob eher eine traditio-

Hier steht die Begriffsdefinition am Ende eines inhaltlichen Auseinandersetzungsprozesses. Sie setzt voraus, dass die Schüler sich intensiv mit dem ausgewählten Gedicht beschäftigt haben und das Prinzips des metaphorischen Umgangs mit Sprache verstanden haben. Eine bloße Definition würde nicht ausreichen, vielmehr sind mehrere Beispiele nötig, um die Bedeutung des Fremdworts *Metapher* den Schülern verständlich zu machen. Die Definition ist also in diesem Zusammenhang der zentrale Gegenstand der Erklärung, allerdings kann sie nur verstanden werden, wenn zusätzliche Hinweise zum Gebrauch gegeben werden.

Die abschließende Phase der *Exemplifizierung* besteht in dem skizzierten Unterrichtszusammenhang durch eine Stillarbeitsphase, in der die Schüler zunächst die Aufgabe bearbeiten, den untersuchten Text „Scheinfreundschaft" so umzuwandeln, dass keine Metaphern mehr genutzt werden. Anschließend werden entsprechende Textbearbeitungen vorgestellt und in Hinblick auf die Angemessenheit im Unterrichtsgespräch geklärt[11].

Die Beschäftigung mit dem Transkript hat gezeigt, wie im Rahmen einer lehrerzentrierten Ordnung ein „Erklären-was" vom Lehrer geplant und umgesetzt wurde. Im gelenkten Unterrichtsgespräch werden die einzelnen für Erklärprozesse charakteristischen Schritte abgearbeitet.

3.6.3. Erklärprozesse organisieren

Im Unterschied zu anderen Aspekten der Unterrichtsgestaltung bestimmt die inhaltliche Orientierung das hier vertretene Konzept von Erklärung. Inhalte müssen im Unterricht adressatenspezifisch aufbereitet werden, so dass es den Schülern möglich wird, die entsprechenden tiefer gehenden Wissensbestände zu erwerben. Dies wird dann möglich, wenn der Erklärgegenstand vom Lehrer so aufbereitet wird, dass die wesentlichen Elemente berücksichtigt werden. In der inhaltlichen Vorbereitung sollten also die konstitutiven Merkmale bzw. Bestandteile des Gegenstandes herausgearbeitet und systematisch aufeinander bezogen werden. In der Unterrichtssituation ist es erforderlich, dass der Lehrer flexibel über das gegenstandsspezifische Wissen verfügt. Wie im Beispiel deutlich geworden, sollte der Lehrer bei der Prozessierung des Unterrichts die Reaktionen der Schüler angemessen berücksichtigten. Zentral ist die Fokussierung des Erklärgegenstands. Das im thematischen Fokus stehende Element muss im Unterrichtsprozess isoliert werden, die Aufmerksamkeit der Schüler auf seine Spezifik gelenkt werden. Ziel müsste es sein, dass es den Schülern selbst möglich ist, entsprechende Fragen zu formulieren und diese auch zu beantworten. Entsprechend sind die Beiträge der Schüler in der Phase der Fokussierung zu berücksichtigen. An dieser Stelle ist eine gewisse Offenheit erforderlich: Statt beispielsweise mit vorgefertigten Definitionen das Thema vorab zu strukturieren, sollte der Lehrer es eher interaktiv zusammen mit den Schülern entwickeln. Schließlich sind geeignete Materialien erforderlich, mit deren Hilfe die Schüler das neu erworbene Wissen anwenden können.

---

nell rhetorisch konzipierte Vorstellung entwickelt wird oder eine gebrauchstheoretische (vgl. dazu Vogt 2007, 88f. oder Rolf 2005)

[11] Da diese Phase nicht dokumentiert worden ist, können hier auch keine Transkripte oder sonstige Informationen aufgegriffen werden.

4. Die Organisation von Unterricht

In diesem Abschnitt stehen die unterrichtlichen Äußerungsformen im Mittelpunkt, mit deren Hilfe der Lehrer die für den Unterricht erforderlichen Tätigkeiten organisiert. Er muss i.d.R. zunächst die Öffentlichkeit des Klassenplenums herstellen, um den von ihm vorgesehenen Ablauf der Stunde einzuleiten. Dazu bedarf es organisatorischer und thematischer Orientierungen. Auch innerhalb der in der Verlaufsstruktur vorgesehenen Phasen organisiert er die Schülertätigkeiten. Die Organisation von Unterricht bezieht sich auf zwei Ordnungsdimensionen: die kommunikative und die thematische (4.1.). In der Eröffnungs- und Abschlussphase stellt der Lehrer die für die Unterrichtsstunde notwendige Öffentlichkeit her; am Ende löst er sie wieder auf (4.2.). Die thematischen Unterrichtsabschnitte lassen sich als Phasen beschreiben, die durch eine je spezifische Kombination von kommunikativer und thematischer Ordnung charakterisiert sind (4.3.). Innerhalb solcher Phasen organisieren Lehrer-Strukturierungen den antizipierten Lernprozess der Schüler und stellen so die thematische Ordnung her (4.4.). Die kommunikative Ordnung dagegen ist rekonstruierbar über die jeweils geltenden Modalitäten des Sprecherwechsels (4.5.). Schließlich müssen beide Ordnungssysteme geschützt werden: dazu dienen Disziplinierungen (4.6.). Eine Übersicht über die organisierenden Lehreräußerungen schließt dieses Kapitel ab (4.7).

4.1. Die Struktur von Unterricht

Die Durchführung von Unterricht ist nur eine von zahlreichen kommunikativen Tätigkeiten, die die in der Institution Schule versammelten Subjekte praktizieren, wenn auch sicher die wichtigste. Lehrer unterhalten sich im Lehrerzimmer, Schüler spielen auf dem Schulhof; sie finden sich schließlich im Klassenzimmer zum Zwecke der Unterrichtserteilung zusammen. Diese ist abhängig von dem dafür schulorganistorisch vorgesehenen Zeitbudget, der durch Vorschriften festgelegten Dauer der Unterrichtsstunde von in der Regel 45 Minuten. Oft „klingelt" oder „gongt" es schulöffentlich: So wird der Rhythmus des Schultages durch technische Einrichtungen zentral allen Beteiligten vorgegeben.

Das eine Pause abschließende und das eine Stunde beendende Klingeln fällt meistens zeitlich nicht mit der Eröffnung bzw. dem Abschluss einer Unterrichtsstunde zusammen, vielmehr hat es den Zweck, die Tätigkeiten der Schüler und Lehrer auf den jeweils nächsten Schritt zu orientieren. Das eine Pause beendende Klingeln veranlasst die Schüler, sich zum Unterrichtsraum zu bewegen. Dort angekommen und eingelassen nehmen sie den jedem zugewiesenen Arbeitsplatz ein. Sie bilden so ein *Tableau*, also die geordnete Verteilung von Schülern und Lehrern in einem Klassenzimmer (vgl. Foucault 1977, 183ff.). Nach dem Kriterium der Aufmerksamkeitsausrichtung lassen sich zwei Tableau-Typen voneinander unterscheiden: Die auf den Lehrerarbeitsplatz *vorne* am Pult orientierenden Anordnungen des *Blocks*, bei der die Schüler in parallel angeordneten Tischen dem Lehrer gegenüber sitzen, und die *Gruppentische*, bei denen die Schüler in Kleingruppen um entsprechend platzierte Tische sitzen. Beide Anordnungen ermöglichen keinen ständigen Blickkontakt zwischen allen Beteiligten; dies wird erreicht durch eine Großgruppen-zentrierte Anordnung des Mobiliars in Gestalt sowohl des *Hufeisens* – rechtwinklig arangierte Tische – als auch des *Stuhlkreises* – kreisförmig angeordnete Stühle ohne Tische.

Erst wenn alle Beteiligten den ihnen zustehenden Platz innerhalb des Tableaus eingenommen haben, kann die Stunde beginnen, genauer: die Unterrichtsöffentlichkeit hergestellt werden. Damit sind die Voraussetzungen geschaffen, um den durch das Fach und die Jahrgangsstufe vorgegeben „Stoff", also die spezifischen Inhalte und Methoden des Unterrichts, zu realisieren. Für die unterrichtsförmige Bearbeitung des Themas trägt der Lehrer in seiner institutionellen Rolle die Verantwortung. In der Regel kann er sich dabei auf einen Unterrichtsplan beziehen, also auf seine Antizipation des Verlaufs der Stunde (vgl. Ramge 1983, 166). Die zur Verfügung stehende Zeit wird organisatorisch und thematisch vorstrukturiert, sie wird in Abschnitte[1] eingeteilt. Für eine Standard-Unterrichtsstunde lassen sich nach Meyer (1987 II, 104ff.) drei Abschnitte unterscheiden, nämlich ein einleitender „Einstieg", der auf das Thema der Stunde hin orientiert, ein erarbeitender Hauptteil, in dem eine Auseinandersetzung mit dem Thema stattfindet, sowie ein Abschluss, in dem die Ergebnisse gesichert werden. Vor diesem Hintergrund lässt sich der Ablauf einer Unterrichtsstunde als Realisierung von Lehrer-Handlungsplänen rekonstruieren. Diese sind jedoch nicht bloß auf eine Unterrichtsstunde hin konzipiert, sie sind oft Teil eines umfassenderen Handlungsplanes im Rahmen einer mehrstündigen Unterrichtseinheit bzw. eines -vorhabens.

Der Lehrer realisiert seine Handlungspläne in unterschiedlichen Abschnitten, deren Abfolge in einem von ihm antizipierten Zusammenhang stehen. Für die Beschreibung solcher Abschnitte hat sich die Unterscheidung zwischen Lehr- und Sozialformen als nützlich erwiesen: Während der Begriff der *Sozialform* auf die jeweiligen kommunikativen Verhältnisse in einer Stunde zielt, erfasst der Begriff der *Unterrichtsform* die thematische Bearbeitung von Gegenständen. Sozialformen lassen sich unterscheiden nach ihrem Öffentlichkeitsgrad, genauer: nach der Anzahl der Personen, die die jeweils aufeinander bezogenen Tätigkeiten ausführen. Im *Plenumsunterricht* ist die Aufmerksamkeit aller Schüler und des Lehrers auf einen thematischen Zusammenhang gerichtet. Im *Gruppen- und im Partnerunterricht* bearbeiten die Schüler Aufgaben ohne Mitwirkung und Einflussnahme des Lehrers: Die Unterscheidung beider Formen ergibt sich aus der jeweils festgelegten Anzahl der kooperierenden Schüler. Im *Einzelunterricht* schließlich setzt sich jeder Schüler allein mit einer gegebenen Aufgabe auseinander. Die Unterrichtsformen lassen sich dagegen nach dem Verhältnis der Tätigkeiten von Lehrern und Schülern ausdifferenzieren: Während im Lehrervortrag die thematische Entfaltung ausschließlich durch den Lehrer vorgenommen wird, bearbeitet der fragend-entwickelnde Unterricht als Lehrgespräch sein Thema in einem

---

[1] Üblicherweise spricht man in der Unterrichtsmethodik von „Phasen". Um jedoch die linguistische Analyse von der didaktischen Planung zu unterscheiden, sprechen wir von Abschnitten, wenn wir uns auf didaktisch motivierte Stundeneinteilungen beziehen, und von Phasen, wenn wir uns auf linguistische Einheiten beziehen.

ständigen Wechsel zwischen Lehrer und Schüler; in der Diskussion bzw. im Schülergespräch sind es hauptsächlich die Schüler, die unter gelegentlicher Teilnahme des Lehrers ein Thema behandeln. Im Schülervortrag präsentieren Schüler selbst erarbeitete Produkte der Klassenöffentlichkeit (vgl. Kap. 3).

Am Ende einer Stunde hat der Lehrer die Aufgabe, die Themenbearbeitung an die zeitliche Rahmung anzupassen. Im Idealfall endet die thematische Arbeit mit dem Klingeln, oft gibt es hier Diskrepanzen und entsprechende kommunikative Aufgaben wie die Organisation eines plötzlichen Abbruchs oder das Warten auf das Klingeln. Wenn die thematische Arbeit beendet ist, kann der Lehrer die Unterrichtsöffentlichkeit aufheben. Danach ergeben sich andere Verpflichtungen für die Beteiligten: Der Lehrer steht für Schülergespräche bereit, er muss den Raum wechseln oder er muss die Schüler veranlassen, in einer großen Pause auf den Schulhof zu gehen; die Schüler ordnen ihre Unterlagen, stellen sich auf ein anderes Fach ein oder verlassen den Klassenraum.

Die nachfolgende Übersicht zeigt die jeweils genannten Sozial- und Unterrichtsformen in ihrem Verhältnis zueinander.

Übersicht 4.1: Verlaufsformen einer Unterrichtsstunde

Verlaufsformen	Unterrichtsformen	Sozialformen
Tableaubesetzung		
Herstellung von Öffentlichkeit		Plenum
Phasen	Lehrervortrag Lehrgespräch Schülergespräch (Diskussion) Schülervortrag (Präsentation) Gruppenarbeit	Plenumsunterricht Gruppenunterricht
Aufhebung der Öffentlichkeit		Plenum
Tableauauflösung		

Ein Blick auf eine für dieses Kapitel ausgewählte exemplarisch Unterrichtsstunde im Fach Deutsch konkretisiert nun die vorgestellten Kategorien. Übersicht 4.2. zeigt in einem Protokoll das aufgeführte Zusammenspiel von Verlaufs-, Lehr- und Sozialformen (s.S. 136).

Die sprachlichen Tätigkeiten der in einem Klassenzimmer versammelten Subjekte – der Lehrer und seine Schüler – lassen sich sinnvoll nur vor dem Hintergrund dieser Voraussetzungen rekonstruieren. Dabei müssen mindestens zwei Ordnungsdimensionen voneinander unterschieden werden, nämlich erstens die von der Sozialform abhängige kommunikative Ordnung und zweitens die durch die Unterrichtsform bestimmte thematische Ordnung. Innerhalb dieser Rahmungen vollzieht sich die Themenbearbeitung. Für die Etablierung sowohl der kommunikativen als auch der thematischen Ordnung ist der Lehrer verantwortlich; erst dann beginnen die Tätigkeiten und Aktivitäten seiner Schüler.

Übersicht 4.2: Protokoll einer Deutschstunde: Entwicklung eines Textverständnisses von Peter Hacks' Kurzgeschichte „Der Bär auf dem Försterball" (Jg. 6, Förderstufe)[2]

Zeit	Unterrichtsform / *Sozialform*	Lehrertätigkeiten	Schülertätigkeiten
01:10	Eröffnung / *Plenum: Kreis*	L. begrüßt S.	S. begrüßen L.
02:50	Einstimmung	L. nennt Titel und fragt nach Eindrücken	S. äußen Associationen
05:30	Textpräsentation	L. liest den Textanfang vor	S. hören zu
		L. fordert S. auf, weiter zu lesen	
09:00	Einzelunterricht		S. lesen weiter
12:15	Präsentation /*Plenum*	L. fordert S. auf, mit verteilten Rollen zu lesen	S. lesen mit verteilten Rollen
14:30		L. fordert S. auf, einen Textschluss zu schreiben	
	Einzelunterricht		S. schreiben
21.:20	Präsentation / *Plenum*		S. lesen ihre Texte vor
		L. liest den Schluss im Original vor	S. hören zu
27:10	Auswertung / Lehrgespräch	L. fragt nach Beurteilungen	S. beurteilen den Text
		L. fragt nach dem Textverständnis	S. äußern sich
44:50	Abschluss	L. schließt die Stunde	
45:20	Pause		
00:00	Wiedereröffnung / *Plenum: Kreis*		
		L. eröffnet die Stunde	
		L. fordert zu Urteilen auf	S. kommentieren den Text
03:30	Unterbrechung	Ein fremder L. kommt in das Klassenzimmer	
04:50	Lehrgespräch	L. thematisiert das Textgenre	S. setzen sich damit auseinander
16:10	Ergebnissicherung	L. fasst zusammen	S. hören zu
21:10	Abschluss	L. schließt die Stunde	S. verlassen den Kreis

Ein gutes Kriterium für die Unterscheidung von sprachlichen Handlungen des Lehrers ist deren Reichweite. Die größte Reichweite in Hinblick auf die kommunikative Organisation einer Unterrichtsstunde hat die Eröffnung: Sie hat die Funktion, den Beginn des öffentlich organisierten, kollektiven Instruktionsprozesses Unterricht zu markieren, stellt also die Unterrichtsöffentlichkeit her. Dieser Rahmen wird erst am Ende einer Stunde wieder aufgehoben, durch die entsprechende Rahmen-schließende Äußerung der Beendigung.[3] Initiator ist der Lehrer als Institutionsagent; ihm obliegt der Vollzug dieses ersten Schrittes. Ähnliches gilt für die Thematisierung, also die Festlegung des Stundenthemas, die z.T.

---

[2] Der Unterricht wurde wegen einer Integrationsmaßnahme von zwei Lehrerinnen durchgeführt.

[3] Wir verwenden den Begriff des Rahmens – in Anlehnung an Goffman (1974, 19) – als die aufgrund von Erfahrungen gewonnene Definition einer sozialen Situation durch die daran Beteiligten.

auch eine größere oder kleinere Reichweite haben kann. Aber auch dieser Rahmen muss im Verlauf aufrechterhalten und abgeschlossen werden.

Die einzelnen Unterrichtsphasen, also spezifische Kombinationen von Lehr- und Sozialformen, werden eröffnet und abgeschlossen. Der Lehrer orientiert die Schüler zunächst auf die Tätigkeiten, die er für die Dauer des Abschnitts von ihnen erwartet; am Ende schließlich macht er deutlich, dass dieser Abschnitt zu Ende geht und ein neuer beginnt. Der Schüler wird in den einzelnen Phasen aktiv: Er liest individuell Texte, erarbeitet ein Thema im Gruppenunterricht oder trägt zum Unterrichtsgespräch bei. Seine Tätigkeiten bringt er in einen vom Lehrer hergestellten thematischen Rahmen ein; diesen steuert der Lehrer mithilfe von Strukturierungen.

Zusammenfassend lassen sich nach dem Kriterium der Reichweite die Lehreräußerungen in einer Unterrichtsstunde wie in Übersicht 4.3 ordnen.

Übersicht 4.3: Funktionen und Formen von rahmenden Lehreräußerungen

Funktionen	Formen	
	\multicolumn{2}{c}{Richtung}	
	prospektiv	retrospektiv
Öffentlichkeit	Eröffnung	Abschluss
Thema der Stunde	Thematisierung	Resümee
Kommunikative Ordnung	Phasierung	Phasenabschluss
Thematische Ordnung	Strukturierung	Evaluation

4.2. Die Eröffnungs- und Abschlussphase

Der öffentliche Handlungsraum Unterricht wird mithilfe von charakteristischen Äußerungen des Lehrers hergestellt und wieder aufgelöst. Wir betrachten zunächst die Anfangsphase in unserer Beispielstunde, um anschließend die sequentell wichtigen Handlungsmuster zu rekonstruieren: die initiierenden der Eröffnung und der Thematisierung sowie die schließenden des (thematischen) Abschlusses und der Auflösung des Plenums.

4.2.1. „Der Bär auf dem Försterball": Rahmende Phasen

In der Regel organisieren Lehrer die Eröffnung als Begrüßung:

(1a) „Der Bär auf dem Försterball": Der Anfang (Jg. 6, Förderstufe, Deutsch)

> Teilnehmer-Siglen: *L2*: Lehrerin 2, *mS*: mehrere Schüler. Aufnahme (1997), Transkription (1999) & Überarbeitung (2001): Vogt.

```
        >⌐                +                    !              !
     L2 ⌐          erst mal guten Morgen noch mal für alle
     mS[ (Gemurmel)                                                gu-
1
```

```
        >⌐                           -
     L1 ⌐                    ich bin ganz aufgeregt
     mS[ ten Morgen (Gemurmel)                              murmeln
2
```

Das im Transkript (Fl. 1) vermerkte *Gemurmel* bezeichnet informelle sprachliche Interaktionen von Schülern, leise geführte Gespräche zwischen lokal eng verbundenen Schülern. Sie haben zu diesem Zeitpunkt bereits ihren Platz im Tableau eingenommen, auch die beiden Lehrerinnen sind schon da, nutzen aber die Zeit noch für andere Aktivitäten. Es handelt sich also um den Zeitraum, der zwischen dem institutionellen Signal und dem faktisch zu vollziehenden Unterrichtsbeginn liegt. Die Begrüßungssequenz beginnt mit der Äußerung der zweiten Lehrerin, die durch die gewählte größere Lautstärke sowie den Akzenten auf *Morgen* und *alle* sich deutlich gegen das Gemurmel abhebt und so die Schüler auf den bevorstehenden gemeinsamen Unterricht orientiert. Der von vielen Schülern gemeinsam artikulierte Gegengruß zeigt, dass sie sich darauf eingestellt haben. Mit dieser Sequenz haben die Beteiligten die Unterrichtsöffentlichkeit hergestellt, genauer: Die Lehrerin hat deutlich gemacht, dass nunmehr der Unterricht beginnen soll, die Schüler haben ebenfalls ihre Bereitschaft signalisiert, ihre Aufmerksamkeit auf das von den Lehrerinnen vorgesehene Geschehen zu richten.

Aber noch ist den Schülern nicht bekannt, worum es gehen wird. Sie wissen nur, dass die Stunde audiovisuell dokumentiert werden soll. Es vergehen knapp 90 Sekunden, bis eine der Lehrerinnen das Thema der Stunde bekannt gibt:

(1b)   „Der Bär auf dem Försterball": Die Thematisierung

```
     L1[ ja du hast ja gefragt was diskutieren wir denn      wir le-
     S1[                                                  ja
15
```

```
     L1[ sen heute           wir lesen            wir lesen eine Ge-
     S2[          ach
     S3[                oh
     S4[                       noch schlimmer
16
```

```
        >⌐     /                    <  :  >                  <:
     L1 ⌐ schichte         die von Peter Hacks geschrieben is und
     S1[          oh Mann
17
```

```
        >⌐           !              !   !  !  \
     L1 ⌐ ... die heißt . der Bär auf dem Försterball ... der Bär
18
```

```
     L1[ auf dem Försterball            der Bär auf dem Försterball
     S1[               wieso
      >⌈               >
      S2⌊              ja der is aufm Ball
19
```

Die Lehrerin bezieht sich auf eine im Vorfeld der Stunde gestellte Frage eines Schülers, der die Erwartung artikuliert hat, eine Diskussion zu führen. Davon grenzt die Lehrerin ihr Stundenziel ab: *wir lesen heute*. Mit dieser Formulierung spielt sie auf ein Ensemble von Praktiken an, mit denen in dieser Lerngruppe üblicherweise Texte erschlossen werden und die die Schüler kennen. Darauf beziehen sich die spontanen Kommentare, die eine gewisse Enttäuschung zum Ausdruck bringen. Im nächsten Schritt konkretisiert sie ihr Vorhaben, indem sie Autor und Titel des ausgewählten Textes nennt. Die dabei eingesetzten prosodischen Mittel der Tempovariation und der Akzentuierung machen deutlich, dass hier plenar das Thema der Stunde bekannt gemacht wird. Das hier vollzogene sprachliche Handlungsmuster der Thematisierung umfasst neben der Themenangabe, also der Textbezeichnung, auch die Modalitäten seiner Bearbeitung. Was *lesen* heißt, erschließt sich aus dem Protokoll zu dieser Stunde: den Text in mehreren Schritten kennen lernen, ihn inhaltlich erarbeiten und anschließend beurteilen.

Die kommunikative Ordnung des plenaren Unterrichts und seine thematischen Ordnung werden hier nicht mithilfe einer Lehreräußerung hergestellt wird, sondern durch zeitlich deutlich voneinander getrennte Beiträge: Der Unterricht wird zunächst eröffnet, dann erst wird sein Thema festgelegt. Entsprechend unterschiedlich sind die Reichweiten beider Äußerungen: Während die Eröffnung den schulorganisatorisch definierten Raum einer Unterrichtsstunde herstellt, also die Aufmerksamkeit der Beteiligten auf den öffentlich sich vollziehenden Unterrichtsprozess lenkt, dient die Thematisierung der Orientierung auf die zu realisierenden inhaltlichen Schwerpunkte, unabhängig davon, wie lange diese dauert. Im hier dokumentierten Fall erstreckt sich die Textbearbeitung über den Zeitraum einer Stunde hinaus: Wie das Protokoll zeigt, wird das Thema nach einer kurzen Pause wieder aufgegriffen und in einer resümierenden Besprechung zum Abschluss gebracht. Zusammenfassend: Während die Eröffnung die kommunikative Ordnung der zeitlich begrenzten Einheit Unterrichtsstunde herstellt, orientiert die Thematisierung auf die vom Lehrer antizipierte thematische Ordnung und die entsprechenden Aneignungsformen.

Warum aber dauert es 90 lange Sekunden nach Herstellung der Unterrichtsöffentlichkeit, bis endlich der thematische Schwerpunkt der Stunde benannt ist? Die Frage kann durch einen Blick auf das Transkript beantwortet werden.

(1c) „Der Bär auf dem Försterball": Der Anfang (2)

> Teilnehmer-Siglen: *L2*: Lehrerin 2, *To*: Tobias, S1, S2: nicht identifizierbare Schüler, *mS*: mehrere Schüler.

```
    L1[                                        ich steh nich
     >⌈  -
    S1⌊ was ist denn da dran so aufregend
3
```

```
     L1[ jeden Tag vor der Kamera
       >                         +             !
     S1 [                             versteckte Kamera
       >                                                    -
     S2 [                                                       versteck-
     mS [                                            lachen
4
```

```
     L1[                                         ja
     S2 [ te Kamera
     S3 [         versteckt is se ja net aber
     S4 [                                                Kamera ist
5
```

```
       >                                                /
     L1 [          ja               Thomas hat gefragt
     S4 [ es trotzdem
     To [              ich bin das ja gewöhnt          ich könnte
6
```

```
     L1[                                            hier eh Ma-
       >                                -         :
     L2 [                                Tobias
     To [ gleich in Hollywood auftreten
     mS [                                             lachen
7
```

```
     L1[ rian könntest du noch n bisschen so in die Runde rücken
8
```

```
     L1[                              so Marian geh n Stück-
     S1 [
         [ rückt den Stuhl in die Runde
     mS [
         [ (Gemurmel.................)
9
```

```
     L1[ chen dahin         und die Susi hört jetzt bitte auf
     mS [          (Gemurmel)
10
```

```
       >                                            -
     L1 [ (zu streiten) und Marlen auch (3 sec) und ...
11
```

Zunächst thematisiert die Lehrerin die in der Klasse befindliche Kamera, sehr leise, so, als wolle sie die zuvor hergestellte Öffentlichkeit gar nicht aufrechterhalten. Die Schüler beziehen sich ebenfalls auf der informellen Ebene darauf, so dass eine Nebensequenz entsteht. In Fl. 6 versucht die Lehrerin, die Themenangabe zu platzieren. Der Abbruch hat zwei Gründe: Erstens setzt ein Schüler die Nebensequenz fort, und zweitens spricht die Lehrerin nicht lauter als vorher, so dass sie den Anschein erweckt, sie würde weiterhin auf der informellen Ebene agieren. Der von Lehrerin 2 leise, aber entschieden artikulierte Schülername *Tobias* – das finale stimmlose *s*, gedehnt artikuliert, wirkt wie ein Zischen – thematisiert den nunmehr zutage getretenen Konflikt zwischen formeller und informeller Ebene. Auf die informelle Ebene bezieht sich das im Transkript notierte Lachen mehrerer Schüler, während die Lehrerin mit ihrer nächsten Äußerung organisatorisch eingreift, indem sie einen Schüler auffordert, einen anderen Platz einzunehmen. So arbeitet sie am für den Unterricht erforderlichen Tableau. Ihre beiden nächsten Beiträge sind Aufforderungen an Schüler, im Augenblick nicht gewünschte Aktivitäten zu unterlassen.

Die beiden letzten Beiträge sind Anweisungen, die die Schüler auf die Beachtung der etablierten kommunikativen Ordnung verpflichten. Ein Schüler hat noch nicht den ihm zugedachten Platz im Tableau gefunden, zwei andere werden zur Unterlassung nicht legitimer Praktiken aufgefordert. Diese Anweisungen werden unmittelbar vollzogen, sie sichern so die kommunikative Ordnung. Schwieriger einzuschätzen ist die selbstreflexive Äußerung *ich bin ganz aufgeregt* (Fl. 2). Hier bezieht sich die Lehrerin auf die außergewöhnlichen Umstände der Aufnahmesituation; Sie fordert die Schüler auf, sich ebenfalls damit auseinander zu setzen, durchaus auch informell. Entsprechend entwickelt sich die so etablierte Nebensequenz als nicht erkennbar organisierte Abfolge von spontanen Kommentaren und Witzeleien.

Mit den drei genannten Bedingungen – Zuweisung der Subjekte auf Plätze, Herstellung der Unterrichtsöffentlichkeit und Angabe des Themas der Stunde – sind bereits die funktional notwendigen Schritte der Eröffnungsphase benannt. Wie wird dieser Zusammenhang am Ende der Stunde wieder aufgelöst? Wir hören in der audio-visuellen Dokumentation kein taktgebendes Klingeln, weil die Lehrerinnen im Klassenzimmer das akustische Signal ausgeschaltet haben. Trotzdem wird es nach ca. vierzig Minuten unruhig, auf der Audio-Spur der Aufnahme kann man Pausengeräusche von außerhalb registrieren. An dieser Stelle beenden die beiden Lehrerinnen die Stunde.

(1d) „Der Bär auf dem Försterball": Das Ende

```
129   L1[                    Tobias da würd ich jetzt gern weiter re-
      To[ nich diskutieren

130   L1[ den ihr sagt dauern das is n Märchen das is unlogisch da-

131   L1[ rüber sollten wir nochmal reden was ist denn das Märchen

132   L1[ hafte und das Unlogische    darüber reden wir gleich weiter
      S1[                             eheh
```

Die Lehrerin 1 nimmt inhaltlich Bezug auf die thematische Bearbeitung in der Gruppe, indem sie die Kritik der Schüler an der Geschichte, sie sei unlogisch und märchenhaft, zusammenfassend aufgreift und verbindet mit der Absichtserklärung, genau diese Aspekte wieder aufzugreifen. Wann das geschehen soll, bleibt offen, allerdings sieht der Stundenplan auch für die nächste Stunde das Fach Deutsch vor, und entsprechend wird so der Beginn der nächsten Stunde antizipiert. Diese Äußerung schließt also den Rahmen, der die Thematisierung etabliert hat. Da jedoch wegen der Fortsetzung des Unterrichts in der folgenden Stunde eine verabschiedende Grußsequenz fehlt, hat sie auch die Funktion, die Unterrichtsöffentlichkeit aufzulösen, denn die Schüler verlassen jetzt teilweise ihre Plätze, bewegen sich im Raum oder verlassen ihn; kurz: Sie tun das, was man in einer kurzen Pause zwischen zwei Stunden so macht. So ist auch das Tableau aufgelöst, und alle anfangs etablierten Rahmen sind geschlossen.

4.2.2. Die Eröffnungsphase: Eröffnungen und Thematisierungen

Wir haben Stundeneröffnungen eben als Mittel des Lehrers charakterisiert, Öffentlichkeit zum Zweck der Unterrichtserteilung herzustellen. Sie finden ihre Entsprechung in der Stundenschließung, die jene Öffentlichkeit wieder aufhebt. Sinclair/Coulthard haben bezweifelt, ob Stundeneröffnungen zu den nach linguistischen Kriterien abgrenzbaren Einheiten von Unterricht gehören (1977, 48f.), vielmehr haben sie die organisatorische Einheit der Unterrichtsstunde (*period*) der „außerlinguistischen Organisation" zugerechnet – und sie aus ihren Betrachtungen ausgeschlossen. Gegen diese Entscheidung spricht vor allem das Argument, dass sich sprachliche Äußerungen von Lehrern und Schülern auf den zeitlichen Aspekt der Interaktionsorganisation beziehen. Auch die – mit Hilfe linguistischer Kategorien beschreibbare – Tatsache, dass Unterrichtsstunden – wie andere öffentliche Ereignisse – die Beteiligten darauf festlegen, innerhalb eines wohlbekannten Rahmens charakteristische Tätigkeiten, wie z.B. Lesen, Schreiben, Rechnen usw., auszuführen, belegt, dass die organisatorische Einheit der Unterrichtsstunde auch linguistisch durchaus von Relevanz ist. Gülich (1981) hat die Ablaufkonstitution von institutionell organisierter Kommunikation beschrieben als einen Prozess, der sich zwischen Eröffnungen und Beendigungen vollzieht:

> Durch die Eröffnung wird der institutionell geregelte Kommunikationsablauf aus dem Interaktionskontext herausgelöst und konstituiert sich als ein bestimmter Typ institutioneller Interaktion ... Mit der Eröffnung und der Herauslösung treten dann die institutionellen Regelungen in Kraft – und zwar erst mit der Eröffnung und nicht vorher ... (426)

Die Voraussetzungen, die erfüllt sein müssen, damit eine Unterrichtsstunde beginnen kann, beziehen sich – wie oben gezeigt – auf die Herstellung sowohl des Tableaus als auch der Öffentlichkeit: Die Schüler müssen sich nicht nur auf dem ihnen zugewiesenen Platz befinden, sie sollen auch ihre Aufmerksamkeit auf den Lehrer richten und auf alle nicht zugelassenen Tätigkeiten verzichten.[4] Entsprechend entbindet der Lehrer seine Schüler von diesen Verpflichtungen, wenn er die Stunde beendet (vgl. 4.2.3.).

---

[4] Eine vergleichbare Bestimmung hat Mehan für das *setting up* einer Stunde formuliert: Die Schüler sitzen an ihrem Platz, der Lehrer steht ihnen gegenüber (1979, 37f.). Dass er i.G. zu uns keine verbale Markierung dieses Einschnitts feststellt, hängt vielleicht damit zusammen, dass er Schul-

Betrachten wir nun unterschiedliche Formen der Eröffnung.

(2a) *Lehrer steht vor der Tafel, Schüler stehen auf*
L: Guten Morgen!
mS: Guten Morgen!
Die Schüler setzen sich hin.

Die Begrüßungssequenzen nehmen Bezug auf den personalen Bezug der Beteiligten. Im Gegensatz zu den von Gülich diskutierten Beispielen enthalten sie keine Situationsdefinition; es ist offenbar nicht notwendig, den nunmehr etablierten Rahmen explizit zu spezifizieren, etwa durch Lehrer-Äußerungen wie *Wir haben jetzt Mathe*, weil alle Beteiligten wissen, welche Stunde von welchem Lehrer erteilt wird. Das jedoch wird erforderlich, wenn sich okkasionell der Stundenplan verändert hat und ein anderes Fach ggf. auch von einem anderen Lehrer unterrichtet werden soll.

Anderer sprachlicher Handlungen bedarf es, wenn – z.B. nach einer kurzen Pause in einer Doppelstunde – der zuvor etablierte inhaltliche Strang wieder aufgenommen wird:

(2b) L: Setzt euch jetzt bitte hin dreht euch um wir waren stehengeblieben ... (Jg. 9, Gy)

Eine Anweisung solche re-etabliert die Unterrichtsöffentlichkeit, sie soll das Tableau wieder herstellen. Den Schülern wird auf diese Weise deutlich gemacht, dass nunmehr der Unterricht wieder beginnen soll.

Redder (1984) hat die Formen, die hier als Eröffnungen bezeichnet werden, begrifflich als *Phasierungen* gefasst; damit sind solche sprachliche Handlungen gemeint, mit denen der Lehrer die Phasenstruktur des Unterrichts realisiert. Die von ihr unter der Überschrift „Phasierungen am Stundenanfang" analysierten Beispiele lassen sich jedoch als Eröffnungen rekonstruieren, wie die folgenden (160, 162):

(2c) So könn wer?
(2d) Eh, Leute, jetzt darf ich aber wirklich bitten, ja? Andreas!
(2e) a) Ich möcht jetzt also wirklich um Ruhe bitten b) ... c) damit wir anfangen können.

Die Äußerungen des Lehrers beziehen sich auf die Herstellung der für den Unterricht notwendigen kommunikativen Ordnung; sie eröffnen noch nicht die Perspektive auf den vorgesehenen Ablauf des Fachunterrichts entsprechend seinem Unterrichtsplan. Es liegt auch nahe, die Äußerung 3c als Disziplinierung zu rekonstruieren – das wäre der Vorschlag Redders (1984, 164ff.) – nämlich als sprachliches Handlungsmuster, mit dessen Hilfe der Lehrer die institutionellen Präsuppositionen wiederherstellt:

> Insofern <u>begründet</u> der Lehrer die Äußerung a) mit etwas Gewußtem. Dies Gewußte bringt er mit c) in Erinnerung. Das hat kommunikativ nur dann einen Punkt, wenn die Schüler es durch ihr Verhalten in Frage stellen. Sie tun es ... in einem solchen Maß, daß der Lehrer zwischen a) und c) sogar noch ein Schweigen als disziplinierende Handlung einschiebt (b). Äußert er dann eine <u>Begründung</u>, die das infragegestellte Selbstverständliche zum Inhalt hat, gewinnt diese Äußerung ebenfalls die Qualität einer <u>Disziplinierung</u>. (Redder 1984, 165)

---

anfänger mit einer Klassenlehrerin untersucht hat, mithin Unterrichtsfächer mit entsprechender Stundenverteilung und einem dadurch bedingten Lehrerwechsel nicht bei ihm vorkommen.

Zweifellos handelt es sich hier um eine Äußerung, die die Absicht des Lehrers verdeutlichen soll, zum gegebenen Zeitpunkt in den öffentlichen Handlungszusammenhang Unterricht überzugehen. Sie orientiert die Schüler auf die Eröffnung des Unterrichts. Während der Lehrer formell bereits den Unterricht eröffnet hat, zeugen die Aktivitäten der Schüler (Zwischenrufe, Nachfragen, Abduktionen (lat. *abducere* ‚wegführen'); vgl. Redder 1984, 162) von ihrem Widerstand. Mit der kurz darauf folgenden Thematisierung findet diese Auseinandersetzung ihr Ende. Während Redder den Abschnitt zwischen Unterrichtseröffnung und Thematisierung als – eigenständige – Disziplinierungsphase bezeichnet, sehen wir darin den Übergang von informellen, in disparate Kleinöffentlichkeiten organisierten Aktivitäten in den verbindlichen, formellen Zusammenhang der Großöffentlichkeit und der damit verbundenen einheitlichen Aufmerksamkeitsausrichtung aller Beteiligten. Es liegt hier also keine spezifische Phase vor, weil noch keine thematische Festlegung erfolgt.

Während Eröffnungen – zusammen mit Thematisierungen – also dazu dienen, die kommunikative Ordnung des Unterrichts überhaupt erst herzustellen, haben Phasierungen die Aufgabe, diese entsprechend den Lehrerhandlungsplänen in Hinblick auf den thematischen Gang zu organisieren. Für eine Konzeptualisierung dieser Verhältnisse in zwei unterschiedlichen sprachlichen Handlungsmustern spricht auch, dass zwischen Eröffnung und Thematisierung oft noch andere Handlungsmuster abgearbeitet werden. In unserem Beispiel war es die Thematisierung der besonderen Aufnahmesituation, in anderen Fällen werden organisatorische Fragen geklärt, z.B. die, welche Hefte mitzubringen sind oder wann die nächste Klassenarbeit geschrieben werden soll. Für die Klärung solcher Probleme bedarf es der kommunikativen Ordnung eines Plenarunterrichts. Erst wenn die Thematisierung vollzogen ist, können Phasierungen entsprechend dieser Funktionsbestimmung greifen.

Thematisierungen haben für den Lehrer den Zweck, seinen Schülern das Thema der Stunde mitzuteilen. Betrachten wir nun einige Thematisierungen in unterschiedlichen Fächern.

(3a) L: Bevor ich euch die Arbeiten zurückgebe, möchte ich, dass wir, wir, genau wie im Englischen, eben die Aufgaben durchsprechen und in unsere Haushefte schreiben. (Jg. 6, Hauptschule (HS), Mathematik (Mathe)) (Redder Hg.1982, 93f.)

Der Lehrer liefert eine relativ genaue Angabe über das, was er für die Stunde geplant hat, nämlich zunächst die Aufgaben der Klassenarbeit „durchsprechen", also noch einmal richtig bearbeiten, und dies auch aufzuschreiben, bevor dann die Arbeit zurückgegeben wird. Aus der Äußerung ergibt sich noch nicht, dass es sich hier um eine Mathematik-Stunde handelt, vielmehr ist dies allen Beteiligten klar.

Häufig nehmen Lehrer in der Thematisierung auf die vorangegangene Stunde Bezug:

(3b) L: wir hatten uns über den Gasaustausch das letzte Mal unterhalten im letzten Teil der Bio-Stunde (Jg. 7, Gesamtschule (GS), Biologie (Bio)) (Redder Hg. 1982, 6)

Mit der Bezugnahme auf das Ende der letzten Biologiestunde thematisiert die Lehrerin ihr Stundenthema *Gasaustausch* implizit.

(3c) L: so eh wir wolln heute einen Titel festlegen für die Zeitung . (Jg. 8, Gy, Deutsch)

Mit dieser Äußerung stellt der Lehrer seinen Unterrichtsplan vor; er ist den Schülern allerdings bekannt, denn dieser Schritt ist im Rahmen eines langfristig angelegten Projektunterrichts vorbereitet worden. Insofern dient diese Thematisierung bloß der Feststellung der von allen Beteiligten geteilten Erwartungen für diesen Unterrichtsabschnitt.

Thematisierungen haben also die Aufgabe, zu Beginn der Stunde die Erwartungen der Schüler auf den thematischen Schwerpunkt zu richten. Es sind unterschiedliche Explizitheitsgrade denkbar – und empirisch dokumentiert. Meist beschränken sie sich auf die thematische Orientierung und sparen den institutionellen Rahmen aus. Diese Bedingungen müssen nur thematisiert werden, wenn sich Variationen des normalerweise zu erwartenden Verlaufs der Ereignisse ergeben, z.B. ein Vertretungslehrer in der Klasse auftaucht.

4.2.3. Die Abschlussphase

In der Abschlussphase schließt der Lehrer die zu Beginn der Stunde hergestellten Rahmungen, den thematischen und den der Unterrichtsöffentlichkeit. Die Unterrichtsstunde wird dann beendet, wenn der für die Stunde vorgesehene Handlungsplan abgearbeitet ist; sie kann darüber hinaus auch durch das institutionelle Signal des Klingelns ein Ende finden. Im Idealfall fallen die Zeitpunkte zusammen, wenn nicht, kann die Stunde vor oder aber auch nach dem Klingeln ein Ende finden. Im Gegensatz zum Gottesdienst oder zur Gerichtsverhandlung gehört die zeitliche Dimension durchaus zum kommunikativen Potential von Unterricht, mit dem die Beteiligten arbeiten – allerdings handeln sie nicht das Ende unabhängig aus wie in nicht-institutionellen Zusammenhängen, sondern sie beziehen sich gemeinsam auf das allen bekannte Zeitmanagement des Schultags (vgl. Vogt 1998a).

Wir betrachten nun Äußerungen, mit deren Hilfe Lehrer Schulstunden beenden. Im ersten Beispiel schließt ein Lehrer eine Diskussion:

(4) L: ja drei Fragen es gongt gleich drei Fragen stehn hier im Raum einerseits is das wirklich emanzipatorisch zweitens warum Frau und nich Mann und drittens eben Auflehnung gegen den Staat . wie weit geht das schon (...) (was auch immer) die Fragen werden wir dann am Montag erörtern schönes Wochenende (Jg. 12, Deutsch)

Vor der abschließenden Grußsequenz, die den Rahmen der Unterrichtsstunde aufhebt, resümiert der Lehrer zunächst die in der Diskussion aufgeworfenen *Fragen* – eine strukturierende Tätigkeit – unter Hinweis auf das bevorstehende Klingeln, um anschließend die thematische Wiederaufnahme dieser Fragen in der nächsten Stunde *am Montag* anzukündigen – eine phasierende Tätigkeit. Der Lehrer achtet also darauf, die in der Stunde etablierten Rahmungen in seinem Beitrag wieder aufzuheben.

Aber es ist auch möglich, die Unterrichtsöffentlichkeit ohne eine entsprechend autorisierte Äußerung des Lehrers aufzulösen, allein aufgrund der Schüleraktivitäten nach dem Klingeln:

(5) Hausaufgaben: Das Ende (Jg. 5, Förderstufe, Schülermitverwaltung (*SV*))

Teilnehmer-Siglen: *L*: Lehrerin, *Ch:* Christina, *mS*: mehrere Schüler. Aufnahme & Transkription (1998): C. Kraus, Bearbeitung: Vogt (1999).

```
        L1[ Christina ist dirs wieder eingefallen
        Ch[                                       ja man sollte sich den
130

        Ch[ Arbeitsplan . erstens mal mehrmals . man sollte sich den
131

        Ch[ Arbeitsplan . man sollte sich mal den Arbeitsplan
        AS[                                                   Gong setzt
132

        Ch[                       mehrmals durchlesen
        mS[     packen ihre Sachen und verlassen die Plätze
        AS[ ein .................
133
```

Freitag, 6. Stunde: Wie will man Schüler daran hindern, sofort die Klasse zu verlassen? Auch die Lehrerin hat schlechte Karten, ist sie doch bereits drei Minuten zuvor zusammenfassend tätig gewesen. Die kommunikative Ordnung war also schon zuvor nur unter Mühen aufrecht erhalten worden; mit dem akustischen Signal bricht sie eindeutig zusammen, ohne dass sie explizit aufgehoben wäre.

In Abschlussphasen werden die eröffnenden Rahmungen wieder aufgehoben; die thematische mithilfe eines Resümees, die kommunikative durch auflösende Äußerungen wie etwa in einer Verabschiedungssequenz. Darüber hinaus spielt auch das Klingeln als Kundgabe des institutionellen Zeitmaßes eine große Rolle.

4.2.4. Unterbrechungen

Eine interessante Variante der Bearbeitung von thematischen und kommunikativen Ordnungen stellen Unterbrechungen dar: Ein nicht zur Lerngruppe gehörender Institutionsagent oder -klient kommt während einer Stunde mit einem Anliegen in das Klassenzimmer (i.F.: der Unterbrecher). In einem solchen Fall wird der thematische Fokus aufgehoben, weil in diesem Moment das Anliegen des Unterbrechers sofort thematisch wird. Auch die Aufrechterhaltung der kommunikativen Ordnung kann gefährdet sein, wenn das so initiierte Handlungsmuster länger andauert. In der Regel endet eine solche Nebensequenz, wenn das Anliegen bearbeitet worden ist: Der Unterbrecher verlässt den Raum. Der Fokus unserer Betrachtung liegt in der Auflösung und Wiederherstellung der kommunikativen und thematischen Ordnung.

In unserer Beispielstunde ist ein Lehrer der Unterbrecher.

(6a) „Der Bär auf dem Försterball": Die Unterbrechung (1)

> Teilnehmer-Siglen: *L1*: Lehrerin 1, *L3*: Lehrer, *S1-4*: nicht identifizierbare Schüler.

```
      L1[ ich glaube da hat                                           ich
      L3[                        (klopft an die Tür)
      S1[         hallo Herr Keil
      S2[                                              herein
      S3[                                              herein
      mS[                                              herein
  42
```

```
      L1[ glaube da hat der Fritz was Wichtiges gesagt
      L3 ⌈                                             gutn Morgen
         ⌊ öffnet die Tür und tritt in die Klasse
  43
```

```
      L3[          is das ne Filmaufnahme       aber kann man die mal
      S1[                                   ja
      mS[ (murmeln)
  44
```

```
      L3[ n Augenblick stoppen) ich muss mal mein Buch holen
      S1[                                                       hehe
  45
```

Während die Lehrerin gerade dabei ist, eine Schüleräußerung zu evaluieren, klopft es. Der Lehrer beachtet die Konventionen, wenn er erst nach dem vielstimmigen *herein* der Schüler die Klasse betritt. Nach seinem Gruß thematisiert er zunächst die Situation, um dann sein Anliegen vorzubringen. In den nun folgenden 45 Sekunden richtet sich die Aufmerksamkeit aller im Raum Versammelten auf seine Aktivitäten, die er selbst kommentierend vollzieht. Während von den beiden Lehrerinnen nichts zu hören ist, sind es die Schüler, die mit kleinen Witzeleien die Aktionen des Lehrers begleiten. Am Ende entschuldigt er sich noch mal für die Störung und verlässt den Raum. Wie stellt nun die Lehrerin die Unterrichtsöffentlichkeit wieder her?

(6b) „Der Bär auf dem Försterball": Die Unterbrechung (2)

```
      L1[                                        ja doch
      L3[ nach der Stunde wieder weil (...) okay          danke
      S2[                                                      losen
  49
```

```
      L3 ⌈ Entschuldigung noch mal
         ⌊                          verläßt den Raum und schließt
  50
```

```
      L1[         so ich möcht das noch mal aufgreifen was Fritz
      L3 ⌈
         ⌊ die Tür
  51
```

```
         >                    \
      L1 ⌐ eben gesagt hat zum Schluss          er hat gesagt dass
      mS ⌊                           (murmeln)
52
```

Das einleitende *so* ratifiziert den Abschluss der Unterbrechung und führt die Aufmerksamkeit zurück auf das Thema, genauer: auf die positive Evaluation eines Schülerbeitrags. Sie re-etabliert den thematischen Aspekt, der sie aufgrund der Unterbrechung nicht weiter bearbeitet werden konnte. Ist die Unterbrechung kurz, bleibt zwar die Unterrichtsöffentlichkeit erhalten, nicht aber die thematische Orientierung; diese muss nach dem Ende wieder hergestellt werden.

Unterrichtsöffentlichkeit muss zunächst hergestellt werden, um die Voraussetzungen für einen Plenumsunterricht zu schaffen; sie wird wieder aufgehoben, um den weiteren Fortgang des vorgesehenen Tagesablaufs zu ermöglichen. Beide Prozesse lassen sich als eigenständige, wenn auch kurze Phasen zu Beginn und am Ende des Unterrichts beobachten. Die Eröffnungsphase besteht aus Äußerungen, die sich den rahmensetzenden sprachlichen Handlungsmustern der Eröffnung und der Thematisierung zuordnen lassen. Aufgehoben werden sie am Ende der Stunde durch Äußerungen, die entsprechende schließende Funktion haben, die thematischen Resümees und die Auflösung der Öffentlichkeit mittels einer Verabschiedung. Innerhalb dieses schulorganisatorisch vorgegebenen Rahmens prozessiert der Lehrer die von ihm vorgesehene Verlaufsstruktur des Unterrichts.

4.3. Die Verlaufsformen des Unterrichts bearbeiten: Phasierungen

Die Organisation des Unterrichtsverlaufs steht im Mittelpunkt dieses Abschnitts. Welche Eigenschaften müssen Äußerungen von Lehrern haben, mit denen sie einzelne Unterrichtsabschnitte einleiten und abschließen und sie so voneinander abgrenzen? Um diese Frage zu beantworten, werden wir zunächst in unserer Beispielstunde nach solchen Äußerungen suchen, die die einzelnen Phasen etablieren und beenden. In einem zweiten Schritt sollen Begriff und Konzept des sprachlichen Handlungsmusters der Phasierung präzisiert werden.

4.3.1. Phasenabgrenzungen

Die Äußerungen, die die vom Lehrer vorgesehenen Phasen organisieren, stehen im Mittelpunkt der folgenden Untersuchungen. In unserem Beispiel finden wir mehrere Phasen; allein die Textrezeption wird mithilfe von sechs verschiedenen Phasen organisiert (vgl. das Verlaufsprotokoll der Stunde auf S. 136). Betrachten wir nun zunächst die diese Abschnitte einleitenden und abschließenden Äußerungen.

(7) Phaseneinleitende Äußerungen
- a) L: der Bär auf dem Försterball . der Bär auf dem Försterball ... wenn man so etwas hört .. dann stellt man sich ja oft was vor ...
- b) L: ich les jetzt einen Teil vor ...
- c) L: von da aus lest ihr dann mal weiter
- d) L: wir wollen das jetzt eh so machen dass wir noch mal mit verteilten Rollen lesen (Verteilung der Rollen) los gehts
- e) L: bevor ihr lest, wenn das Ende jetzt fertig gelesen ist . ja dann mal keiner was sagen, denn ihr seid unterschiedlich schnell beim Lesen, ihr nehmt euch dann Karten und schreibt euch dann mal auf was euch in dem Moment so durch den Kopf geht das kann ein Satz sein, das können Stichwörter sein, vielleicht auch, was euch insgesamt zu dieser Geschichte was euch dazu einfällt.
- f) L: ja wolln wir das gegenseitig vorlesen

In dieser Zusammenstellung finden sich auf der Oberfläche unterschiedliche Äußerungsformen: Neben einer Feststellung (a) bzw. Verfahrensfrage (f) finden sich je zwei Ankündigungen (b, d) und explizite Instruktionen (c, e). Die Feststellung (a) erweist sich als Aufforderung an die Schüler, Assoziationen in Hinblick auf den Titel der Geschichte zu entwickeln und ggf. öffentlich zu machen. Die Pause am Ende markiert den Zeitraum, in dem sich die Schüler melden können. Die Ankündigung (b) bezieht sich auf die für die nächste Phase vorgesehene Lehrertätigkeit des Vorlesens und impliziert die gleichzeitige akustische und visuelle Textrezeption der Schüler. Die Instruktion (c) weist die Schüler an, in Einzelarbeit weiter zu arbeiten. (d) schließlich ist der Anfang eines relativ komplexen Phasenbeginns, denn die vorgesehene Tätigkeit „Lesen mit verteilten Rollen" verlangt eine Zuweisung von Sprecherrollen auf Schüler. Mit der Aufforderung *los gehts* wird die Textpräsentation gestartet. Relativ komplex ist auch die Instruktion (e), in der die für eine Einzelarbeitsphase antizipierten Schülertätigkeiten angegeben werden. Die Frage (f) schließlich leitet über in die Auswertung der vorangegangenen Einzelarbeit, indem die Schülertätigkeit des Präsentierens genannt wird.

Phasierungen dienen dazu, so kann resümierend festgestellt werden, die Schüler auf die von ihnen in der jeweiligen Phase erwarteten Tätigkeiten einzustellen. Sie enthalten also sowohl das Thema als auch die Bearbeitungsweise; sie benennen die jeweils vorgesehene Sozialform, antizipieren also sowohl die kommmunikative als auch die thematische Ordnung. Man könnte einwenden, dass diese Voraussetzungen nicht für alle Äußerungen gelten. So fehlt in (a) die Kennzeichnung der vorgesehenen Sozialform und in (b) die Angabe des Themas. Das Thema, die Rezeption des Textes „Der Bär auf dem Försterball", gilt natürlich für den ganzen Abschnitt der Textrezeption und muss folglich nicht wieder aufgegriffen werden. (a) bleibt hinsichtlich der kommunikativen Ordnung unmarkiert: Was folgt, sind vom Lehrer abgerufene Schülerbeiträge, die dieser anschließend zur Kenntnis nimmt.

Ein weiteres Problem betrifft die Abgrenzung zwischen Phasierungen und den phasenintern operierenden Strukturierungen. Beispiel (a) zeigt dies deutlich:

(7a) L: der Bär auf dem Försterball . der Bär auf dem Försterball ... wenn man so etwas hört .. dann stellt man sich ja oft was vor ...

Die Wiederholung des Titels macht deutlich, dass die Lehrerin den Fokus der Aufmerksamkeit auf die darin angesprochenen Besonderheiten richten will. Vermutlich wissen die Schüler aufgrund ihrer Erfahrungen mit dem Thema „einen Text lesen", was jetzt von ihnen erwartet wird. Erst die Pause und die anschließende Feststellung machen die in dieser Phase geforderten mentalen Schülertätigkeiten deutlich. So wird retrospektiv klar, dass die Wiederholung des Titels die Phasierung darstellt, und der an die Pause anschließende Abschnitt sequentiell als Strukturierung anzusehen ist, weil er explizit die Schüler zum Assoziieren anregt. So zeigt sich, dass Phasierungen relativ eng mit den initiierenden Strukturierungen verknüpft sind.

Betrachten wir nun die Äußerungen, mit denen die Lehrerinnen in unserem Beispiel die verschiedenen Phasen des Abschnitts Textrezeption abschließen.

(8) Phasenabschließende Äußerungen
   a) L: hm ...
   b) L: Da ist ein kleiner Strich bis dahin hab ich vorgelesen
   c) L: (Schülerkommentare)
   d) L: (keine)
   e) L: so
   f) L: hier da müssen wir mal drangehen

Nicht immer sind Phasenabschlüsse explizit markiert, wie die fehlenden Belege bei c) und d) zeigen. Klassisch ist das zentrierende *so* aus (e), das ja konventionell die Beendigung der einen und den Beginn einer neuen Handlungssequenz anzeigt. In Beispiel (a) bezieht sich *hm* auf den zuvor abgeschlossenen Schülerbeitrag, während die anschließende Pause als Abschlusssignal fungiert: Da kein anderer Schüler etwas einbringen will, entschließt sich die Lehrerin, nunmehr den Text vorzulesen. Mit der metakommunikativen Äußerung (b) beendet sie schließlich die Textpräsentation. (f) schließlich leitet über vom Einbringen von Texteinschätzungen durch die Schüler zur Aussprache darüber.

4.3.2. Phasierungen und Phasenschließungen

Phasierungen sind in der Literatur gut beschrieben, z.B. durch Sinclair/Coulthard (1977):

> Phasen fangen mit einer einleitenden Äußerungsfolge an und enden mit einer abschließenden Äußerungsfolge. Innerhalb dieser Grenzen treten eine Reihe mittlerer Äußerungsfolgen auf. (86)

Mit dieser relativ unspezifischen Bestimmung entgeht ihnen die Rahmung von Unterrichtsphasen durch den Lehrer. Auch die Unterscheidung von drei Phasentypen, nämlich Informations-, Anweisungs- und Auslösungsphasen, überzeugt nicht, denn es kann mit dieser nicht gelingen, die Phasengrenzen angemessen zu bestimmen. Statt dessen müssen wir uns auf die nächst niedrigere Stufe bewegen, nämlich zu den strukturierenden Äußerungsfolgen, die mittels rahmensetzender und zentrierender Schritte die Aufgaben haben, „Anfang und Ende dessen zu signalisieren, was der Lehrer als Stadium in der Stunde betrachtet"

(1977, 79). Zwar entspricht diese Bestimmung etwa dem, was eben entwickelt worden ist; allerdings befinden wir uns auf einer niedrigeren Ebene.

Überzeugender erscheint im Vergleich dazu der Vorschlag Ramges, die Phasenabfolge des Unterrichts entlang der Lehrerabsichten zu rekonstruieren, der bezüglich der einzelnen Unterrichtsschritte spezifische Teilpläne aktiviert und realisiert. Diese haben Anfang und Ende und werden i.d.R. durch verbale oder non-verbale Tätigkeiten markiert (1983, 173). Redder (1984, 157-191) schließlich unterscheidet nach sequentiellen Kriterien zwischen Phasierungen, die am Stundenanfang erfolgen, und solchen, die während der Stunde aktiviert werden. Nach unserer Ansicht ist diese Unterscheidung dann überflüssig, wenn die Herstellung der Unterrichtsöffentlichkeit als eigenständiges Segment behandelt wird. Die zeitliche Nähe von abschließenden und einleitenden Phasierungen in der Prozessierung des Unterrichts hat Redder dazu veranlasst, abschließende Phasierungen als „Prae" einer Phasierung zu interpretieren. Diesem Vorschlag liegt der Gedanke zugrunde, dass Lehrer sich an einem bestimmten Punkt in der Stunde entscheiden, eine Phase abzuschließen und eine neue zu beginnen. Die begriffliche Fixierung indes kann nicht überzeugen, denn bei den „Praes" handelt es sich um rahmenschließende Tätigkeiten des Lehrers, die sich auf die rahmenöffnenden zu Beginn der Phase beziehen. Und zwingend ist der Zusammenhang der Phasenkopplung auch nicht: Zwischen einzelnen Phasen können durchaus Pausen entstehen, in denen die Beteiligten im Klassenzimmer beispielsweise informelle Interaktionen praktizieren.

Im Folgenden werden wir weitere Beispiele von Phasenrahmungen analysieren. Ein relativ einfaches Beispiel ist das folgende:

(9a) L: So wir wollen jetzt uns einmal die Zeichnung ansehen, die hier in diesem Teil is. (Jg. 7, GS, Bio) (Redder Hg. 1982, 10)

Diese Äußerung eröffnet eine Auseinandersetzung mit dem Thema „Blutkreislauf", gestützt auf zwei auf die Tafel gezeichnete Schaubilder. Was folgt, dürfte klar sein: Die Schüler artikulieren Fragen und Beobachtungen, die die Lehrerin systematisiert; oder die Lehrerin fragt, und die Schüler antworten. Hier beruft sich die Lehrerin mit der Tätigkeitsangabe *ansehen* auf ein institutionelles Verständnis, das die Schüler verpflichtet, die Lehrerinszenierung zu verfolgen. Dies ist ein Beispiel für eine unmarkierte Phasierung, d.h., sie orientiert auf die Standard-Interaktionsform des Unterrichts, das vom Lehrer strukturierte Lehrgespräch. Als deutlich komplexer erweist sich der folgende Beleg, auch weil er hinsichtlich der kommunikativen Ordnung markiert ist.

(9b) L: Wir hatten also sechs Aufgaben zur Schlussrechnung, beziehungsweise einfachen Dreisatzrechnung. Und wir wollen die der Reihe nach an der Tafel lösen . und ihr schreibt sie dann bitte ins Hausheft. Die erste Aufgabe lautete: „Auf dem Markt kosten drei Orangen nullkommasechsundneunzig De Em. . Herr Ka kauft acht Stück." Das braucht ihr nicht aufzuschreiben, sondern ihr schreibt nur: „Erstens" ... Und dann möchte ich jemanden bitten, diese Aufgabe an der Tafel zu lösen. ... Und dann möchte ich jemanden bitten, diese Aufgaben an der Tafel zu lösen. (Jg. 6, HS, Mathe) (Redder Hg. 1982, 94-5)

Der Lehrer bezieht sich mit dieser Phasierung auf eine Klassenarbeit, die er zurückgeben will. Zuvor aber erfolgt eine „Besprechung", also ein Nachvollziehen der richtigen Aufgabenlösung. Die Aufgaben sollen an der Tafel gelöst werden, gleichzeitig weist er die Schüler an, die Ergebnisse in ihr Heft zu übertragen. Zur Verdeutlichung dieser Instruktion hat er die Aufgabe verlesen; gleichzeitig stellt er hier bereits die erste Aufgabe, die an der Tafel zu lösen ist, eröffnet also den thematischen Zusammenhang. Folgerichtig fordert er die Schüler am Ende auf, sich dieser Aufgabe zu stellen. Dieses Beispiel macht deutlich, wie eng vor allem in der thematischen Fokussierung die Phasierung mit der Strukturierung verbunden ist. Das Ausmaß der Erläuterungen ist durch die Abweichung von der Standardunterrichtsform begründet: ein Schüler und seine mathematischen Kompetenzen stehen im Mittelpunkt der jeweiligen Unterteilung diese Phase, während die anderen mitschreiben.

Auch die Herstellung einer verfahrensgeregelten Ordnung für den Plenumsunterricht erfordert Explikationsaufwand:

(9c) L: Aktualität . Wahrscheinlich werden wir heute nicht zu einem . gemeinsamen Ergebnis kommen, aber vielleicht werden die verschiedenen Standpunkte schon mal deutlich werden. Ich schlage folgendes Verfahren vor: ich führ ne Redeliste, das heißt Finger hoch, ich notier das und sage dann . nach der Redeliste immer, wer dran ist, ja? . Ich selber werde mich auch ab und zu mal auf die die Redeliste setzen. Okay. So, wer möchte was sagen? Erst mal Finger hoch. (Jg. 12, Deutsch)

Für die Orientierung auf den Inhalt reicht das initial platzierte Stichwort *Aktualität* – hier: die Aktualität von Sophokles' „Antigone". Auch den Verlauf innerhalb eines knappen Zeitrahmens antizipiert der Lehrer, bevor er schließlich das von ihm vorgesehene Verfahren erläutert. Mit dem *okay* schließt die Phasierung, es folgt eine Aufforderung zur Wortmeldung. Auch hier erweist sich die Organisation einer nicht lehrerzentrierten kommunikativen Ordnung als zentrales Anliegen des Lehrers. Insofern handelt es sich ebenfalls um eine markierte Phasierung.

Der Gegensatz „markiert" – „unmarkiert" spielt für Phasen-schließende Äußerungen keine Rolle.

(9d) L: Richtig. Das Blut erneuert sich ständig wieder. Aber das lernen wir in den nächsten Stunden noch. (Jg. 6, GS, Bio) (Redder Hg. 1982, 41)

An die bestätigende Reformulierung eines Schülerbeitrags schließt ein Verweis auf zukünftige Biologiestunden an, mit dem die Lehrerin deutlich macht, dass sie die Darstellung des Blutkreislaufes an der Tafel nunmehr zu beenden gedenkt. So hat sie die Voraussetzungen geschaffen, die nächste Phase zu eröffnen.

Eng verknüpft sind Phasenende und -einleitung im folgenden Beleg:

(9e) L: Obwohl wir die letzte Aufgabe noch nich habn, ich teil euch die Hefte aus. (Jg. 6, HS, Mathe) (Redder Hg. 1982, 122)

Der konzessive Ausdruck verweist darauf, dass der Lehrer das in seiner Phasierung annoncierte Programm nicht innerhalb des Zeitrahmens hat durchführen können, eine Aufgabe stünde noch aus. Mit der auch syntaktisch verknüpften Ankündigung eröffnet er eine neue Phase, das Ritual „Rückgabe einer Klassenarbeit".

Schwieriger ist es, Gruppen- oder Einzelarbeitsphasen zu beenden; der Lehrer muss prüfen, ob der richtige Zeitpunkt gekommen ist.

(9f) L: So, jetzt / ... Wer ist noch nicht fertig jetzt? ... Ja, ich würd' sagen, dann lassen wir s dabei, damit wir nicht die ganze Stunde damit zubringen ... Die anderen, die jetzt noch nicht fertig sind, machen bitte Schluß. (Jg. 7, GS, Deutsch) (Redder Hg. 1982, 67f)

Die in diesem Beleg notierten Pausen verweisen auf größere Zeiträume: Hier wird deutlich, wie sich der Lehrer bei seinen Schülern versichert, dass diese ihre Aufgabe bearbeitet haben. Vier Runden braucht der Lehrer, dann entscheidet er sich für eine definitive Beendigung und schafft so die Möglichkeit, eine neue Phase zu eröffnen.

Solche Äußerungen des Lehrers können als Phasierungen rekonstruiert werden, mit denen sie entsprechend ihrer Handlungspläne die Verlaufsformen des Unterrichts organisieren. Diese prospektive Äußerung orientiert nicht nur thematisch auf den unmittelbar darauf folgenden Zeitraum, sie gibt auch an, welche Tätigkeiten die Schüler – und der Lehrer – praktizieren sollen. Im unmarkierten Fall orientieren sie die Schüler auf den Normalfall des Plenumsunterrichts, das Lehrgespräch, während sie im markierten Fall Instruktionen über die Beteiligungskonventionen enthalten. Sie sind insofern rahmensetzend, als diese Angaben solange Gültigkeit haben, bis sie zu einem Abschluss gebracht werden, der den Lehrer in die Lage versetzt, den nächsten Schritt seines Unterrichtsplanes einzuleiten. Diesen Zweck realisieren spezielle Äußerungen, die Phasenschließungen, die retrospektiv den zuvor etablierten Rahmen wieder auflösen.

4.4. Thematische Ordnungen im Unterricht: Strukturierungen

Was geschieht nun innnerhalb von Phasen? Der Lehrer organisiert das möglichst effiziente Ineinandergreifen der verschiedenen Aspekte, vor allem im Rahmen des Lehrgesprächs im Plenumsunterricht. Wir haben eben herausgearbeitet, dass dies die Standardform der unterrichtlichen Interaktion ist. Auf diese Form konzentrieren wir uns im Folgenden, während andere Sozialformen im dann folgenden Abschnitt 4.5. genauer untersucht werden. Wir werden zunächst Interaktionsformen aus unserer Beispielstunde vorstellen, um das Phänomen zu beschreiben. Anschließend werden wir dann, nach einem Blick in die Literatur, zu einer genaueren Bestimmung kommen und abschließend einige Beispiele diskutieren.

4.4.1. „Der Bär auf dem Försterball": Die thematische Ordnung

Für eine Analyse der Äußerungen, die Lehrer und Schüler bei der thematischen Auseinandersetzung einbringen, gehen wir in den Abschnitt unserer Beispielstunde, in der die Textbearbeitung im Mittelpunkt steht. Wir betrachten drei Szenen, nämlich zuerst den Beginn, dann die Fortführung und schließlich den Abschluss.

Direkt nach der Phasierung der Lehrerin 1 ergreift Lehrerin 2 das Wort zu einem längeren Beitrag.

(10a) L: Ja, was meinst du denn davon oder die anderen ... Es muss ja schon einen Grund geben, das eine war ja schon, was die Carola auch sagte, es ist ja irgendwie unlogisch und – Anna-Maria – eigentlich müsste jeder erkennen, dass er der Bär ist. Und in dieser Szene passiert ja jetzt etwas, dass der Bär neben diesen Förstern, und dieser Förster müsste es eigentlich im ersten Moment ja schon gesehen haben, dazu könnte es jetzt verschiedene Gründe geben (5 sec)

Dieser Beitrag besteht aus drei Teilen: Einer Aufforderung zur Meinungsäußerung folgt eine Reformulierung der in der vorherigen Phase eingebrachten Schülerbeurteilungen; schließlich eröffnet die konjunktivisch formulierte Vermutung den Raum für Schülerdeutungen. Explizit fragt sie nicht nach dem einen, richtigen Kausalzusammenhang, vielmehr bietet sie gleich an, mehrere Deutungen einzubringen. Diese Lehreräußerung hat alle Qualitäten einer einleitenden Strukturierung, indem sie den thematischen Zugriff der Schüler durch die Angabe eines Aspekts – das Unwahrscheinliche – konzentriert. Auch zeigt die Äußerung den Schülern, dass es nicht darum geht, den Gedanken des Lehrers zu folgen, sondern eigene Plausibilitätserwägungen anzustellen. Die Schüler nehmen das Angebot an, einige melden sich. Die Lehrerin wählt Petra aus, die eine Vermutung einbringt:

(10b) Pe: vielleicht war er ja betrunken
     L: hmhm Klaus

Mit dem reduplizierten *hm* nimmt die Lehrerin Petras Vermutung zur Kenntnis und setzt mit dem Aufruf des nächsten Schülers die Sammelphase fort. Sequentiell handelt es sich hier um eine kontrollierende Strukturierung, die dazu dient, den Schülerbeitrag in Hinblick auf seine Angemessenheit zu beurteilen.

Betrachten wir nun eine weitere Episode aus dem gleichen Abschnitt der Textbearbeitung.

(10c) „Der Bär auf dem Försterball": Die Oberförster-Episode

Die Schüler haben in der Textbearbeitung die Frage gestellt, welche warum die Förster bei der ersten Begegnung den Bären für den Oberförster gehalten haben. Diesen Aspekt greift Lehrerin 1 auf.

Teilnehmer-Siglen: *L1*: Lehrerin 1, *L2*: Lehrerin 2, *Pe*: Peter, *So*: Sonja.

```
        >                              </
1  L1 [  interessant is ja auch wie die reagieren . sie sagen ja

        >              /
2  L1 [  nich och du bist ja auch n Förster ...
   Pe [                                    ja du bist der Ober-

        >                    !        /
3  L1 [           du bist ja der Oberförster also ... (...) Sonja
                  nickt S4 zu
   Pe [ förster
```

```
4  ┌─────────────────────────────────────────────────────────────┐
   │ So[ das is vielleicht auch em is weil er so so etwas rund-  │
   └─────────────────────────────────────────────────────────────┘

   ┌─────────────────────────────────────────────────────────────┐
   │ L1[                                was du eben sagtest hmhm │
5  │ So[ licher is und weil er größer is                         │
   └─────────────────────────────────────────────────────────────┘

   ┌─────────────────────────────────────────────────────────────┐
   │   >⌈                                  !                     │
   │ L1⌊ was haben sie also gleich gemacht                       │
   │ So[                                       also ich fand der ... │
6  └─────────────────────────────────────────────────────────────┘
```

Betrachten wir einmal die Lehreräußerungen, wie sie im Transkript vermerkt sind – wobei diejenigen, die auf die kommunikative Ordnung zielen, unberücksichtigt bleiben. Die Lehrerin richtet mit ihrer Äußerung die Aufmerksamkeit auf den Aspekt, dass die Förster aus dem Bären gleich den Oberförster machen. Dies gelingt ihr durch eine vorgreifende Beurteilung (*interessant is ja auch ...*), deren Gegenstand erst anschließend *ex negativo* eingeführt wird. Die Konstruktion ist zweigliedrig, so dass Peter die Pause nutzt, die Antithese zu ergänzen: ein verbaler Lückentest also. Nicht nur wiederholt die Lehrerin seine Formulierung, sie nickt ihm auch anerkennend zu. Hier wird also eine weiterführende Strukturierung formuliert, der thematische Fokus ist präzisiert worden. Die von Sonja geäußerte Vermutung markiert die Lehrerin zunächst als Wiederholung, dann nimmt sie sie zur Kenntnis, um anschließend in einer Frage noch genauer ihre Sicht zu fokussieren. Damit macht sie deutlich, dass sie Sonjas Ideen nicht für angemessen hält (Fl. 5). Hier haben wir also eine Variation der kontrollierenden Strukturierung, die die Unangemessenheit eines Schülerbeitrags deutlich macht.

Schließlich betrachten wir noch den abschließenden Beitrag der Lehrerin am Ende der Beschäftigung mit dem Text.

(10d) „Der Bär auf dem Försterball": Der thematische Abschluss

```
┌─────────────────────────────────────────────────────────────┐
│ Teilnehmer-Siglen: L2: Lehrerin 2, Ev: Eva, Ma: Martin,     │
│ To: Tobias S1, S2: nicht identifizierbare Schüler.          │
└─────────────────────────────────────────────────────────────┘

     ┌─────────────────────────────────────────────────────────┐
     │ L2[                                         vielleicht  │
     │   >⌈                              /                     │
     │ Ev⌊ diskutieren Märchen ist Märchen oder                │
     │ S2[                                         ja          │
     │   >⌈                                        :           │
     │ S3⌊                                         ne          │
121  └─────────────────────────────────────────────────────────┘

     ┌─────────────────────────────────────────────────────────┐
122  │ L2[ erinnert ihr euch mal dran dass wir in der im dritten │
     └─────────────────────────────────────────────────────────┘

     ┌─────────────────────────────────────────────────────────┐
123  │ L2[ Schuljahr da haben wir auch Fabeln gelesen da ging es dann │
     └─────────────────────────────────────────────────────────┘
```

```
         L2[  auch schon darum        dass der Schriftsteller auch ir-
         Ma[              is langweilig
124
```

```
         L2[ gendwas mit rüberbringen will        ich denk das könnt
         mS[                          murmeln
125
```

```
         L1[              aber ich denke das sollten
         L2[ man jetzt noch
         Ma[                                        aber nicht vier
126
```

```
         L1[                           aber Martin
         Ma[ Stunden drüber diskutieren und wir kommen zu keinem Ende
127
```

```
         L1[ aber Martin genau darüber würd ich
          >[                    >+
         To                         ne aber darüber wolln wir ...
128
```

Evas Beitrag drückt entschieden die Kritik der Schülerin am bearbeiteten Text aus. Sie nutzt zur Distanzierung den Märchenbegriff. Der thematisch schließende Beitrag von Lehrerin 2 – man will eine kurze Pause machen – greift die Begriffsarbeit auf, indem sie eine konkurrierende Genrebezeichnung dagegen stellt. Der Beitrag zielt auf die Akzentuierung der Mehrdeutigkeit literarischer Texte, die in einer anschließenden Phase noch einmal die Auseinandersetzung mit dem Text bestimmen könnte. Diesen Hinweis greift Lehrerin 1 auf, sie wird aber von Martin unterbrochen, der seine Ablehnung dieses Plans massiv zum Ausdruck bringt. Der resümierende Charakter dieser Äußerung wird dadurch erkennbar, dass sie einen Dissens markiert, der in der vorausgegangenen Textauseinandersetzung offenkundig gewesen ist. Hier zeigt sich sehr deutlich der retrospektive Bezug von abschließenden Strukturierungen, der darüber hinaus die Fortsetzung der Diskussion antizipiert.

Wir haben in diesem Abschnitt die folgenden zentralen Eigenschaften von Strukturierungen herausgearbeitet: Sie dienen der Organisation der thematischen Ordnung innerhalb einer Phase. Einen größeren Rahmen stellen einleitende Strukturierungen her, er kann bis zum zum Phasenende reichen. Die Organisation im Detail leisten die weiterführenden Strukturierungen ebenso wie die kontrollierenden, die dazu dienen, die Schülerbeiträge zu bewerten. Abschließende Strukturierungen schließlich haben die Funktion, den thematischen Rahmen wieder aufzuheben.

4.4.2. Formen und Funktionen von Strukturierungen

Funktionen und Formen von Strukturierungen stehen im Mittelpunkt dieses Abschnittes. Die Tätigkeit des Strukturierens gehört nach Bellack et al. (1974) zu den vier unterrichtsbezogenen Spielzügen, neben Auffordern, Reagieren und Fortführen. Betrachten wir zunächst die Definition dieses Spielzugs:

> Strukturierende Spielzüge haben die Aufgabe, den Rahmen für die das jeweils nachfolgende Verhalten zu setzen, indem sie (a) Interaktionen zwischen Lehrern und Schülern ingang setzen oder anhalten bzw. unterbinden und (b) die Art der Interaktion anzeigen bezüglich Zeit, handelnder Personen, Aktivität, Thema, kognitivem Prozeß, Vorschriften, Begründungen und Unterrichtshilfen. Ein strukturierender Spielzug kann den Rahmen für das gesamte Sprachspiel des Unterrichts oder für Teile davon vorgeben. (1974, 29)

Das in dieser Definition zum Ausdruck kommende Verständnis von Strukturierungen entspricht genau dem, das wir oben in Hinblick auf Phasierungen expliziert haben. Es erlaubt jedoch keine präzise Unterscheidung zwischen den verlaufsformbezogenen Phasierungen und den phasenbezogenen Strukturierungen, die auch im begrifflichen Apparat der Autoren nicht bearbeitet wird. Denn die strukturierenden Aktivitäten setzen ja voraus, dass ein organisatorischer und thematischer Rahmen für den dann folgenden Abschnitt festgelegt wird. Vielmehr gilt für Strukturierungen i.W. die Bedingung der Fokussierung eines thematischen Aspekts mit Hinweisen auf Bearbeitungsmodalitäten durch die Schüler.

Im hierarchischen Diskursmodell Sinclair/Coulthards sind wir bei den sachbezogenen Äußerungsfolgen angelangt, die als Abschnitte charakterisiert sind, „in denen die Unterrichtsstunde vorankommt" (1977, 79). Sie bestehen regelhaft aus drei Schritten, nämlich Eröffnung, Reaktion und Feedback. So wird die Rahmung von Strukturierungen deutlich gemacht, zumindest in der Standardform des Lehrgesprächs. In funktional-pragmatischer Perspektive hat Redder Strukturierungen als Lehreräußerungen in unterrichtsorganisatorischer Funktion bestimmt, die sich aus thematischen, methodischen und interaktiven Bestimmungselementen herleiteten (vgl. Redder 1984, 192f.). Wir vertreten dagegen eine Position, die lediglich die phaseninternen methodischen und thematischen Rahmungen erfasst, mit deren Hilfe der Lehrer die thematische Ordnung herstellt, weiterentwickelt und zum Abschluss bringt. Diese Sichtweise wird auch durch den Vorschlag Redders unterstützt, zwischen geplanten und situativen Strukturierungen zu unterscheiden (195). Während jene thematischen Strukturierungen geplant sind, mittels derer der Lehrer nach einer Phase die thematische Bearbeitung eröffnet, sind solche Lehreräußerungen innerhalb von Phasen i.d.R. ungeplant, mit deren Hilfe er die thematische Entwicklung situativ fortführt.

Nach sequentiellen Gesichtspunkten lassen sich zwei verschiedene thematisch begründete Rahmungen von Schülertätigkeiten innerhalb von Phasen unterscheiden (vgl. Vogt i.V., Kap 7.1.): Während die einleitende Strukturierung den zu behandelnden thematischen Aspekt prospektiv fokussiert, bezieht sich die abschließende Strukturierung retrospektiv auf die in der Phase geleistete thematische Auseinandersetzung. Innerhalb dieses weit gesteckten Rahmens dienen begleitende Strukturierungen der Themenbearbeitung, auch hier lassen sich nach dem Kriterium des Bezugs zwei Formen unterscheiden: Weiterführende Strukturierungen dienen der Fortführung der thematischen Auseinandersetzung, während kontrollierende Strukturierungen die Aufgabe haben, die so gerahmten Schüleräußerungen hinsichtlich ihrer Angemessenheit zu bewerten.

Im Folgenden werden für diese Strukturierungstypen weitere Beispiele herangezogen.

(11) Eröffnende Strukturierungen

a) L: Bei wem ist noch was hängengeblieben? Nicole! (Jg. 7, GS, Bio) (Redder Hg. 1982, 7)
b) L: Und dann möcht ich jemanden von euch bitten, diese Aufgabe an der Tafel zu lösen. Michael, würdest du bitte mal kommen? Also, folgende drei Angaben: „Drei Orangen kosten.nullkommasechsundneunzig De Em. Herr Ka kauft acht Stück." (Jg. 6, HS, Mathe) (Redder Hg. 1982, 95)
c) L: Ich würd vorschlagen, dass wir den Text, das in dem Kästchen der Text . Nummer zwei, mal mit allen drei Möglichkeiten lesen. ... Robert, probierst du es mal mit ‚so', ja? (Jg. 6, GS, Deutsch) (Redder Hg. 1982, 53)

Beleg (11a) ist so eng mit der Phasierung verzahnt, dass nur mehr noch der organisatorische Zusammenhang aufgegriffen wird, nicht aber der thematische. (11b) leitet die erste von mehreren öffentlich an der Tafel durchgeführten Berechnungen ein; sie enthält eine Auswahl des Schülers und wiederholt noch einmal die Aufgabe. In (11c) schließlich stellt der Lehrer die Aufgabe, einen kurzen Text vorzulesen und dabei die Betonung zu beachten. Deutlich wird die sequentielle Funktion der einleitenden Strukturierung: Sie operationalisiert die thematische Orientierung der Phasierung in Hinblick auf einen für den Schüler überschaubaren Zusammenhang, indem nicht nur die inhaltlichen Aspekte konkretisiert, sondern auch die für die Bearbeitung erforderlichen Schülertätigkeiten angegeben werden. Sie sind vorbereitet, geplant und konkretisieren so die in der Phasierung angekündigten Inhalte und Aneignungsformen.

Der Rahmen, den sie etablieren, reicht bis zum Ende der Phase. Dort finden wir entsprechende Äußerungen, mit denen ein Thema zum Abschluss gebracht wird. Wer erwartet hätte, dass reformulierende Zusammenfassungen am Ende einer solchen inhaltlichen Auseinandersetzungsphase stehen, sieht sich getäuscht, wie die folgenden Beispiele zeigen:

(12) Abschließende Strukturierungen[5]

a) L: Richtig, so ist es gewesen.
b) L: Jä, die Lösung ist richtig, Michael, danke. (Jg. 6, HS, Mathe) (Redder Hg. 1982, 95)
c) L: Es ist also eine schwierige Frage, das jetzt . äh eindeutig zu entscheiden. (Jg. 6, GS, Deutsch) (Redder Hg. 1982, 53)

Kurz evaluiert (12a) den zuvor eingebrachten Schülerbeitrag. Die Wiederholung der Zustimmung macht es möglich, den ersten Teil der Äußerung als positive Beurteilung, den zweiten Teil jedoch als Beendigung des thematischen Schwerpunkts zu rekonstruieren. (12b) beendet das öffentliche Rechnen an der Tafel, die Lösung wird als richtig bestätigt, und der Schüler kann auf seinen Platz zurückgehen. Damit ist der erste Teil dieser Stunde beendet – und der nächste kann beginnen. (12c) schließlich resümiert die Bemühungen der Schüler um die angemessene Betonung eines Satzes, wohl auch, weil es – im Gegensatz zur Mathematik-Aufgabe – keine „richtige" Lösung der Aufgabe gibt.

Abschließende Strukturierungen haben die Funktion, den Schülern das Ende einer thematischen Auseinandersetzung anzuzeigen; der Explizitheitsgrad der hier vorgestellten lässt

---

[5] Die Belege dokumentieren den Abschluss der thematischen Auseinandersetzung in den Phasen, in denen die oben vorgestellten einführenden Strukturierungen für den Auftakt gesorgt hatten (Belege Nr. 10).

sich leicht erhöhen, und auch aus didaktischer Perspektive können die Beispiele den Anforderungen einer Ergebnissicherung nicht genügen – aber immerhin erfüllen sie die Aufgabe, den thematischen Zusammenhang zu beenden und die Voraussetzungen für die Etablierung einer neuen Phase zu schaffen.

Was passiert nun während so einer Phase der plenaren thematischen Auseinandersetzung? In der schon mehrfach dokumentierten Biologiestunde kommt es zu folgendem Dialog:

(13a) S: Wir atmen mehr Luft ein.
   L: Ja, die reine Luft/ da hatten mer aber ne ganz genauer Bezeichnung für.
   U: Sauerstoff.
   L: Ulrich, hilfst du, Sauerstoff *nickt Ulrich zu* (Redder Hg. 1982, 7)

Die Lehrerin arbeitet an Begriffen. Die Schüler sollen den Begriff *Sauerstoff* erarbeiten. Um dieses zu erreichen, erweitert die Lehrerin ihre Reformulierung der Schüleräußerung um das Attribut *reiner*. Mit der Feststellung weist sie darauf hin, dass alle Schüler über dieses Wissen verfügen sollten. Ulrich ruft unaufgefordert den angefragten Begriff in den Raum. Gleichsam nachträglich wird ihm das Wort erteilt und sowohl verbal als auch nonverbal gewürdigt. Und es bleibt der Lehrerin vorbehalten, den Begriff abschließend akzentuierend einzubringen. Diese Sequenz enthält alle Strukturierungsmittel, die mit geringer Reichweite die Schülertätigkeiten steuern: Die Bestätigung der Richtigkeit einer vom Schüler artikulierten Proposition findet sich ebenso wie deren fast wörtliche Wiederholung und die Feststellung, die auf eine begriffliche Präzisierung hin orientiert. Natürlich erhält auch der Schüler, der das Zielwort gefunden hat, ein Lob.

Etwas anders sieht es in der Mathematikstunde aus. Folgende Interaktion ist dokumentiert:

(13b) L: Damit hat der Michael auch schon die Frage eigentlich angeschrieben, die aus dieser Aufgabe sich ergibt. Wir wollen se vielleicht aber doch ma wiederholen. Markus! Wie lautet die Frage?
   M: Wieviel kosten acht Orangen?
   L: Já. Bitte! (Jg. 6, HS, Mathe) (Redder Hg. 1982, 95)

Wir sehen den Schüler an der Tafel, der seinen Job getan hat; und zwar richtig, wie der Lehrer bestätigt. Auch die Beteiligung der anderen Schüler soll offenbar sichergestellt werden. Deshalb fordert er einen von ihnen auf, das zu wiederholen. Markus hat aufgepasst, deshalb ist ihm auch die Zustimmung des Lehrers gewiss. Die entwickelnde Strukturierung richtet sich auf die Repetition des zuvor Besprochenen, sie zielt auf eine Kontrolle der Aufmerksamkeit. Der gewählte Schüler zeigt, dass er sich den Anforderungen gemäß verhalten hat und erhält dafür eine positive Evaluation.

Für die Deutschstunde ist die folgende Sequenz dokumentiert, in der es um die verschiedenen Möglichkeiten der Betonung des Satzes *so seh ich nicht aus* geht:

(13c) L_1: „So seh ich nicht aus." ... Ja was haltet ihr von den drei Möglichkeiten? welche ist wohl die ...
   S: richtige!
   L_2: ja, die richtige oder die . angemessenste? Jörg?

J: „Ich"! „So sehe ich nicht aus."
L₃: Hm. Guido!
G: „Nicht"! Das ist ja die Verneinung. „So sehe ich nicht aus."
L₄: So dann brauchen wir noch einen, der meint, bei so wärs richtig, dann haben wir se wieder alle drei, ne? (Jg. 6, GS, Deutsch) (Redder Hg. 1982, 51)

Die Frage des Lehrers richtet sich auf die Beurteilung der Möglichkeiten. Die unaufgeforderte Ergänzung seiner Äußerung (*richtige*) gibt ihm die Möglichkeit, das Kriterium der Angemessenheit einzuführen. Jörg entscheidet sich für die Betonung von *ich*, die der Lehrer mit einem *hm* zur Kenntnis nimmt. Guido hat einen zweiten Vorschlag, den er nicht nur vorträgt, sondern auch begründet. Hier reagiert der Lehrer mit einem konstatierenden *so*, das den Lösungsvorschlag als angemessen bestätigt. Mit der Frage schließlich bringt der Lehrer selbst die dritte Variante ein und beschließt so diese kurze Sequenz. In diesem Beispiel ist ein Interaktionsprozess dokumentiert, der durch die Arbeit an dem durch die weiterführende Strukturierung gesteckten Rahmen bestimmt ist. Entsprechend dem Kriterium der Angemessenheit (in L₂) entsteht für den Lehrer hier keine Notwendigkeit, die Schülervorschläge zu bewerten; es reicht, sie zur Kenntnis zu nehmen. Ihm selbst bleibt es vorbehalten, den Rahmen zu schließen.

Strukturierungen dienen zur Prozessierung des Lehr-Lern-Prozesses im Verlauf einer Phase. Fragen oder Behauptungen leiten solche Abschnitte ein; sie eröffnen den Schülern die Möglichkeit, sich in einem Beitrag darauf zu beziehen. Dessen Wert legt der Lehrer in der kontrollierenden Strukturierung fest, in der er eine Evaluation vornimmt. Der Beitrag kann als angemessen, richtig oder falsch eingeschätzt werden.

4.5. Kommunikative Ordnungen: Variationen der *turn*-Organisation

Die „Bündelung der Kräfte" erreicht die Schule durch die Organisation der kommunikativen Ordnung im Klassenzimmer, indem sie ritualisierte Formen der Interaktion entwickelt hat, die geeignet sind, die Tätigkeiten der beteiligten Subjekte in Hinblick auf den Zweck zu konzentrieren. Für den zentralen Funktionszusammenhang der „akzelerierten Wissensvermittlung" hat sich das Modell des vom Lehrer gesteuerten und kontrollierten Interaktionsprozesses herausgebildet. Dessen Organisationsformen stehen im Mittelpunkt der Überlegungen zur Regelung des Sprecherwechsels in der Schule, wie sie zunächst in konversationsanalytisch, dann in funktional-pragmatisch orientierten Arbeiten vorgetragen wurden. Da sich jedoch schulisches Lehren und Lernen nicht in der Vermittlung von kognitivem Wissen erschöpft, sondern es darüber hinaus auch prozedurale und soziale Fähigkeiten zu fördern beansprucht, müssen auch andere Organisationsformen der verbalen Interaktion beachtet werden, z.B. solche, in denen Schüler eine größere Verantwortung für den Interaktionsprozess übernehmen. Wir werden diese Frage bei der Rekonstruktion der klassenraumspezifischen kommunikativen Ordnungen mit berücksichtigen.

4.5.1. Die lehrerzentrierte kommunikative Ordnung

Die Verteilung des Rederechts in einer mittelgroßen sozialen Gruppe bedarf der Organisation, wenn gesichert sein soll, dass es nur einen Interaktionsprozess gibt und sich die Aufmerksamkeit aller Beteiligten darauf richtet. Systematisch ermöglicht bereits die Anzahl von vier Teilnehmern die Etablierung zweier voneinander unabhängiger Gesprächsstränge (vgl. Sacks et al. 1974, 713).[6] Zudem kann sich der schulische Zusammenhang zusätzlich auf eine besondere, institutionelle Regelung der Interaktion verlassen, weil Lehrer und Schüler quantitativ disproportional vertreten sind. In konversationsanalytischer Perspektive erscheint das in der Schule praktizierte Verfahren des Sprecherwechsels deshalb als formal, abgegrenzt von alltäglichen Praktiken. McHoul (1978) hat die Organisation des Sprecherwechsels in der Schule als einen auf die Person des Lehrers zentrierten Prozess beschrieben. Der Lehrer übt die Kontrolle über den Verlauf des Kommunikationsprozesses aus. Die Modifikationen der von Sacks et al. (1974) erarbeiteten Regeln des Sprecherwechsels für nicht-institutionelle Zusammenhänge beziehen sich vor allem auf die Auswahl des nächsten Sprechers: Nur der Lehrer kann eine solche Auswahl treffen, Schüler untereinander nicht. Wenn ein Schüler einen Gesprächsbeitrag geleistet hat, geht das Rederecht wieder auf den Lehrer über. Daraus ergeben sich – McHoul zufolge – einige charakteristische Unterschiede zur Alltagskommunikation, nämlich die Maximalisierung des Potentials an Pausen und Lücken bei gleichzeitiger Minimalisierung der Überlappungen (190–208). Allerdings würde es zu kurz greifen, wenn diese Phänomene nur auf die konstatierten Sprecherwechsel-Prozeduren zurückgeführt werden, denn dies würde unterschlagen, dass bei der Ordnung von Großgruppen-Kommunikation ein Bedarf an organisierenden Maßnahmen besteht. Darüber hinaus konstituieren solche zielorientiert interagierenden Großgruppen wie die Schulklasse eine Öffentlichkeit, die die Anforderungen an die Gestaltung eines Gesprächsbeitrags so erhöhen, dass die Teilnehmer zu einer stärkeren Überprüfung ihrer beabsichtigten Beiträge veranlasst werden. Der Lehrer kontrolliert auch den Fortgang des Unterrichts (vgl. auch Mazeland 1983, 83). Die Organisation des Sprecherwechsels im Unterricht weist zwar die in alltäglicher verbaler Interaktion konstatierbaren Regularitäten auf, sie müssen jedoch diesem Kontext angepasst werden.

Zu wenig Beachtung schenkt McHoul den Prozeduren, durch die Schüler ihre Bereitschaft signalisieren, einen Beitrag übernehmen zu wollen, indem sie einen Arm erheben. Für Mazeland (1983) erscheint das „Melden" als eine Form der „programmierten Selbstauswahl" der Schüler: Der Lehrer eröffnet den Schülern durch eine offene Stelle, z.B. ein Schweigen nach Beendigung eines Beitrags, die Möglichkeit, durch das Aufheben einer Hand anzuzeigen, dass sie bereit sind, den nächsten *turn* zu übernehmen. Unter den Schülern, die diese konventionalisierte Geste praktizieren, wählt er einen aus und erteilt diesem das Wort, der dann den *turn* übernimmt. Aus einer einfachen Technik wird so eine relativ komplizierte vierschrittige Prozedur, die erforderlich ist, um eine kommunikative Ordnung

---

[6] Die Behauptung allerdings, bis zu 20 und mehr Personen könnten ausschließlich mit Hilfe des Sprecherwechsel-Apparats miteinander sprechen (Levinson 1990, 296), dürfte nur schwer empirisch nachweisbar sein.

innerhalb der Großgruppe zu etablieren und aufrecht zu erhalten (vgl. Mazeland 1983, 83–86). Allerdings kann man in Unterrichtsgesprächen auch Schüler beobachten, die ohne spezifische Lehreraufforderung das Wort ergreifen. Diese Technik hat Mazeland als „nichtprogrammierte Selbstauswahl" bezeichnet (1983, 87–93). Er hat auch darauf hingewiesen, dass Schüler bei nicht abgerufenen Beiträgen Gefahr laufen, vom Lehrer wegen der Verletzung der kommunikativen Ordnung ermahnt zu werden. Diese Beiträge können in den Unterrichtsdiskurs integriert werden, vor allem dann, wenn sie sich auf das Verständnis der Unterrichtssituation beziehen: Solche Schülerbeiträge erfahren ihre Legitimität durch die hohe Priorität von Verständnisprozeduren.

Die Kritik Füssenichs an Mazelands Konzeptualisierung (1981, 14–24) orientiert schon auf eine funktionale Sichtweise, indem sie die unterrichtlichen Machtverhältnisse mit einbezieht. So kritisiert sie Mazeland, wenn sie darauf hinweist, dass der Lehrer auch die Möglichkeit hat, einem Schüler einen *turn* aufzuzwingen, ihn also zum Reden auffordern kann, obwohl er keine der beschriebenen Techniken der Selbstwahl praktiziert hat. Auch die Form der nicht-programmierten Selbstwahl, also der Einsatz eines Beitrages ohne formelle Rederechterteilung, funktioniert nur unter dem Vorbehalt, dass der Lehrer die nicht zulässige Sprechhandlung als solche markiert und diszipliniert (Füssenich 1981, 20f.).

Aus funktional-pragmatischer Perspektive kritisiert Redder die beiden eben dargestellten Ansätze Mazelands und Füssenichs wegen ihres der Konversationsanalyse entlehnten begrifflichen Apparats, der lediglich Oberflächenphänomene deutlich mache, und zwar wegen begrifflicher Unklarheiten. Sie untersucht die Funktionsweise der unterrichtlichen *turn*-Organsation in Hinblick auf die Entscheidungsprozesse und die Modalitäten, die ihnen eigen sind (vgl. Redder 1984, Kap. 3) Sie unterscheidet drei Verfahren der *turn*-Zuteilung, also solche Lehrerhandlungen, die dem Zweck dienen, den *turn* einem bestimmten Schüler zuzuteilen (44–47):

1. das Lehrer-initiierte Verfahren der *turn*-Zuteilung durch das Aufrufen eines bestimmten Schülers, mit dem der Schüler zur Übernahme des Rederechts verpflichtet wird;
2. das Lehrer-Schüler-initiierte Verfahren, in dem ein ungerichtetes „*turn*-Angebot" des Lehrers zur *turn*-Bewerbung von einzelnen oder mehreren Schülern führt und schließlich mit der Zuteilung endet; und
3. das Schüler-initiierte Verfahren, indem Schüler ihr Verlangen nach dem *turn* deutlich machen, durch Aufheben, Sprechen usw. Aber auch hier ist es der Lehrer, der über die Verteilung des *turns* entscheidet.

Betrachten wir nun eine Szene, in der diese Verfahren der Rederechtverteilung praktiziert werden: Ein Lehrer führt ein ergebnisorientiertes Literaturgespräch. Interessant ist nun das Wechselspiel in der *turn*-Zuteilung.

(14) „Antigone": Funktionen des Chors (Jg. 12, Gy, Deutsch)

Die Schüler eines Grundkurses Deutsch der 12. Jahrgangsstufe sitzen im Block. Sie behandeln gerade Sophokles' *Antigone*, genauer: die Funktionen, die der Chor in der Tragödie hat. Die kommunikative Ordnung ist lehrerzentriert. Gerade hat der Lehrer Stefan das Wort erteilt: Dieser hatte sich nach dem vorangegangenen Beitrag von Beate gemeldet, fast gleichzeitig mit der hinter ihm sitzenden Christa.

Teilnehmer-Siglen: *L*: Lehrer, *Cr*: Christa, *Kl*: Klaus, *St*: Stefan, *Ro*: Robert, *Si*: Simon, *S1*, *S2*: nicht identifizierbare Schüler, *mS*: mehrere Schüler. Aufnahme (1997), Transkription (1997) & Überarbeitung (1998): Vogt.

```
     L [                              hm         Stefan ja
     St[  ehm was der.Chor denkt ...     von Seite fünfzehn
     Cr[                    meldet sich .......................
     Si[                              meldet sich ...............
20
```

```
     St[  also das würd ich eher nicht sagen ich würd eher hier sagn
     Cr[  meldet sich ..................................................
     Si[  meldet sich ..................................................
21
```

```
          >              <           / \
     St└ da hat er wieder sone . erzählerische Rolle wo er halt
     Cr[  meldet sich ..................................................
     Si[  meldet sich ..................................................
22
```

```
          >         /
     St└ t so ne Art Überleitung gibt .. wo der wo dann halt . eh
     Cr[  meldet sich ..................................................
     Si[  meldet sich ............./schüttelt den Kopf/............
23
```

```
          >                                            /
     L   └                                              hmhm
          >              / \
     St└  der Wächter halt mit der Antigone kämpft
     Cr[  meldet sich ..................................................
     Si[  meldet sich ..................................................
24
```

```
     L [ 11 sec) was meinen die anderen
     S1[                                (husten)           danke
     S2[                                         Gesundheit
     Cr[  meldet sich ..................................................
     Si[  meldet sich ..................................................
25
```

```
     L [ hm bitte (10 sec) Klaus was meinst du
     Kl[                                             jetzt in Bezug
     Cr[  meldet sich ..................................................
     Si[  meldet sich ..nimmt den Arm herunter
26
```

Am Ende des Beitrags von Robert melden sich Stefan und Christa. Der Lehrer nimmt dessen Abschluss zur Kenntnis, obwohl Robert noch den Seitenbeleg einbringen möchte und dies auch tut. So entsteht eine Überlappung, als der Lehrer Stefan das Wort erteilt (Fl. 20). Hier ist also ein Fall der „nicht-programmierten Selbstwahl" zu beobachten, die der Lehrer mit der Rederechterteilung erfolgreich abschließt. Unberücksichtigt bleibt jedoch Christas Beitragsbegehren, die diesen weiterhin durch das Melden signalisiert (Fl. 21). Stefans Beitrag, eine Interpretation, löst bei dem neben Christa sitzenden Simon Verwunderung aus, zum Ausdruck gebracht durch das Kopfschütteln. So verwundert es nicht, dass er sich nach Abschluss des Beitrags zu Wort meldet. Nun passiert etwas Merkwürdiges: Obwohl sich für den vor der Klasse stehenden Lehrer deutlich zwei Schüler melden, also die bis dahin übliche Technik der „nicht-programmierten Selbstwahl" anwenden, wartet dieser nach dem zur Kenntnis nehmenden *hmhm* (Fl. 24) 11 Sekunden, bis er die zunächst ungezielte Aufforderung zum Beitrag an die Gruppe richtet (*was meinen die andern*; Fl. 25). Mit dieser Wendung wechselt er die Technik, indem er im Zuge der „programmierten Selbstwahl" die Möglichkeit für alle schafft, den nächsten *turn* zu bekommen. Klaus nimmt nun seinen Arm herunter, verzichtet auf die Wortmeldung, während Christa auf der ihren beharrt. Eine weitere Pause folgt, in der sich kein weiterer Schüler meldet. Stattdessen verpflichtet der Lehrer Klaus zum Reden, der sich nicht gemeldet hat (Fl. 26). Der Lehrer wechselt also noch einmal die *turn*-Zuteilungstechnik – er praktiziert nun das Lehrer-initiierte, „ohne Selbstauswahl" der Schüler –, indem er einen Schüler zwingt, sich zum Thema zu äußern: Er unterwirft ihn gleichsam einer Redepflicht.

In diesem Transkript sind überzeugend die drei Modi der Rederechtverteilung demonstriert. Die Entscheidung darüber, welcher Modus der *turn*-Orgnaisation gerade praktiziert wird, trifft der Lehrer. Die Schüler müssen sich seinen *ad-hoc* getroffenen Entscheidungen unterwerfen. Mithilfe dieser Techniken wird eine kommunikative Ordnung etabliert und aufrechterhalten, die man als lehrerzentriert bezeichnen kann. Hier lassen sich die folgenden Handlungsmaximen formulieren:

Für den Lehrer gilt:

(ML) Ich erteile Schülern das Rederecht, wenn sie dieses durch Melden beanspruchen; zudem verschaffe ich ihnen Möglichkeiten, ihr Wissen einzubringen, indem ich sie nach Strukturierungen zur Meldung auffordere. Darüber hinaus kann ich auch einzelne Schüler dazu zwingen, einen Beitrag einzubringen.

Für die Schüler gilt:

(MS) Ich kann mich jederzeit melden, wenn ich inhaltlich etwas beizutragen habe; ich kann mich auch nach einer entsprechenden Lehreraufforderung melden; ich kann auch gegen meinen Willen zur Übernahme des Rederechts gezwungen werden.

Wenn sich Lehrer in ihrer Unterrichtsgestaltung auf die Technik der „programmierten Selbstwahl" beziehen, machen sie sich gleichermaßen ein didaktisches Konzept zunutze, das die oben beschriebene formalisierte Form übernimmt, und sei es auch nur als mehr oder weniger reflektierte Übernahme pädagogischen Brauchtums. Diese Entscheidung ist sicher sinnvoll, wenn Schüler in der Klasse tafelzentiert tätig sind, der einzelne Schüler sich nicht ständig einen Eindruck darüber verschaffen kann, welcher seiner Mitschüler redebereit ist.

4.5.2. Die schülerzentrierte kommunikative Ordnung

Das Problem unterschiedlicher Lehr- und Sozialformen scheint in den genannten Arbeiten zur *turn*-Organisation zwar auf, wird aber nicht weiter verfolgt. So begnügt sich Redder mit der Feststellung:

> Der Lehrer verfügt über den turn-Apparat auch dann, wenn er aktuell auf die Ausübung der organisatorischen Aufgabe verzichtet und sie an einen Schüler delegiert. Jederzeit kann der Lehrer eingreifen und dem Schüler die Diskursleitung wieder abnehmen. (1984, 38)

Zweifellos ist dieser Feststellung nicht zu widersprechen, zumal ja der Lehrer eine Aufsichtspflicht für Minderjährige ausübt. Allerdings bedarf der Ausdruck *jederzeit* einer Präzisierung, denn so entsteht der Eindruck, als würde der Lehrer willkürlich über die Rederechterteilung verfügen. Vielmehr kann er sich auch gegen das von Redder beschriebene System entscheiden und andere Organisationsformen wählen, denn die Organisation des Kommunikationsprozesses im Klassenzimmer setzt didaktisch motivierte Entscheidungen des Lehrers voraus.

Am Beispiel des Schüler-initiierten Verfahrens durch das Melden sei diese These belegt. In einem Transkript, das eine audiovisuell dokumentierte Unterrichtsstunde des Erziehungspsychologen Reinhard Tausch dokumentiert, findet sich dieser Lehrerbeitrag:

(15a) L: könnt ihr bitte einmal aufhören mit eurer Arbeit in den Gruppen und euch bitte das einmal ansehen und das was ihr auf eurem Zettel stehen habt ... bitte sehr ihr könnt euch immer eh ihr könnt immer reden ohne euch zu melden, ja?[7]

Der Lehrer Tausch versucht, durch die Suspendierung der ritualisierten Technik der „programmierten Selbstauswahl" die Schüler zu „spontanerem" Verhalten zu veranlassen: Er möchte offenbar die von ihm organisierten verbalen Interaktion den Konventionen alltäglicher Kommunikation angleichen. Dieser Aufforderung liegt ein didaktisches Konzept zugrunde, das ein „nicht-direktives", partnerschaftliches Lehrerverhalten postuliert und auf explizite Formen der Machtausübung verzichtet (vgl. Tausch/Tausch 1991, 141).

Welche Auswirkungen nun hat diese Instruktion auf den Interaktionsprozess in der Erdkundestunde?

(15b) Italien: Sammelphase (Jg. 9, Gy, Erdkunde)

In der Sammelphase einer Erdkundestunde zum Thema Italien sind die Schüler aufgefordert, alles einzubringen, was sie über Italien wissen.

Teilehmer-Siglen: *L*: Lehrer, *Er*: Erika, *Pe*: Petra; Transkription (1993) & Überarbeitung (1995): Vogt.

```
1    S1[ also zum Beispiel das Colosseum in Rom die Engelsburg und
```

---

[7] Die vom *Institut für Film und Bild in Wissenschaft und Unterricht* in München (o.J.) hergestellte Unterrichtsmitschau trägt den Titel: „Soziales und unterrichtsmethodisches Lehrerverhalten. Eine Unterrichtsstunde von Prof. Dr. R. Tausch – Erdkunde 9. Schuljahr, Thema Italien".

```
    L  [                              ja
    >  [                              /
    S1 [ alles aus der alten Römerzeit
    S2 [                                     das kann man auch woan-
2
```

```
    L  [               ich habs nicht verstehn können
    S2 [ ders sehen                                   woanders kann
3
```

```
    L  [                                               du meinst des-
    S2 [  man aber auch geschichtliche Überreste sehn
4
```

```
    L  [ wegen braucht man nicht nach Italien zu fahrn
    S2 [                                    ja       kann man auch
5
```

Erika bringt den ersten Beitrag. Nachdem der Lehrer ihn zur Kenntnis genommen hat, artikuliert Petra einen Einwand, spontan und ohne direkt dazu aufgefordert zu sein. Der Lehrer weist auf akustische Probleme hin und veranlasst so Erika zu einer expandierten Reformulierung ihres Beitrags. Mit einer die Schlussfolgerung explizit machenden Paraphrase übernimmt der Lehrer wieder das Rederecht.

Offenbar funktioniert das Konzept, die Schüler verhalten sich relativ spontan, allerdings immer wieder durch den Lehrer eingebunden, der mittels reformulierender Paraphrasen darauf achtet, ein angemessenes Verständnis der Schüleräußerungen aufzubauen.

Ähnliche Verhältnisse wie in dieser Erdkundestunde sind in einer Klassenratsstunde einer 4. Klasse beschreibbar.

(16) Klassensprecher: Erwartungen (Jg. 4)

In dieser Stunde soll geklärt werden, ob die Klasse einen Klassensprecher braucht. Vor der Entscheidung überlegen die Schüler gemeinsam mit der Lehrerin, über welche Eigenschaften ein Klassensprecher verfügen soll.

Teilnehmer-Siglen: *L*: Lehrerin, *Jo*:Johannes, *Kl*: Klaus, *Ma*: Martin, *Sa*: Sandra, *S1, S2, S3*: nicht identifizierbare Schüler. Aufnahme: U. Mesterheide (1995), Transkription (1999) & Bearbeitung (1999): Vogt

```
     S1 [ wenn er Klassensprecher*    is
     Kl [                   aber er darf*  er darf aber auch nicht zu
10
```

```
     Kl [ selbstbewusst sein    sonst
     S1 [                   hm
     Jo [                                oder er tut überbeckern und
11
```

```
        >[                              ->
     Jo [  eh .. also angeben            weil er Klassensprecher is
     Ma [                    oder er ist gierig
 12
```

```
        >[              \:/                >
     L  [                ja (3 sec)        versteht ihr was
     Ma [  gierig (...) wie son (...)
     mS [                            (lachen..............
 13
```

```
     L  [ er meint      eh ja
     S1 [                    muss auch nicht angeben
     Ir [                                oder wer keiner
     mS [ ............)
 14
```

```
     L  [            (hustet)
     Ir [ werden will zum Beispiel dass er dann wie der Henner gesagt
 15
```

```
     S2 [ tritt em und dass er dann nur dumm rumsteht und zukuckt
 16
```

```
     L  [ ja
     Sa [      oder wenn aus der Klasse ne Klopperei is und der Kl
     S1 [             (...)
 17
```

In dieser Szene finden mehrere Sprecherwechsel statt, die nicht von der Lehrerin organisiert sind. In Fl. 10 kommt es zu einer Überlappung, in Fl. 11 dagegen verläuft der Wechsel glatt. Einen „Kampf um den *turn*" können wir in Fl. 12 beobachten, in der Martin eine Pause in Johannes' Beitrag nutzt, um seinen turn einzubringen; allerdings ist er damit nicht erfolgreich, wie dessen Unterbrechung durch Johannes zeigt, der seinerseits den seinen zum Ende bringt. Direkt anschließend greift Martin mit der Wiederholung von *gierig* seinen Beitrag auf, der zu einem *lachen* der anderen Schüler führt. Da geht fast unter, dass die Lehrerin sich eingeschaltet hat: Mit einem fallend-steigend intonierten *ja* nimmt sie den Inhalt der Schüleräußerungen zur Kenntnis; nach einer Pause versucht sie sich mit einer verständnissichernden Äußerung, die jedoch im Lachen der Gruppe untergeht. Man könnte diese Äußerung als den gescheiterten Versuch einer Disziplinierung rekonstruieren.

Der Sprecherwechsel vollzieht sich in dieser Szene scheinbar nach den Regeln, die in nicht-institutionellen Zusammenhängen die Ordnung der Wechselrede garantieren. Sprecher nutzen übergangsrelevante Punkte wie eine interne Pause oder das markierte Ende eines Beitrags, um die eigene Redeabsicht zu realisieren. Die Lehrerin bleibt davon unberührt, vielmehr schlägt ihr Versuch fehl, die Interaktion schulmäßig zu organisieren. Hintergrund dieser Organisationsform ist eine Festlegung, die die Lehrerin zu Beginn der Aussprache getroffen hat, als sie die Schüler aufgefordert hat, auf das Melden zu verzichten.

Abschließend seien die Maximen formuliert, die den Handlungsweisen der Beteiligten zugrunde liegen. Für die Lehrerin gilt:

(ML) Verzichte auf Tätigkeiten, die sich auf die Organisation des Sprecherwechsels beziehen. Greife nur dann strukturierend ein, wenn die Schüler selbst keine Beiträge mehr einbringen. Versuche, auf kontrollierende Tätigkeiten zu verzichten.

Aus Schülersicht ergeben sich die folgenden Maximen:

(MS) Du kannst jederzeit, wenn es konversationell möglich ist, das Wort ergreifen. Voraussetzung ist, dass Du zum Thema sprichst und dich an seiner Bearbeitung beteiligst. Du kannst auch einen Witz machen.

Diese kommunikative Ordnung kann als schülerzentriert bezeichnet werden; die Schüler haben mehr Rechte für die Gestaltung des Gesprächs, sie tragen aber auch mehr Verantwortung.

4.5.3. Die verfahrensgeregelte kommunikative Ordnung

Sowohl Mazeland als auch Füssenich haben ihre Regelbeschreibungen um einen anderen Aspekt ergänzt: Das Rederecht nach einem Schüler-*turn* erhält nicht immer der Lehrer; es kann auch sein, dass „der Lehrer ein Handlungsmuster initiiert hat, in dem mehrere Positionen hintereinander von Schülern ausgeführt werden müssen; in diesem Fall geht der turn nach den Realisierungen durch die Schüler zurück an den Lehrer" (Mazeland 1983, 97). Diese relativ wichtige Einschränkung erlaubt es auch, andere kommunikative Ordnungen als die oben beschriebene lehrerzentrierte zu rekonstruieren und so die Fixierung auf den Zusammenhang des fragend-entwickelnden Unterrichtsgesprächs zu überwinden – ohne dass dies von den beiden genannten Autoren ausgeführt worden wäre.

Betrachten wir die folgende Szene:

(17) Hausaufgaben: Wozu? (Jg. 3, Deutsch)

Die Schüler sitzen im Kreis. In der Stunde erkundet die Lehrerin anhand von Leitfragen, welche Erfahrungen die Schüler mit Hausaufgaben gemacht haben. Dabei fragt sie verschiedene Aspekte ab, z.B. den Umfang, im Vergleich zu jüngeren und älteren Schülern. Mit der Frage, welchen Sinn denn die Schüler in Hausaufgaben sehen, leitet sie den letzten Teil der Gesprächsrunde ein.

Teilnehmer-Siglen: *L*: Lehrerin, *Ka*: Katharina, *Su:* Susanne, *Ma*: Martin *An*: Anne. Aufnahme (1998) & Transkription (1998): A. Albert/W. Barthel, Überarbeitung (1999): Vogt.

```
    >[                /                      \/
  L  [          Katharina                    hmhm
    >[                              !
  Ka [               damit wir was lernen    ...
  mS[ melden sich
3
```

```
       Ka [ Susanne                                    !
         > [
       Su [              damit wir halt besser werdn in den Sachen . halt
  4
```

```
       Su ┌ die wir als Hausaufgaben halt aufhaben ... du
          [                                        zeigt auf Martin
       Ma [                                                damit wir
  5
```

```
       Ma [  auch eh For Fortschritte machen     und irgendwie irgend-
       S1 [                                   hm
  6
```

```
         > [                                                     /
       L  [                                               hm
       Ma [ wann auch maln n gutes Studium (machen können)     Anne
  7
```

```
       An [ also hm also damit wir noch was dazu lernen ...
  8
```

Nach der Lehrerstrukturierung tritt zunächst das Verfahren der „programmierten Selbstwahl" in Kraft. In der von der Lehrerin vorgesehenen Leerstelle einer Pause melden sich einige Schüler und Schülerinnen. Als erste erhält Katharina den *turn*. Der fällt für ein bestätigendes *hmhm* zurück an die Lehrerin: Also doch ein Beitrag zur lehrerzentrierten Ordnung? Keineswegs, denn es ist die Schülerin Katharina, die die nächste Sprecherin auswählt, nämlich *Susanne* (Fl. 4). Diese übernimmt nun das Rederecht, bringt ihren Beitrag ein. Anschließend zeigt sie auf Martin, der nach ihr an der Reihe sein soll. Die Aktivitäten der Lehrerin beschränken sich auf die Platzierung von bestätigenden Hörersignalen. So vollzieht sich diese Runde, bis alle Redewünsche befriedigt und die Beiträge eingebracht sind. Dann fällt das Rederecht zurück auf die Lehrerin.

Hier wird also ein Verfahren der Rederechtverteilung praktiziert, ein für alle Beteiligten bekannter Regelungsmodus, mit dessen Hilfe es der Lehrerin gelingt, alle Redewünsche zu befriedigen. Allerdings hat sie nach Ingangsetzung dieses Verfahrens keine Möglichkeiten mehr, selbst einzugreifen. Erst nach dessen Abschluss kommt sie wieder zu Wort. Zu Beginn der Stunde hat sie dieses, den Schülern bekannte Verfahren als solches etabliert.

An welchen Maximen orientieren sich die Beteiligten? Für die Lehrerin gilt:

(ML) Praktiziere nach einer Strukturierung das Verfahren der „programmierten Selbstwahl". Wähle einen Schüler aus und übertrage ihm das Recht, im Anschluss an seinen Beitrag den nächsten Sprecher auszuwählen. Wenn alle Redewünsche erfüllt sind, fällt das Rederecht an dich zurück.

Und für die Schüler:

(MS) Wenn du im Verlauf einer programmierten Selbstwahl etwas sagen willst, melde dich. Du kannst sicher sein, dass dein Beitrag im Laufe einer Phase vom Lehrer oder von einem anderen Schüler abgerufen wird.

Weiter geht noch ein anderes Verfahren, das auch häufig im Unterricht zu beobachten ist: Hier kontrolliert ein Gesprächsleiter, dass alle Redewünsche erfüllt werden. Die folgende Szene aus einer SV-Stunde einer 6. Klasse dokumentiert eine solche Situation.

(18) Bearbeitung einer Gesprächsblockade: Die ideale Lehrerin (Jg. 6, FS, SV)

Die Schüler sitzen im Kreis. Sie sprechen darüber, dass keiner bereit ist, das Thema „Unsere Lehrerin will immer perfekt sein" substanziell zu füllen. Viele der Schüler trauen sich offenbar nicht, etwas gegen die auch anwesende Lehrerin vorzubringen.

Teilnehmer-Siglen: *Ka*: Katharina (Gesprächsleiterin), *Ch*: Christian, *Mi*: Michael. Aufnahme (1997), Transkription (1997) & Überarbeitung (1998): Vogt.

```
56  Ka[ Frau Meier     also                    ja wenn sie
    Ch[        huhu          ich will was sagen
           meldet sich
```

...

```
    Ka[ jetzt mal kurz rausgehen und die Sonja die kann ja
57
```

...

```
    Ka[ sie wieder rein
63  Ch[          huhu        ich finds eh irgendwie n
           meldet sich
```

```
64  Ch[ bisschen blöd wenn Frau Meier jetzt an jetzt rausgeht ...
```

...

```
69  Ch[ und sie muss ja wissen was hier eigentlich läuft . Artur
```

```
    Ch [ du brauchst gar nich mit dem Kopf zu schütteln
70  mS [                                        (lachen)
```

```
    Ka[ Michael
71  Mi[      ich glaub es is besser wenn sie rausgeht ...
```

Nach einem längeren Beitrag der Lehrerin ist das Rederecht auf die Gesprächsleiterin Katharina zurückgefallen. Christian jedoch beansprucht es auch für sich, nicht nur durch Melden, sondern auch durch akustische und verbale Verstärkungen (Fl. 56). Katharina nutzt ihre Rolle hier aus und formuliert ihren Vorschlag. Zum Ende kommend meldet sich Christian wieder, wiederholt nach *turn*-Abschluss sein akustisches Signal. Sein Redewunsch ist weder zu übersehen noch zu überhören. Mit einem Kopfnicken erhält er dann das Rederecht (Fl. 63). Am Ende seines Beitrags fällt das Rederecht wieder auf Katharina zurück, die es sofort an Michael weiterleitet.

Hier wird eine Rederechtverteilung praktiziert, wie sie in öffentlichen Zusammenhängen üblich ist: Ein Gesprächsleiter ist für die Beobachtung der Anwesenden zuständig, er registriert die durch Melden deutlich gemachten Redewünsche. Die Lehrerin gehört in diesem Arrangement zu den Teilnehmern, sie hat also auf die Ausübung ihrer institutionellen Rolle verzichtet und beschränkt sich auf die Ausübung einer Gesprächsrolle. Allerdings erzwingt ihre Präsenz auch von den Schülern, dass sie sich im thematischen und organisatorischen Rahmen bewegen. Für die Teilnehmer, die in einer solchen kommunikativen Ordnung agieren, gelten die folgenden Maximen:

(MT) Du kannst jederzeit einen Redewunsch durch Melden deutlich machen. Du kannst sicher sein, dass dein Beitrag vom Gesprächsleiter abgerufen wird. Du hast aber keinen Einfluss auf den Zeitpunkt.

Für den Gesprächsleiter schließlich gelten die folgenden Maximen:

(MG) Du achtest darauf, dass du die Meldungen der Beteiligten in der Reihenfolge aufnimmst und ihnen entsprechend das Rederecht erteilst. Du kannst auch selbst das Rederecht übernehmen, wenn Du Dich inhaltlich am Gespräch beteiligen willst.

4.5.4. Zusammenfassung

Die in einer Unterrichtsphase geltende kommunikative Ordnung lässt sich anhand der Rederechtverteilung rekonstruieren. Nach dem Kriterium des Verhältnisses der Redeanteile zwischen Institutionsagenten und -klienten lassen sich für den Plenumsunterricht drei Ordnungstypen unterscheiden:

1. Die lehrerzentrierte Ordnung ist gekennzeichnet durch die Dominanz des Lehrers. Er nimmt seine institutionellen Pflichten und Rechte wahr, indem er nach eigenen Vorstellungen Schülern das Rederecht erteilt. Er wählt selbst den jeweils nächsten Sprecher aus. Um den Schülern die Teilnahme zu ermöglichen, kann er auf das Prinzip der „programmierten Selbstauswahl" zurückgreifen oder durch Melden signalisierte Redewünsche berücksichtigen. Der Lehrer kann aber darauf verzichten, die Beteiligung der Schüler so zu regeln: Dann muss explizit eine andere kommunikative Ordnung etabliert werden.
2. Von einer schülerzentrierten Ordnung kann dann gesprochen werden, wenn der Lehrer nicht auf die Mechanismen von 1 zurückgreift und so die Schüler die Möglichkeit haben, selbst das Wort zu ergreifen, wenn sich ihnen die Gelegenheit dazu bietet.
3. In einer verfahrensgeregelten Ordnung schließlich wird zu Beginn der Unterrichtsphase eine für alle Beteiligten geltende Vereinbarung über die Rederechterteilung getroffen, die für diesen Abschnitt gültig ist.

4.6. Die Aufrechterhaltung der kommunikativen Ordnung: Disziplinierungen

Überall, wo Unterricht stattfindet, kommt es zu Störungen, also solchen Handlungen eines oder mehrerer Schüler, die vom Lehrer oder auch von Schülern als Beeinträchtigung des Unterrichtsprozesses, genauer: als Verstoß gegen die in einer Phase geltende kommunikative Ordnung wahrgenommen werden. Lehrer müssen sich also damit auseinandersetzen, dass sich Schüler und Schülerinnen nicht normgemäß verhalten und so die Organisation des Lehr-Lernprozesses stören. Wie reagieren Lehrer verbal oder non-verbal auf Störungen einzelner oder mehrerer Schüler? Sie können erinnern, tadeln oder auch strafen: Sie äußern sich mit der Absicht zu disziplinieren. Wir beschäftigen uns in diesem Abschnitt mit dem sprachlichen Handlungsmuster, das die Funktion hat, Schüler zur Einhaltung der kommunikativen Ordnung in einer Unterrichtsphase zu veranlassen.

4.6.1. Die Disziplinierung: Ein sprachliches Handlungsmuster

Jeder Lehrer kennt das Problem: Das „Unterrichtsgespräch" wird durch Schüler „gestört", die nicht mitarbeiten, sich nicht an die durch die Schulorganisation gesetzten Handlungsnormen halten, laut dazwischen rufen oder nicht zur Sache sprechen. Der Lehrer unterbricht dann für einen Moment seine unterrichtliche Tätigkeit und fordert von seinen Schülern normgemäßes Verhalten ein, um so wieder die Voraussetzungen zu schaffen, die Unterrichtsphase fortzusetzen: Er diszipliniert die Schüler.

Diese Äußerungsformen haben auch in der linguistischen Literatur Aufmerksamkeit gefunden. Spanhel (1971, 228f.) beschreibt die Form der Ermahnung als die Kombination eines Aussagesatzes mit einem Befehls- oder Ausrufesatz. Die dann angeführten Beispielsätze legen eine Unterscheidung zwischen Ermahnungen nahe: Sie können sich sowohl auf die thematische Ordnung als auch auf die kommunikative Ordnung beziehen. Die Lehreräußerung *Elisabeth, hast du's schon gefunden? Ja, ... siehst du siehst ...!* (Spanhel 1971, 229) bezieht sich auf eine Verbesserung von Schüleraktivitäten im kognitiven Lernprozess, während die Lehreräußerung *Ihr vier sollt darauf achten, was ich sage!* (Spanhel 1971, 229) die angesprochenen Schüler an ihre Aufgabe erinnert, ihre Aufmerksamkeit auf die Aktivitäten des Lehrers zu richten.

In sprechakttheoretischer Perspektive erscheinen Disziplinierungen als Konkretisierungen von Aufforderungen: Der Lehrer fordert seine Schüler auf, bestimmte Handlungen zu unterlassen. Gelungen ist die sprachliche Handlung dann, wenn die angesprochenen Schüler dieser Anweisung folgen. Nun lassen sich Aufforderungen differenzieren in Hinblick auf die Geltung möglicher Sanktionen im Falle der Verweigerung. In nicht-institutionalisierten, symmetrischen und alltäglichen Kommunikationssituationen können Handelnde die Geltungskraft solcher Aufforderungen in Frage stellen. Dann bleibt demjenigen, der aufgefordert hat, die Möglichkeit, den anderen zu überzeugen, dass seine Aufforderung in irgendeiner Weise sinnvoll ist. In institutionellen Zusammenhängen jedoch verfügt ein Institutionsagent wie der Lehrer über Möglichkeiten der Bestrafung, um die von den Klienten geforderten Unterlassungen auch durchzusetzen.

Eine ähnliche Perspektive nehmen Sinclair/Coultheart (1977, 59-63) ein, die die Funktion von Lehreräußerungen gegenüber ihrer Form betonen. Wenngleich sie nicht explizit von Disziplinierungen schreiben, behandeln sie doch organisatorische Äußerungen wie z.B. den Aussagesatz eines Lehrers *da lacht doch jemand* (62) als einen Befehl, da er sich auf eine Aktivität oder Tätigkeit eines Schülers bezieht, die zum Zeitpunkt der Äußerung untersagt ist (vgl. Kap. 2.2).

Eine differenzierte Sichtweise von Ermahnungen hat Füssenich (1981) entwickelt. Sie arbeitet in dem Modell von sprachlichen Handlungsmustern nach Ehlich/Rehbein (1979) und entwickelt so nach funktionalen Gesichtspunkten eine Typologie der *Ermahnung*, die sie als spezifisch schulische Form disziplinierender Äußerungen ansieht. Füssenich nun unterscheidet einfache und komplexe Fälle, in denen der Unterrichtsdiskurs unterbrochen wird, von Mischformen, in denen eine solche Unterbrechung nicht stattfindet. Beispiel für die einfachen Fälle sind z.B. *Schrei nicht so laut* oder *So, jetzt stellt eure Gespräche ein und paßt auf!*, Äußerungen also, die die ermahnende Funktion relativ deutlich zum Ausdruck bringen (41). Der Schüler-Anruf *Martina!* und die exemplarische Ermahnung (*Volker, jetzt paß auf! Es geht auch Euch an!*) gehören neben dem gezielt eingesetzten „plötzlichen Lehrerschweigen" zur Gruppe der komplexen Fälle. Die sog. Mischformen erfassen Ermahnungen, die durch thematische Äußerungen realisiert werden, die durch Wechsel in der Betonung, der Lautstärke und des Sprechtempos auch eine Disziplinierungsfunktion haben (*Wir wollen uns jetzt diese Zeichnung ansehen!*).

Nun werden diese Äußerungen keineswegs wahllos platziert, sie erscheinen in sequentieller Position immer in Zusammenhang mit Schüleraktivitäten, die vom Lehrer als nicht normgemäß klassifiziert werden; sie haben den Zweck, die Ordnung der sozialen Interaktion aus Sicht des Lehrers wieder herzustellen. Redder schließlich bedient sich in funktional-pragmatischer Perspektive der Unterscheidung von Haupt- und Paralleldiskursen, um Disziplinierungen zu charakterisieren (1984, 139ff.). Der Hauptdiskurs – der Begriff bezeichnet in anderer Terminologie das, was als kommunikative und thematische Ordnung in den vorangegangenen Abschnitten entwickelt wurde – kann immer wieder durch nicht zugelassene Schüleraktivitäten begleitet werden: Es entstehen Paralleldiskurse, die nach ihrem Verhältnis zum Hauptdiskurs bestimmt werden können: In Paralleldiskursen setzen sich Schüler mit Fragen aus dem laufenden Unterricht auseinander, z.B. mit Verständnisproblemen, während in Nebendiskursen kein thematischer Bezug erkennbar ist. Disziplinierungen charakterisiert Redder als „Lehrerhandlungen, die sich auf den Nebendiskurs beziehen, um ihn zu beenden" (139); sie hätten die Funktion, „den Handlungsraum Unterricht aufrechtzuerhalten" (140). Die von Redder untersuchten Modalverben in solchen Disziplinierungen weisen auf den Widerspruch zwischen dem zwanghaft hergestellten Unterrichtsrahmen und den sich darin etablierten sozialen Beziehungen hin.

Die Disziplinierung lässt sich abschließend als ein sprachliches Handlungsmuster charakterisieren, das vom Lehrer im Rahmen der kommunikativen Ordnung einer Unterrichtsphase initiiert wird. Er reagiert damit auf von ihm wahrgenommene Normverstöße, indem er einzelne oder mehrere Schüler auf die Verletzung der verbindlichen Regeln hinweist und auf deren Einhaltung besteht.

4.6.2. Formen der Disziplinierung

Im Folgenden möchten wir einige Beispiele anführen und sie formal und funktional untersuchen. Das erste Transkript dokumentiert eine Szene, in der ein Schüler im Verlauf einer Diskussion mit seinem Beitrag die Lehrerin provoziert und sie so zu einer direkten Stellungnahme drängt.

(19) Hausaufgaben (Jg. 5, Gy, SV)

| Teilnehmer-Siglen: *L*: Lehrer, *Fl*: Florian, *mS*: mehrere Schüler. Aufnahme, Transkript & Überarbeitung (1996): Vogt. |

```
90    S3[ ..) je wenn Sie dann so streng sind dann macht keiner
```

```
      L [           Florian              ich möchte Jenny psch
      S3[ mehr was
      mS[                      (Gemurmel........................
91
```

```
      L [ .. psch ich möchte ja nicht dass ihr mich mögt unbedingt ..
      mS[ ......)
92
```

Der hier dokumentierte Abschluss eines längeren Redebeitrags von Peter – er hat zuvor inhaltlich zur Frage Stellung bezogen, wie die Lehrerin solche Schüler bestrafen soll, die ihre Hausaufgaben nicht erledigt haben – hat die Form einer Drohung, indem er das Erledigen von Hausaufgaben von einem gewünschten Verhalten der Lehrerin abhängig macht. Damit macht er aus der strukturell asymmetrische Beziehung eine symmetrische, in denen beide Partner gleiche Rechte und Pflichten haben. Darüber hinaus beansprucht er mit der Verwendung des Indefinitpronomens *keiner*, für alle Schüler der Klasse zu sprechen. Mit dieser Drohung provoziert er die Lehrerin, da er ihren übergeordneten Status infrage stellt. Die Lehrerin setzt zu einer direkten Antwort an, indem sie seinen Namen nennt, wird aber durch das *Gemurmel* gestört. Das *Gemurmel* entsteht wahrscheinlich deshalb, weil die Schüler die implizite Provokation realisiert haben und diese für sich oder in nachbarschaftlichen Kommunikationsinseln kommentieren. Mit der Pause nach Nennung des Eigennamens markiert die Lehrerin zunächst mit dem Mittel des Lehrerschweigens die Verletzung der Norm, dass Schüler nur nach Aufforderung des Lehrers das Wort ergreifen dürfen. Jedoch reicht diese diskrete Form der Ermahnung noch nicht aus, um die Schüler zu einem normgemäßen Verhalten zu veranlassen. Die Lehrerin erhebt die Stimme, um ihrer Äußerung auch eine ermahnende Komponente beizugeben. Aber auch diesem Mittel bleibt der Erfolg versagt, um das durch Peters Äußerung evozierte Kommentierungsbedürfnis der

Schüler zu befriedigen. So ermahnt sie exemplarisch Jennifer als eine gerade im Nebendiskurs Sprechende, ohne den gewünschten Erfolg. Die nun artikulierte Interjektion *psch* legt allen Schülern nahe, ihre verbalen Aktivitäten zu beenden. Nicht erfolgreich, denn sie muss diese Form wiederholen. Erst nach dieser Äußerung kehrt die von ihr erforderlich gehaltene Ruhe ein, und sie kann auf Peters Provokation antworten.

Hier geht es also um die Unterbindung eines Paralleldiskurses bzw. eines Verstoßes gegen die kommunikative Ordnung, der sich aufgrund einer Provokation entwickelt hat: Die Schüler kommentieren spontan Florians Beitrag. Die Lehrerin setzt zu einer direkten Stellungnahme an, unterbricht sich jedoch, lässt den Schülern ein wenig Raum. Ihren zweiten Ansatz, ihre Stellungnahme zu platzieren, unterbricht sie zunächst mit einer individuellen Ermahnung, verlässt für einen Moment den Rahmen des Unterrichtsdiskurses, konzentriert sich auf eine Schülerin und erinnert diese an die Norm der Unterrichtssituation: *Sei aufmerksam!* Es folgt die Interjektion *pscht*, nach einer Pause kurz wiederholt in der Funktion einer kolletiven Ermahnung: *Seid ruhig*. Die von der Lehrerin für die kollektive Ermahnung gewählte Form des *pscht* ist auch aus gemeinsamen Rezeptionserlebnissen bekannt, wenn beispielsweise im Theater Zuschauer, die sich durch das Flüstern anderer gestört fühlen, diesen ihren Unmut durch ein Zischeln zum Ausdruck bringen. Die Schüler reagieren auf diese Intervention, verhalten sich normgemäß und geben der Lehrerin nunmehr Gelegenheit, ihren Beitrag wieder aufzunehmen: Sie wiederholt die schon zuvor formulierte Eröffnungsformulierung *ich möchte ja nicht dass ...*

Im nächsten Beleg resultiert die „Unruhe" der Schüler aus einem Phasenübergang. Die Arbeit in Kleingruppen soll beendet und die Aufmerksamkeit der Schüler auf deren Auswertung im Plenum gelenkt werden.

(20) Betonung im Deutschen (Jg. 7, GS, Deutsch) (Redder Hg. 1982, 68)

Teilnehmer-Siglen: *L*: Lehrer, *Be*: Bertha, *Ro*: Robert, *S1-3*: nicht identifizierbare Schüle, *mS*: mehrere Schüler.

```
      L  [ Die anderen, die jetzt noch nicht fertig sind, machen bit-
      Ro ⌈              Eine
         ⌊    zeigt das offene Heft seinem Nachbarn
   1
```

```
      L  [ te Schluss.              Bertha, liest du bitte ma
      Ro ⌈
         ⌊    schaut ins offene Heft
      S1 [            (wie sehen denn)
   2
```

```
      L  [ vor!
      Ro ⌈
         ⌊ ..........  schaut die vorlesende S an  ..........
      S1 [       (Telefonbuch gestern gekriegt)
      S2 [                   Nein
      Be [                                Eine kleine/kleine
   3
```

```
       L  [           Hört bitte zu!
       Ro ┌                        Bitte lauter!
          └............................................
       Be [ Trupp /                         Eine kleine Truppe /
       mS [                                               lachen
    4
```

```
       L  [           Augenblick! Augenblick, Bertha!
       Ro ┌                                        Mann, die
          └ schaut den Lehrer an..................schlägt
       S1 [                                              Mensch
       mS [                                       lachen
    5
```

```
       Ro ┌ sollen ruhig sein!                          ich
          └ mit offenem Heft durch die Luft / schaut nach vorn /
       S1 ┌
          └             Darf ich gleich mal vorlesen?
       S2 [                                              (
    6
```

```
       L  [                                        Fertig?
       Ro ┌ komm nachher
          └ schaut S1 an ............ schaut nach vorne
       S1 [                Hätte ich das früher gewusst?
       S2 [ eben)    (     )                          (     )
    7
```

```
       L  [ (Ja, du auch?) (Jetz) Bertha!
       Ro ┌
          └ schaut nach vorn / grinst / schaut die lesende S an....
       Be [                              Eine kleine Truppe wird ...
    8
```

In seiner ersten Äußerung möchte der Lehrer in einer strukturierenden Äußerung eine Gruppenarbeitsphase zu einem Abschluss bringen. Relativ schnell beauftragt er Bertha, das Ergebnis ihrer Gruppenarbeit vorzulesen. Jedoch führt dieses Aufrufen noch nicht dazu, dass sich alle Schüler auf den Wechsel der Arbeitsform eingestellt hätten, denn im Transkript sind immer noch einige Beiträge verzeichnet. Der erste Ermahnungsversuch *hört bitte zu* verpufft: Ein Schüler moniert die zu geringe Lautstärke der vortragenden Schülerinnenstimme, der zweite Ansatz des Vortrags geht in einem Lachen unter. Der Lehrer sieht sich veranlasst, den Vortrag Berthas mit einem wiederholten *Augenblick* zu unterbrechen: So gelingt es ihm, den Anspruch der Schülerin auf eine Platzierung im Unterrichtsdiskurs zu wahren. Auch ein Schüler bringt seinen Wunsch zum Ausdruck, dass nun die vom Lehrer bereits initiierte Phase beginnen solle. Andere Schüler bringen durch nicht vom Lehrer abgerufenen Beiträge den Anspruch ein, die Ergebnisse ihrer Gruppenarbeiten vortragen zu können. Der Lehrer markiert das Ende dieser Übergangsphase zwischen zwei methodisch unterschiedlichen Abschnitten mit Nachfragen an einzelne Schüler, ob diese fertig seien (Fl. 7). Erst dann erteilt er Bertha das Rederecht. Auf den ersten Blick lässt sich in dieser Sequenz nur eine Ermahnung erkennen (*hört bitte zu*), während die anderen beiden Lehrerbeiträge zunächst an Einzelne gerichtet sind. Mit dem *Augenblick* nimmt er zwar einerseits seinen Entschluss vorläufig zurück, die Auswertungsphase zu eröffnen. Dennoch signalisiert diese Aufforderung an Bertha auch den anderen Schülern, dass sie ihre Aufmerksamkeit wieder dem Unterrichtsdiskurs zuwenden sollten. Mit seinen abschließenden Äußerungen führt er, indem er sich an Einzelne wendet, doch die beschriebene Übergangsphase zu Ende.

Das Problem, das in dieser Sequenz zum Ausdruck kommt, ließe sich so formulieren: Der Abschluss der Gruppenarbeit wurde vom Lehrer nicht hinreichend markiert, so dass sich die neue Auswertungsphase mit der Arbeitsphase überlappte. Allzu früh hatte er mit dem Aufrufen Berthas die neue Phase eingeleitet, ohne sich versichert zu haben, ob denn alle bereit wären. Er bemerkt jedoch die methodische Inkongruenz und lässt die Schüler diese ausleben, indem er in seinen Formulierungen nicht auf den Ermahnungsversuch Bezug nimmt, sondern sich individuell auf einzelne Schüler bezieht. So gelingt es ihm erst nach seinem Beitrag in Fl. 7 die für die Auswertung der Gruppenarbeitsphase notwendige Konzentration der Schüler auf den Unterrichtsdiskurs wieder herzustellen.

Im nun folgenden Beleg handelt es sich um die individuelle Ermahnung einer Schülerin, die die 5-Minuten-Pause zwischen der 5. und 6. Stunde genutzt hatte, sich am schulischen Kiosk ein Getränk zu besorgen. Dafür hatte die Zeit jedoch nicht gereicht, und nun kommt sie zu spät in den Unterricht.

(21) „Die Tochter": Wegzoll (Jg. 9, Gy, Deutsch)

Teilnehmer-Siglen: *L*: Lehrerin. *Co*: Corinna, *S1*, *S2*: nicht identifizierbare Schüler, *mS*: mehrere Schüler. Aufnahme (1995): Vogt, Transkription: S. Dallwitz (1995), Überarbeitung (1996): Vogt.

```
1   L [ was heißt das jetzt für das Verhältnis von Monika und ih-

2   L [ ren Eltern
    Co [                                                              ich
             klopft an die Tür     betritt den Klassenraum
    S2 [                    herein

3   Co [ war erst noch unten am Kiosk das hat noch so lange gedau-

4   L [                                                               da
    Co [ ert da war noch sone Schlange
                                       geht in Richtung Pult
    mS [                          lachen

5   L [ musst du jetzt was abgeben
    Co [               gibt L das Trinkpäckchen
    S2 [                    dafür musste jetzt die ganze Stun-
```

```
    L  ⎡              danke schön
       ⎢    trinkt  gibt S1 das Päckchen zurück
    Co ⎢                                            geht zum Platz
    S2 ⎢ de gefilmt werden
    S3 ⎢                                was ist denn das hier
    mS ⎢              lachen
6
```

```
    S2 ⎡ ja hier bei mir musst du vorbeigehn hier gibts auch ne
7
```

```
    L  ⎡          zurück zu unserer Geschichte ...
    S2 ⎢ tolle (...)
8
```

Die Stunde hat kurz zuvor begonnen, die Lehrerin formuliert gerade eine Frage, als das Türklopfen den Unterrichtsdiskurs unterbricht. Ein Schüler nimmt die Rolle des Hausherrn ein, ruft *herein*. So hat die zu spät kommende Schülerin ihren Auftritt effektvoll, provokativ vorbereitet – sie hätte ja auch leise den Klassenraum betreten können – und nutzt die ihr so zuteil werdende Aufmerksamkeit, um eine Entschuldigung abzuliefern (Fl. 2–4). Sie hätte sich eine andere ausdenken können, denn diese Form der Störung war bereits Gegenstand eines Unterrichtsgesprächs. Um ihren Platz zu erreichen, muss sie wegen der hufeisenförmig angeordneten Tische an der Lehrerin vorbeigehen, die sie auffordert, ihr etwas abzugeben (Fl. 4–5). Das Problem des Zuspätkommens wegen eines Kioskbesuchs war in der Klasse schon besprochen worden, die Lehrerin hatte angekündigt, sie werde in Zukunft von den betreffenden Schülern einen Wegezoll einfordern. Genau dies setzt sie jetzt um: Sie erinnert sie an diese Ankündigung: *da musste jetzt was abgeben*. Die Schülerin, die ein Trinkpäckchen in der Hand hält, zögert einen Augenblick, dann gibt sie es der Lehrerin, die einen Schluck aus dem Trinkpäckchen nimmt. Anschließend gibt sie es der Schülerin zurück. Das nun folgende gemeinsame Lachen über die konsequente Einlösung der einmal artikulierten Androhung sowie die Äußerung eines Schülers *dafür musste jetzt die ganze Stunde gefilmt werden* (Fl 5–6) zeigen, dass die Unterbrechung Gelegenheit zu einem neuen Rollenspiel gegeben hat: Diesmal wird das Stück Disziplinieren gegeben, ironisch. Auch die Schüler nehmen das so wahr: Sie honorieren die Vorführung mit einem Lachen. Ein Schüler versucht noch die Vorführung zu verlängern, indem er seinerseits einen Wegzoll einfordert, also Lehrer spielt. Sein Beitrag hat keine Konsequenzen, denn nachdem die Schülerin ihren Platz erreicht hat, richtet die Lehrerin die Aufmerksamkeit der Schüler wieder auf den Hauptdiskurs.

Ist das überhaupt eine Disziplinierung? Die Lehrerin hat den Schülern deutlich gemacht, dass hier ein Verstoß gegen die Norm „alle Schüler müssen zu Beginn der Stunde rechtzeitig ihren Platz eingenommen haben" vorliegt. Sie hat ein Verfahren angekündigt, mit dem sie die Einhaltung dieser Norm durchsetzen will. Nun hat die Schülerin durch die Inszenierung ihres Auftritts zum Ausdruck gebracht: „Ich will ermahnt werden". Offenbar in dem Bewusstsein, dass der Inhalt eines Trinkpäckchens unteilbar ist, wollte sie eine Reaktion des Lehrerin provozieren. Diese hat dann, wenn auch nicht ohne Ausdruck von Scham, die

Nähegrenze eines Strohhalms überwunden. Tritt sie der Schülerin zu nahe? Keineswegs, denn sie übernimmt konsequent die Rolle in der Inszenierung der Schülerin, von der diese gedacht hatte, sie würde sie angesichts des Eingriffs in die Intimsphäre der Schülerin zurückweisen.

4.6.3. Zusammenfassung

Die in den eben diskutierten Beispielen erkennbaren Realisierungen des sprachlichen Handlungsmusters der Disziplinierung im Unterricht zeichneten sich auf ihrer Oberfläche durch Diskretion, Witz und Beiläufigkeit aus, es fehlte durchweg die auch mögliche härtere, vielleicht auch: klarere Formulierung. Das könnte daran liegen, dass die Schüler und Schülerinnen sie auch so annahmen, die von ihnen gewünschten Unterlassungen bzw. Handlungen auch in einem überschaubaren Zeitraum akzeptierten bzw. ausführten. Was passiert eigentlich, wenn solche Ermahnungen nicht befolgt werden? Dem Lehrer als Institutionsagenten stehen dafür zahlreiche Möglichkeiten zur Verfügung, etwa mit Strafen im Falle der Nicht-Befolgung zu drohen und diese dann ggf. auch umzusetzen, bis das Befolgen der Norm faktisch durchgesetzt ist. Diese Strafspirale verweist auf den Doppelcharakter von schulischer Kommunikation (vgl. Ehlich /Rehbein 1986): Einerseits erscheint sie als Zwangskommunikation, insofern sie institutionell abgesichert ist, andererseits wird dieser Zwangscharakter nicht ständig manifest, obwohl er den Rahmen für alle kommunikativ stattfindenden Prozesse bildet. Das sprachliche Handlungsmuster der Disziplinierung fungiert innerhalb der Unterrichtsordnung als Schnittstelle zwischen diesen beiden Ebenen, weil es dem Lehrer die Möglichkeit gibt, sich auf den Zwangscharakter schulischer Kommunikation zu beziehen.

4.7. Die Organisation von Unterricht: Lehreräußerungen im Überblick

Die folgende Übersicht fasst die Systematik der den Unterricht organisierenden Äußerungen zusammen.

Übersicht 4.4.: Die Organisation des Unterrichts[8]

sequentielle Position	Richtung	Ordnungs-dimension	Funktion	Form
Unterricht				
– etablierend	prospektiv	KO	Eröffnung zentrierende Ä.	Begrüßung
– initiierend	prospektiv	TO	Thematisierung	Ankündigung Planmitteilung
Phase(n)				
– einleitend	prospektiv	TO/KO	Rahmensetzung	Phasierung
– begleitend	prospektiv	KO	Organisation	Rederechtverteilung
	retrospektiv	KO	Störungsbearbeitung	Disziplinierung
	retrospektiv	TO	Angemessenheits-prüfung	Reglementierung Formatkorrektur
– organisierend		TO	Organisation der Schülertätigkeiten	Strukturierung
– strukturierend (geplant)	prospektiv	TO	Thematisierung	Frage, Behauptung, Anweisung
– strukturierend (situativ)	retrospektiv	TO	Kontrolle Bewertung + Bestätigung Bewertung – Richtigstellung	Frage Lob Kenntnisnahme Tadel Korrektur
	prospektiv	TO	Vertiefung Verschiebung Ergänzung	Frage, Aufgabe Frage, Aufgabe Frage, Aufgabe
– strukturierend (geplant/situativ)	retrospektiv		Ergebnissicherung	Zusammenfassung
– abschließend	retrospektiv	TO, KO	Rahmen-aufhebend	Phasenschließung
Unterricht				
– terminierend	retrospektiv	TO/KO	Beendigung	Resümee, Zusammenfassung
	prospektiv			Ausblick
– auflösend			Auflösung	Verabschiedung

---

[8] Abkürzungen: *KO*: kommunikative Ordnung, *TO*: thematische Ordnung

5. Didaktische Konsequenzen

Zum Abschluss unternehmen wir den Versuch, aus den vorgestellten linguistischen Untersuchungen zur Kommunikation in Schule und Unterricht einige didaktische Konsequenzen herzuleiten und zu begründen. Wir wollen damit die linguistische Theorie fruchtbar machen für die analysierte Praxis. Denn die vorgestellten Ansätze gründen auf einer qualitativ-empirischen Basis, wie sie nur wenigen didaktischen und pädagogischen Konzepten zugrunde liegt. Wir halten das für ein gewichtiges Argument, weil erst in der Empirie sichtbar wird, ob die intendierten Lehr-Lern-Prozesse in der Praxis auch so stattfinden. Und hier hat die linguistische Pragmatik eine Methodologie anzubieten, die dem Gegenstand in besonderer Weise angemessen ist, weil sie den kommunikativ vermittelten Zusammenhang von Lehren und Lernen so detailliert beschreibt, dass kognitive Prozesse auf Schülerseite sehr genau rekonstruierbar werden. Damit ist ein Weg gewiesen, die vielen offenen Fragen zum Zusammenhang von Unterrichtskommunikation und Lehr-Lern-Prozessen zu bearbeiten.

5.1. Wissen und Kompetenzen entwickeln

Der Unterrichtskommunikation kommt in jeder Lerntheorie eine zentrale Bedeutung zu, weil sich hier Lehren und Lernen nicht nur konkret manifestieren, sondern vor allem auch initiiert werden. Im Gespräch von Lehrern und Schülern bzw. der Schüler/innen untereinander findet Wissens- und Kompetenzentwicklung statt, hier werden die konkreten Lern- und Übungsaufgaben bearbeitet und bewertet. Die zentrale Bedeutung der Unterrichtskommunikation für das Lehren und Lernen findet sich auch bestätigt in den begleitenden Video-Studien, die jüngst im Zusammenhang mit den internationalen Schulleistungsstudien wie TIMSS und PISA entstanden sind (vgl. auch Kap. 2.5.6). Dabei kommt der Unterrichtskommunikation in zwei Entwicklungsbereichen eine zentrale Funktion zu: In allen Fächern dient die Unterrichtskommunikation der Vermittlung der je fachlichen Inhalte; im Fach Deutsch und den anderen sprachlichen Fächern kommt ihr darüber hinaus die Aufgabe zu, die Gesprächskompetenz zu schulen.

Die Vermittlung fachlicher Inhalte und Kompetenzen erfolgt, wie in Kap. 2.3 dargestellt, überwiegend im fragend-entwickelnden Modus nach dem Initiation-Reply-Evaluation Schema (Mehan 1979), obwohl sich das in seiner Dominanz als wenig zielführend erweist. So kritisieren etwa Reinmann/Mandel (2006, 625) „vor allem die ungleiche Rollenverteilung zwischen Lehrern und Schülern", die – verbunden mit einer weitgehend rezeptiven, wenig Eigeninitiative verlangenden Rolle der Schüler/innen – zu Motivationsverlust führt. In der Unterrichtsforschung besteht weitgehend Konsens darüber, stattdessen einen gemäßigt konstruktivistischen Ansatz zu favorisieren, der die Problemorientierung als Leitprinzip vorsieht, d.h. die Lehr-Lern-Prozesse an möglichst authentische Probleme anbindet. Im Kern geht es darum, sozial situierte, problemorientierte und authentische Lernumgebungen zu schaffen, in denen die Schüler/innen erheblich größere Anteile an der Unterrichtskommunikation haben. In unserer Terminologie könnte man auch sagen, an die Stelle der kleinschrittigen Lehrerfragen sollen umfassende Aufgaben treten, die die Schüler/innen in einem eigenen Handlungszusammenhang bearbeiten. Dadurch gewinnen sie die Zielsetzung und Steuerungsfunktion ihres Handelns zurück. Und genau hier haben die in Kap. 3.3 bis Kap. 3.6 vorgestellten Verfahren ihren systematischen Ort: Gruppenarbeit, Diskussionen und Schülerpräsentationen sind Beispiele für diese sog. Schüler aktivierenden Verfahren.

Neben den fachlichen Inhalten gehört die Entwicklung der Gesprächskompetenz zu den wesentlichen Aufgaben der sprachlichen Fächer. Dabei soll unter Gesprächskompetenz die Fähigkeit verstanden werden, die sich aus der Gesprächssituation ergebenden Anforderungen in den verschiedenen Dimensionen von der Phonologie über die Semantik bis hin zur Pragmatik zu erfüllen (vgl. Becker-Mrotzek/Brünner 2004, Becker-Mrotzek 2009a). Der Gesprächskompetenz kommt auch in den Bildungsstandards im Fach Deutsch, die die Bundesländer 2004 verabschiedet haben, ein zentrale Bedeutung zu: „Die Schülerinnen und Schüler bewältigen kommunikative Situationen in persönlichen, beruflichen und öffentlichen Zusammenhängen situationsangemessen und adressatengerecht" (Kultusministerkonferenz 2004, 8). Die Entwicklung der Gesprächskompetenz gehört also zu den ausdrücklichen Aufgaben des Deutschunterrichts. Anders jedoch als die Lernbereiche Schriftspracherwerb, Textproduktion (= Aufsatzunterricht) oder auch Literaturunterricht verfügt die mündlichen Kommunikation bislang nur über eine sehr junge didaktische Tradition (vgl. Polz 2009); eine eigenständige Gesprächsdidaktik entwickelt sich gerade erst. Das hängt auch mit der verbreiteten Annahme zusammen, der Erwerb der gesprochenen Sprache sei mit dem Eintritt in die Schule weitgehend abgeschlossen und die Schule können sich daher auf die Vermittlung der literalen Kompetenzen konzentrieren. Aus jüngeren Entwicklungsstudien zum Diskurserwerb wissen wir aber, dass dieser mindestens bis zur Adoleszenz andauert (vgl. Quasthoff 2009).

Da hier nicht der Ort für die Entwicklung einer Gesprächsdidaktik ist, sollen stattdessen unter Bezug auf Becker-Mrotzek (2009b) einige Grundlinien und Prinzipien skizziert werden, die kompatibel sind mit dem gemäßigt konstruktivistischen Lehr-Lern-Konzept, das vor allem auf Schüler aktivierende Verfahren setzt. Die Gesprächsdidaktik hat es mit einer besonderen Herausforderung zu tun, die sich aus der Mündlichkeit ergibt: Anders als beim Schreiben oder Lesen kann in einer Gruppe immer nur einer sprechen, in einem Klassenzimmer können aus Gründen der Akustik immer nur wenige gleichzeitig reden. Zu den zentralen Entwicklungszielen gehört – neben der Verbesserung der basalen phonetischen, lexikalisch-semantischen und syntaktischen Fähigkeiten – die Befähigung der Schüler/innen, in komplexen, inhaltlich anspruchsvollen Mehrpersonengesprächen kommunikativ angemessen zu agieren, was sich u.a. in der Fähigkeit zeigt, die eigenen Äußerungen an die Erwartungen des Hörers und den Gesprächsverlauf anzupassen.

Die zentrale Idee einer linguistisch fundierten Gesprächsdidaktik besteht darin, Unterricht in seiner unhintergehbar institutionellen Konstituiertheit ernst zu nehmen und die vorhandenen Kommunikationsanlässe systematisch für die Förderung der Gesprächskompetenz zu nutzen. Es geht also gerade nicht um die Entwicklung eines isolierten Kommunikationstrainings oder Gesprächslehrgangs, sondern darum, die Schüler/innen im Unterrichtsdiskurs zum Sprechen zu bringen. Damit sind mindestens drei Erfordernisse verbunden: Erstens gilt es, die möglichen Kommunikationsanlässe zu identifizieren und in ihrem Entwicklungspotential zu beschreiben. Zweitens müssen die so identifizierten Anlässe systematisch, d.h. eben nicht zufällig, in den Unterricht integriert werden; die einzelnen Lernanlässe sind so zu gestalten, dass sie – neben ihren sonstigen Funktionen – auch der Entwicklung der Gesprächskompetenz dienen. Und schließlich müssen sie mit expliziten Maßnahmen der Gesprächsschulung verknüpft werden.

5.2. Didaktische Maximen

Abschließend möchten wir den praktischen Ertrag der vorgestellten Studien und unserer Überlegungen in Form von didaktischen Maximen zusammenfassen.

1. Reflektiere die Bedingungen von Unterricht und mache sie dir bewusst

Unterricht findet unter definierten Bedingungen statt, die im Wesentlichen durch die Institution Schule gegeben sind. Lehrer und Schüler handeln im Unterricht nicht als unabhängige Subjekte, die ihre gemeinsamen Tätigkeiten frei aushandeln könnten, so wie dies gelegentlich im Alltag der Fall ist. Sie handeln vielmehr als Agenten und Klienten der Institution Schule. Damit sind sie beide ihren Zwecken unterworfen, die ihren sichtbaren Ausdruck in den Schulvorschriften finden. Die zentralen Zwecke kann man mit Qualifikation und Selektion umschreiben. Schule hat zum einen die Aufgabe, das gesellschaftliche Wissen an die nächste Generation weiterzugeben und damit zugleich den Einzelnen zu qualifizieren. Indem sich der Einzelne Wissen aneignet, qualifiziert er sich zugleich für seine späteren Aufgaben in der Gesellschaft. Schule hat zum anderen aber auch die Aufgabe, dieses Wissen in fraktionierter Form weiterzugeben, d.h., aufzuteilen auf die verschiedenen Klassen und Gruppen der Gesellschaft. Denn wegen seines Umfangs kann der Einzelne immer nur Teile des gesellschaftlichen Gesamtwissens aufnehmen. Damit ist eine Selektionsfunktion verbunden, weil die verschiedenen Wissensfraktionen Zugang zu unterschiedlichen Berufsfeldern eröffnen. Am deutlichsten wird dies immer noch an der Scheidung von Hand- und Kopfarbeit. Wichtigstes Selektionsinstrument sind die Zensuren und die damit verbunden formalen Qualifikationen (Schulabschlüsse).

Wir gehen davon aus, dass diese Bedingungen unhintergehbar sind und den Rahmen jeden schulischen Handelns bilden. Wir wollen damit keinem wie immer gearteten Determinismus das Wort reden, sondern lediglich auf den institutionellen Rahmen hinweisen. Dieser Rahmen ist zum einen der demokratischen Willensbildung unterworfen, wie gerade die aktuellen Diskussionen über das Bildungssystem zeigen. Und zum anderen enthält der Rahmen Handlungsspielräume, die jeder einzelne in eigener Verantwortung nutzen kann. Wer sich diese Bedingungen vor Augen führt, kommt vielleicht zu einer realistischeren

Einschätzung der eigenen Möglichkeiten. Und für Neulinge besteht die Hoffnung, beim ersten Kontakt mit Schule nicht den sprichwörtlichen Praxisschock zu erleiden.

2. Stelle für alle Beteiligten Transparenz her

Die Arbeit mit linguistischen Verfahren in der Unterrichtsforschung erzeugt nicht allgemeingültige Ergebnisse im Sinne einer Formulierung kausaler oder finaler Zusammenhänge; vielmehr verschafft der genaue Blick auf sprachliche Interaktionen im Klassenzimmer dem Analytiker nicht nur Einsicht in deren Bedingungen, sondern auch in deren ungenutzte Potentiale. Nicht nur stellt jedes vom Lehrer initiierte sprachliche Handlungsmuster eine Auswahl aus mehreren Möglichkeiten dar, auch die Äußerungsformen, die dieses entwickeln, sind variabel. So können für Situationen Potentiale bestimmt und Alternativen formuliert werden. Derjenige, der als Lehramtsstudent, Referendar oder Lehrer sich linguistischer Verfahren bedient, erarbeitet für sich ein Instrumentarium selbstreflexiv nutzbarer Kategorien, das ein vertieftes sprachliches Bewusstsein über die Bedingungen des eigenen professionellen Handelns herstellen kann.

Den reflexiven Hintergrund des eigenen Handelns sollten Lehrer auch ihren Schülern gegenüber deutlich machen, indem sie über die Verhältnisse, die sie verantwortlich schaffen, bei den davon Betroffenen Transparenz herstellen. Das beginnt bei Informationen über den Lehrplan und die daraus abgeleitete Planung auf Jahresebene, setzt sich fort bei der Vorbereitung von Unterrichtsvorhaben und findet seinen Abschluss in der Gestaltung der einzelnen Stunde. So macht beispielsweise die Praktik des "Rätselratens" im fragendentwickelnden Unterricht die Schüler deshalb zu Statisten der Lehrerinszenierung, weil ihnen die Hintergründe des Handelns nicht deutlich gemacht werden. Wenn er sie zu aktiven Teilnehmern machen will, muss er ihnen einen anderen Zugang zu den Inhalten ermöglichen, indem er die Bedingungen des eigenen Handelns explizit macht. Schüler aller Altersgruppen, das zeigen zumindest die Beobachtungen am hier vorgestellten Material, hören genau zu, welche organisatorischen und thematischen Anforderungen der Lehrer an sie stellt; sie bewerten das Geschehen auch, indem sie Anspruch und Realisierung miteinander in Beziehung setzen. Es lohnt sich deshalb für den Lehrer immer, mit offenen Karten zu spielen, selbst seine Erwartungen zu verdeutlichen, sei es in der Lehrerfrage, im Unterrichtsgespräch oder in der Festlegung des organisatorischen Rahmens in der Diskussion.

3. Praktiziere eine bewusste Methodenvielfalt

Die Analysen haben die Komplexität von Lehr-Lern-Prozessen deutlich vor Augen geführt. Es ist ersichtlich geworden, dass alle bislang untersuchten Unterrichtsmethoden ihre Stärken und Schwächen haben. Auch wenn die Zusammenhänge noch nicht im Einzelnen geklärt sind, so ist doch klar, dass dies auch begründet ist in den Unterschieden der beteiligten Schüler und Lehrer sowie der Inhalte. Nicht jedes Thema kann mit jeder Methode behandelt werden und nicht alle Schüler und Lehrer kommen mit allen Methoden gleichermaßen zurecht. Um möglichst vielen Lernertypen und den verschiedenen Lernerfordernissen gerecht zu werden, raten wir von einem Methodenmonismus ab und empfehlen stattdessen eine bewusste Methodenvielfalt.

Methodenvielfalt bedeutet jedoch nicht, einen Wechsel um seiner selbst willen zu praktizieren. Ziel ist es vielmehr, die Methoden an die Möglichkeiten der Schüler, die Erfordernisse der Sache und die eigenen Bedürfnisse anzupassen. Das verlangt eine reflektierte Praxis. Lehrervortrag, Unterrichtsgespräch, Diskussion oder Gruppenarbeit können je spezifische Funktionen im Unterricht übernehmen. Welche Methode im Einzelfall die geeignete ist, hängt von den je besonderen Bedingungen ab, so dass rezeptologische Aussagen nicht sinnvoll erscheinen.

4. Mache die Interaktionsverfahren der Klassengemeinschaft regelmäßig zum gemeinsamen Thema

Die sozialen Zwecke der Schule können Lehrer und Lehrerinnen dadurch fördern, indem sie ihren Schülern und Schülerinnen mehr Handlungsmöglichkeiten einräumen. Das bezieht sich zunächst auf eine schülerzentrierte Gegenstandsbearbeitung, wie sie im Begriff des projektorientierten Unterrichts gefasst wird: Schüler und Lehrer planen und organisieren gemeinsam den Lehr-Lern-Prozess. In dem Maße, in dem Schüler und Schülerinnen über Handlungsspielräume verfügen, gewinnen die Auseinandersetzungen um ihre Ausfüllung an Ernsthaftigkeit und Engagement. Der Wissenstransfer vollzieht sich dann innerhalb eines sozialen Rahmens, an dessen Herstellung auch die Schüler beteiligt sind. Aus einer Schulklasse kann so eine Arbeitsgruppe werden. Dass es dabei zu sozialen Spannungen kommen kann, dürfte selbstverständlich sein. Probleme und Konflikte innerhalb eines so konzipierten Zusammenhangs gehören deshalb selbstverständlich zu den Unterrichtsinhalten und verdienen eine aufmerksame Bearbeitung, z.B. in Diskussionen, in denen kontroverse Einschätzungen bearbeitet werden. Aber auch im traditionellen Unterricht sollten solche gruppeninternen Fragen regelmäßig thematisiert werden, wenn nicht in speziellen SV-Stunden (Schülermitverantwortung), dann in Deutsch- oder Politikstunden.

5. Sei offen für ungeplante und unerwartete Interaktionsprozesse

Schüler tun oft nicht das, was der Lehrer von ihnen erwartet: Sie sind nicht so aufmerksam, wie er sich das gewünscht hat, oder sie reagieren auf seine "Impulse" nicht so, wie er das in seiner Unterrichtsvorbereitung konzipiert hat, ohne dass sie etwas "Falsches" gesagt hätten. Er wird bestrebt sein, in einer solchen Situation Wege zu finden, den Gang der verbalen Interaktion auf den von ihm vorgesehenen Weg zurückzuführen, indem er den Beitrag entsprechend evaluiert und so anderen Schülern die Chance gibt, diesen zu finden. Er könnte jedoch auch jene Differenz thematisieren; zudem könnte er andere interessierte Schüler mit einbeziehen, indem er den Schülerbeitrag selbst thematisch macht. Dann könnte sich ein Perspektivenabgleich entwickeln, ein Hin und Her der Vorschläge, für die schließlich Kriterien gefunden werden müssen, eine begründete Entscheidung zu fällen. So entstehen Kontroversen, die für die Beteiligten im Klassenzimmer - als Beiträger oder Parteiergreifender Zuhörer - fast immer spannend sind, so dass es sich für den Lehrer lohnen könnte, sein besonderes Augenmerk auf die Entfaltung solcher Sequenzen zu legen. Widerstreitende Positionen entwickeln im öffentlichen Raum eine Eigendynamik, sie zwingen die Beteiligten dazu, ihre eigene Position mit denen anderer in Beziehung zu setzen. Hier wäre es die Aufgabe des Lehrers, dieser Dynamik nichts in den Weg zu stellen - wie jener Lehrer einer 12. Klasse, der das Anliegen eines Schülers, zu dem Beitrag eines Mitschülers spontan kontrovers Stellung zu beziehen, übersieht und, seine Kontrollfunktion ausübend, einem der Schweiger das Rederecht aufzwingt (vgl. Abschnitt 4.5.1.). Wenn wir als Lehrer Kontroversen fördern, tun wir sicherlich auch etwas für die Herausbildung einer Konfliktfähigkeit, einer Kompetenz, die zu den zentralen Qualifikationen in einer ausdifferenzierten Gesellschaft gehört.

6. Hinterfrage die eigene Beurteilungspraxis

Beurteilen und Bewerten gehört zwar, wie oben dargelegt, zu den zentralen Aufgaben des Unterrichtsalltags, findet aber in der Ausbildung nur wenig Beachtung. Das gilt für die Beurteilung schriftlicher Leistungen, obwohl diese in den 70-er Jahren relativ viel Aufmerksamkeit erfahren hat (Rothland 2001), und es gilt erst recht für die sog. mündlichen Leistungen. Das hat zur Folge, dass in der Praxis das didaktische Brauchtum relativ unreflektiert fortgeschrieben wird. Mündliche Leistungen einzuschätzen, ist aus mehreren Gründen schwierig. Zum einen wegen der Flüchtigkeit des gesprochenen Wortes, so dass eigentlich nur Erinnerungen an Kommunikation beurteilt werden können. Und zum anderen, weil es hier noch schwieriger ist als bei Texten, Qualitätsmaßstäbe zu benennen (Fiehler 1998, Mönnich/Spiegel 2009, Eriksson 2009). Da ein Gespräch immer das Ergebnis des Zusammenwirkens mehrerer Beteiligter ist, ist es problematisch, das Verhalten eines Einzelnen isoliert zu beurteilen. Um nur ein Beispiel zu nennen: Wenn jemand eine Geschichte erzählt, die ihn sehr bedrückt, ist das geduldige Zuhören genau die richtige und angemessene kommunikative Aktivität. Diese kann aber in einer Situation, in der es um das gemeinsame Erarbeiten einer Lösung geht, unangemessen sein. Und im Unterrichtsdiskurs kann das Schweigen eines Schülers, der darauf verzichtet, eine bereits gegebene Antwort eines weiteres Mal zu wiederholen, kommunikativ angemessen sein, obwohl er dadurch nicht in den Fokus der Lehrers rückt. Es ist also empfehlenswert, auf vorschnelle und unreflektierte Beurteilungen auf dem Hintergrund nur erinnerter Eindrücke zu verzichten.

Hinweise zu den Transkripten

Die Transkripte folgen – soweit sie nicht in der Originalform zitiert werden – der Konvention von HIAT, den *H*alb-*I*nterpretativen-*A*rbeits-*T*ranskriptionen nach Ehlich/Rehbein (1976 & 1979). HIAT-Transkriptionen sind in Partiturschreibung erfasst, d.h., innerhalb einer Partiturfläche geben die Zeilen die Chronologie der Äußerungen wieder: gleichzeitig realisierte Äußerungen stehen untereinander. Des Weiteren wird eine literarische Umschrift verwendet, d.h., die Verschriftung folgt den orthographischen Konventionen; lautliche Auffälligkeiten werden durch entsprechende Abweichungen von der Orthographie dargestellt. Die Namen der Beteiligten sind geändert.

Basiszeichen: Textzeile		*Intonationszeichen: Über der Textzeile*	
.	kurze Pause	> (>>>>>)	schneller werdend (im markierten Bereich)
..	längere Pause		
((4 sec)), (4 sec)	Pause von ca. 4 Sekunden	>>	deutlich schneller
ab/eben	Wort- oder Konstruktionsabbruch	< (<<<<<)	langsamer werdend (im markierten Bereich)
		<<	deutlich langsamer
ge̲nau	betonte Silbe	–, >-----	leiser, leiser werdend (im markierten Bereich)
Nee!!	besonders emphatische Betonung	+, <-----	lauter, lauter werdend (im markierten Bereich)
(gehört)	vermuteter Wortlaut		
(...)	unverständliche Äußerung	. . . .	Stakkato
(lachen)	andere akustisch wahrnehmbare Tätigkeit	:	Vokaldehnung
((lachen))		/	steigende Intonation
		\	fallende Intonation
		V, v	fallend-steigende Intonation
Beschreibung non-verbaler Kommunikation: Unter der Textzeile		!	Betonung einer Silbe
		.	Bruch in der Intonation
		*	Wechsel des Artikulationsmodus
steht auf	Beschreibung praktischer Handlungen	i....i	ironische Artikulation
		ü...ü	Überraschung indizierende Artikulationsform
		#	bei Überlappungen das Ende einer Äußerung
		l....l	lachend gesprochen
		h	Hüsteln

Literatur

Aebli, Hans (⁸1994): Zwölf Grundformen des Lehrens. Eine allgemeine Didaktik auf psychologischer Grundlage. Medien und Inhalte didaktischer Kommunikation, der Lernzyklus. – Stuttgart: Klett-Cotta.

Albert, Ariane (2000): Schüler sprechen über eigene Texte: Gruppen- und Plenumsgespräche in der Schreibkonferenz einer 3. Klasse. – Gießen [unveröff. Staatsarbeit].

Aschersleben, Karl (⁵1991): Einführung in die Unterrichtsmethodik. – Stuttgart: Kohlhammer.

Austin, John L. (1972): Zur Theorie der Sprechakte. – Stuttgart: Reclam.

Bauersfeld, Heinrich (1981): „Subjektive Erfahrungsbereiche als Grundlage einer Interaktionstheorie des Mathematiklernens und –lehrens". – In: Bauersfeld et al. Hgg., 1–56.

– (1983): „Kommunikationsverläufe im Mathematikunterricht. Diskutiert am Beispiel des ‚Trichtermusters'". – In: Ehlich/Rehbein (Hgg.) 21–28.

– (2001): „Zum Zusammenhang von empirischer Unterrichtsforschung und Lehrerausbildung". – In: Kammler/Knapp (Hgg.) i.V.

– et. al (1981): Lernen und Lehren von Mathematik. – Köln: Aulis.

Becker-Mrotzek, Michael (1989): Schüler erzählen aus ihrer Schulzeit. Eine diskursanalytische Untersuchung über das Institutionswissen. – Frankfurt/Bern: Lang.

– (1993): „Kommunikation und Sprache in Institutionen. Ein Forschungsbericht zur Analyse institutioneller Kommunikation. IV: Arbeiten zur schulischen Kommunikation". – In: Deutsche Sprache 3, 264–282.

– (1995): „Angewandte Diskursforschung und Sprachdidaktik". – In: Der Deutschunterricht 47, I, 16–24.

– (2002): „Funktional-pragmatische Unterrichtsanalyse". – In: Kammler/Knapp (Hgg.) 58–78.

– (2004): Schreibentwicklung und Textproduktion. Der Erwerb der Schreibfertigkeit am Beispiel der Bedienungsanleitung. Radolfzell: www.verlaggespraechsforschung.de, 2004 (kostenloser Download, unveränderter Nachdruck von 1997).

– (2005): Präsentieren. (Basisartikel) In: Praxis Deutsch, Heft 190/ 2005, S. 6–13.

– (2009): Mündliche Kommunikationskompetenz. In: Becker-Mrotzek, Michael (Hg.) 66–83.

– (2009): Unterrichtskommunikation als Mittel der Kompetenzentwicklung. In: Becker-Mrotzek, Michael (Hg.) 103–115.

Becker-Mrotzek, Michael (Hg.) (2009): Mündliche Kommunikation und Gesprächsdidaktik. Baltmannsweiler: Schneider (Handbuch Deutschunterricht in Theorie und Praxis Bd. 3).

– / Brünner, Gisela. (1999): „Gesprächsforschung für die Praxis: Ziele, Methoden, Ergebnisse". – In: Stickel, Gerhard. (Hg.): Sprache – Sprachwissenschaft – Öffentlichkeit. Berlin/New York (de Gruyter) 172–193.

– / Brünner, Gisela (Hgg.) (²2009) Analyse und Vermittlung von Gesprächskompetenz. Frankfurt/Bern: Lang & www.verlag-gespraechsforschung.de (kostenloser Download)

– / Meyer, Christoph. (1999): „Diskursanalytische Arbeitsweisen und Standardverfahren". In: Brünner, Gisela / Fiehler, Reinhard / Kindt, Walther (Hgg.): Angewandte Gesprächsforschung (Westdeutscher Verlag: Opladen) 18–46.

– / Quasthoff, Uta. (1998): „Unterrichtsgespräche zwischen Gesprächsforschung, Fachdidaktik und Unterrichtspraxis." – In: Der Deutschunterricht 50, 1, 3–13.

Bellack, Arno A. / Kliebard, H.M. / Hyman, R.T. / Smith, F.L. (1974): Die Sprache im Klassenzimmer. Düsseldorf: Pädagogischer Verlag Schwann. – Originalausgabe: The language of the classroom. New York: Teachers College Press, Columbia University, 1966.

Bergmann, Jörg R. (1981): „Ethnomethodologische Konversationsanalyse". – In: Schröder/Steger (Hgg.) 9–52.

– (1988): Ethnomethodologie und Konversationsanalyse. Kurseinheit 3: Organisationsprinzipien der sozialen Interaktion: Objekte der Konversationsanalyse. – Hagen: Fernuniversität-Gesamthochschule Hagen.
– (1994): „Ethnomethodologische Konversationsanalyse". – In: Fritz/Hundsnurscher (Hgg.) 3–16.
– Berkemeier, Anne (2006): Präsentieren und Moderieren im Deutschunterricht. Baltmannsweiler: Schneider.
Bosse, Malcom J.: (1983) Die Traumhöhle. – Zürich: Benziger.
Braune, Fritz / Krüger, Fritz / Rauch, Fritz. (1930): Das freie Unterrichtsgespräch. Ein Beitrag zur Didaktik der Neuen Schule. – Osterwieck=Harz u. Leipzig: Zickfeldt.
Brinkmann, Henning (^{2}1971): Die deutsche Sprache. Gestalt und Leistung. – Düsseldorf: Schwann.
Bruner, Jerome (1987): Wie das Kind sprechen lernt. – Bern usw.: Huber.
Brünner, Gisela (1987): Kommunikation in institutionellen Lehr-Lern-Prozessen. Diskursanalytische Untersuchung zu Instruktionen in der betrieblichen Ausbildung. – Tübingen: Narr.
– / Graefen, Gabriele (1994): „Zur Konzeption der Funktionalen Pragmatik". – In: Brünner, Giesela / Graefen, Gabriele. (Hgg.): Texte und Diskurse. Methoden und Forschungsergebnisse der funktionalen Pragmatik (Opladen: Westdeutscher Verlag) 7–24.
Christ, Hannelore et al. (1995): „Ja aber es kann doch sein ..." In der Schule literarische Gespräche führen. – Frankfurt/M. usw.: Peter Lang.
Coulthard, Malcolm (ed.) (1992): Advances in spoken discourse analysis. – London/New York: Routledge.
Cube, Felix von (^{2}1968): Kybernetische Grundlagen des Lernens und Lehrens. – Stuttgart.
Dann, Hanns-Dieter / Diegritz, Theodor / Haag, Ludwig / Rosenbusch, Heinz S. (1999): „Intragruppenprozesse und Gruppenstrukturen in Schülerarbeitsgruppen". – In: Dann et al. (Hgg.) 57–106.
– / Diegritz, Theodor / Rosenbusch, Heinz S. (Hgg.) (1999): Gruppenunterricht im Schulalltag. Realität und Chancen. – Erlangen: Universitätsbibliothek.
Dieckmann, Walther (1981): „Probleme der linguistischen Analyse institutioneller Kommunikation". – In: Dieckmann, W.: Politische Sprache, politische Kommunikation (Heidelberg: Winter) 208-247.
Diegritz, Theodor / Rosenbusch, Heinz S. (1977): Kommunikation zwischen Schülern. Schulpädagogische und linguistische Untersuchungen. Didaktische Konsequenzen. – München usw.: Urban & Schwarzenberg.
– / Fürst, Carl. (1999): Empirische Sprechhandlungsforschung. Ansätze zur Analyse und Typisierung authentischer Äußerungen. – Erlangen: Universitätsbibliothek.
v. Dijk, Teun A. (1980): Textwissenschaft. Eine interdisziplinäre Einführung. – München: Deutscher Taschenbuch Verlag. – Originalausgabe: Tekstwetenschap. Een interdisciplinaire inleiding. Utrecht/Antwerpen: Uitgeverij Het Spectrum. 1978.
Drew, Paul / Heritage, John. (eds.) (1992): Talk at work. Interaction in institutional settings. – Cambridge: Cambridge University Press.
van Eemeren, Frans H. / Grootendurst, Rob (1992): Argumentation, communication and fallacies. – Hillsdale, N.J.: Erlbaum.
Ehlich, Konrad (1981): Schulischer Diskurs als Dialog? – In: Schröder/Steger (Hgg.) 334–369.
– (1983) Text und sprachliches Handeln. Die Entstehung von Texten aus dem Bedürfnis nach Überlieferung. – In: Assmann, A. / Assmann, J. / Hardmeier, Ch. (Hgg.) (1983): Schrift und Gedächtnis (München: Fink) 24–43.
– / Rehbein, Jochen (1975): „Zur Konstitution pragmatischer Einheiten in einer Institution: Das Speiserestaurant". – In: Wunderlich, D. (Hg.) (^{2}1975): Linguistische Pragmatik (Wiesbaden: Athenaion) 209–254.
– / Rehbein, Jochen (1976): „Halbinterpretative Arbeitstranskriptionen (HIAT)". – In: Linguistische Berichte 45, 21–41.

- / Rehbein, Jochen. (1979a): „Sprachliche Handlungsmuster". – In: Soeffner, H.-G. (Hg.) Interpretative Verfahren in den Sozial- und Textwissenschaften (Stuttgart: Metzler) 243–275.
- / Rehbein, Jochen. (1979b): „Erweiterte halbinterpretative Arbeitstranskriptionen (HIAT2): Intonation". – In: Linguistische Berichte 59. 51–75.
- / Rehbein, Jochen. (1986): Muster und Institution. Untersuchungen zur schulischen Kommunikation. –Tübingen: Narr.
- / Rehbein, Jochen. (Hgg.) (1983): Kommunikation in Schule und Hochschule. Linguistische und ethnomethodologische Analysen. – Tübingen: Narr.

Engelmann, Susanne (^{5}1957): Methodik des deutschen Unterrichts. – Hannover: Schroedel. (1.A.: 1925).

Erkisson, Brigit (2009): Leistungsmessung. In: Becker-Mrotzek, Michael (Hg.), S. 445–457.

Essen, Erika (1955): Methodik des Deutschunterrichts. – Heidelberg: Quelle & Meyer.

Faust-Siehl, Gabriele (1987): Themenkonstitution als Problem von Didaktik und Unterrichtsforschung. – Weinheim: Deutscher Studien Verlag.

Fiehler, Reinhard (1998): „Bewertungen und Normen als Problem bei der Förderung der Gesprächsfähigkeit". – In: Der Deutschunterricht 50, 1, 53–64.

Flanders, Ned. A. (1970): Analyzing teacher behavior. – Reading, Mass.: Addison-Wesley.

Forytta, Claus / Linke, Jürgen (1983): „Unterrichtsstrategien zur Abwehr von Schülerwissen. Zwei Beispiele". – In: Ehlich/Rehbein (Hgg.) 39–58.

Foucault, Michel (1977): Überwachen und Strafen. – Frankfurt/M.: Suhrkamp.

Friedrich, Georg (1991): Methodologische und analytische Bestimmungen sprachlichen Handelns des Sportlehrers. – Frankfurt/Bern: Lang.

Fritz, Gerd / Hundsnurscher, Franz. (Hgg.) (1994): Handbuch der Dialoganalyse. – Tübingen: Niemeyer.

Fritz, Helmut Walter (1964): „Augenblicke". – In: Fritz, H.W. Umwege. Prosa. Stuttgart: deutsche Verlagsanstalt, 47–49.

Fürst, Carl (1996): Arbeitsaufträge und Lehrerinterventionen im Gruppenunterricht. Erprobung eines prozeßorientierten und sprechhandlungstheoretischen empirischen Ansatzes. – Erlangen-Nürnberg. [Diss. phil.]

Füssenich, Iris (1981): Disziplinierende Äußerungen im Unterricht – eine sprachwissenschaftliche Untersuchung. – Düsseldorf [Diss. phil.].

Garfinkel, Harold (1967): Studies in ethnomethodology. – Englewood Cliffs.

Gaudig, Hugo (1909): Didaktische Präludien. Berlin/Leipzig.

Geißner, Ursula (1985): Lehrerreaktionen und sprecherischer Ausdruck. Zur Relevanz von suprasegmentalen Merkmalen in Unterrichtsprozessen. – Gießen: Wilhelm Schmitz.

Goffman, Erving (1971): Verhalten in sozialen Situationen. Strukturen und Regeln der Interaktion im öffentlichen Raum. – Gütersloh: Bertelsmann Fachverlag. – Originalausgabe: Behavior in Public Places. Notes on the Social Organization of Gatherings. – New York: The Free Press, 1969.

- (1974): Frame Analysis. An Essay on the Organization of Experience. New York etc: Harper & Row. – Übers.: Rahmen-Analyse. Ein Versuch über die Organisation von Alltagserfahrungen. – Frankfurt/M.: Suhrkamp, 1977.

Goodwin, Charles / Heritage, John (1990): „Conversation analysis". – In: Annual Revue Anthropology 19, 283–307.

Grice, H.P (1979): „Logik und Konversation". – In: Kußmaul, W. (Hg.) Sprechakttheorie (Wiesbaden: Athenaion) 109–126.

Gruber, Helmut (1996): Streitgespräche. Zur Pragmatik einer Diskursform. – Opladen: Westdeutscher Verlag.

Gülich, Elisabeth (1981): „Dialogkonstitution in institutionell geregelter Kommunikation". – In: Schröder/Steger (Hgg.) 418–456.

Haas, Gerhard (1984): Handlungs- und produktionsorientierter Literaturunterricht in der Sekundarstufe I. – Hannover: Schroedel.
Hacks, Peter (1974): „Der Bär auf dem Försterball". – In: Loschütz, Gert (Hg.) Das Einhorn sagt zum Zweihorn. 42 Schriftsteller schreiben für Kinder (Köln: Middelhauve) 55–57.
Hage, Klaus / Bischoff, H. / Dichanz, H. / Eubel, K.-D. / Oehlschläger, H.-J. / Schwittmann, D. (1985): Das Methoden-Repertoire von Lehrern. Eine Untersuchung zum Schulalltag der Sekundarstufe I. – Opladen: Leske + Budrich.
Hanke, Barbara / Mandl, Heinz / Prell, Siegfried (1973): Soziale Interaktion im Unterricht. Darstellung und Anwendung des Interaktionsanalyse-Systems von N.A. Flanders. – München: Oldenbourg.
Hanke, Michael (1991): maieutike techne. Zum Modell der sokratischen Gesprächstechnik. – In: Flader, D. (Hg.): Verbale Interaktion. Studien zur Empirie und Methodologie der Pragmatik (Stuttgart: Metzler) 50–91.
Hartung, Wolfdietrich (1985): „Kontroverses Diskutieren". – In: Hoffmannová, Jana / Viehweger, Dieter (Hgg.) (1985): Linguistische und sozialpsychologische Analyse der mündlichen Kommunikation. (Linguistica XII) (Praha) 81–99.
Heckt, Dietlinde / Jürgens, Eiko (1996): „Mit der Moderationsmethode arbeiten". – In: Heckt, Dietlinde H. / Jürgens, Eiko (Hgg.): Anders kommunizieren lernen. (Braunschweig: Westermann) 141–153.
Heimann, Paul / Otto, Gunter / Schulz, Wolfgang (1965): Unterricht. Analyse und Planung. – Hannover: Schroedel.
Heinemann, Margot / Heinemann, Wolfgang (1993/94): „Linguistik und Gesprächserziehung". – In: I: Deutschunterricht 46, 566–574. II: Deutschunterricht 47, 21–25.
Heinze, Thomas ([2]1978): Unterricht als soziale Situation. Zur Interaktion von Schülern und Lehrern. – München: Juventa. (1.A.: 1976).
Hempel, Carl G. (1977): Aspekte wissenschaftlicher Erklärung. Berlin, New York: de Gruyter.
Herrlitz, Wolfgang (1983): Pragmatische Schemata der Unterrichtskommunikation. Sprachliche Bedingungen der Konstitution von Lernsituationen in der Institution Schule. – In: Ehlich, /Rehbein (Hgg.) 186–202.
Hildebrand, Rudolf (1867): Vom deutschen Sprachunterricht in der Schule und von deutscher Erziehung und Bildung überhaupt. – Leipzig. – Zitiert nach der Ausgabe: Berlin: Volk und Wissen, 1952.
Hohenstein, Christiane (2006): Erklärendes Handeln im Wissenschaftlichen Vortrag. Ein Vergleich des Deutschen mit dem Japanischen. München: iudicium.
Hundsnurscher, Franz (1989): „Typologische Aspekte von Unterrichtsgesprächen". – In: Weigand/Hundsnurscher. (Hgg.) 237–256.
Hundsnurscher, Franz / Weigand, Edda. (Hgg.) (1989): Dialoganalyse II. Referate der 2. Arbeitstagung Bochum 1988, I. – Tübingen: Niemeyer.
Ivo, Hubert (1977): Zur Wissenschaftlichkeit der Didaktik der deutschen Sprache und Literatur. Vorüberlegungen zu einer „Fachunterrichtswissenschaft". – Frankfurt/M.: Diesterweg.
Jank, Werner / Meyer, Hilbert (1991): Didaktische Modelle. – Frankfurt: Cornelsen-Scriptor.
Jensen, Adolf / Lamszus, Wilhelm (1910): Unser Schulaufsatz ein verkappter Schundliterat. Ein Versuch zur Neugründung des deutschen Schulaufsatzes für Volksschule und Gymnasium. – Hamburg: Janssen.
Jungwirth, Helga (1990): Mädchen und Buben im Mathematikunterricht. Eine Studie über geschlechtsspezifische Modifikationen der Interaktionsstrukturen. – Wien: Bundesministerium für Unterricht (Hrsg.): Reihe Frauenforschung, Nr.1.
Kästner, Hannes (1978): Mittelalterliche Lehrgespräche. Textlinguistische Analysen. Studien zur poetischen Funktion und pädagogischen Intention. – Berlin: Schmidt.

Kammler, Clemens / Knapp, Werner (Hgg.) (2002): Empirische Forschung im Deutschunterricht. – Baltmannsweiler: Schneider.
Kant, Immanuel (1790): Critik der Urtheilkraft. – Berlin/Liebau: Lagarde und Friederich. – Zitiert nach der Ausgabe: Kritik der Urteilskraft. Herausgegeben von K. Vorländer. – Hamburg: Meiner, 1959.
Kiel, Ewald (2000): Erklären als didaktisches Handeln. Göttingen: Ergon.
Klafki, Wolfgang (1963): Studien zur Bildungstheorie und Didaktik. – Weinheim: Beltz.
Klein, Josef (2001): Erklären und Argumentieren als interaktive Gesprächsstrukturen. In: Brinker, Klaus et al.: Text- und Gesprächslinguistik. Ein internationales Handbuch zeitgenössischer Forschung. II: Gesprächslinguistik. Berlin/New York: de Gruyter, 1309–1329.
Kobarg, Mareike/ Prenzel, Manfred/Schwindt, Katharina (2009): Stand der empirischen Unterrichtsforschung zum Unterrichtsgespräch im naturwissenschaftlichen Unterricht. In: Becker-Mrotzek, Michael (Hg.) 408–425.
Koerfer, Armin (1994): Institutionelle Kommunikation. Zur Methodologie und Empirie der Handlungsanalyse. – Opladen: Westdeutscher Verlag.
Krummheuer, Götz / Voigt, Jörg (1991): „Interaktionsanalysen von Mathematikunterricht. Ein Überblick über Bielefelder Arbeiten". – In: Maier/Voigt. (Hgg.) 7–32.
Kügelgen, Rainer von (1994): Diskurs Mathematik. Kommunikationsanalysen zum reflektierenden Lernen. – Frankfurt/Bern: Lang.
Kuhlmann, W. (1966): Vom Normcharakter der Sprache. Von den Arten der Rede und des Gesprächs. Rhetorische Analyse. – Freiburg.
Kultusministerium des Landes Nordrhein-Westfalen. (Hg.) (1993): Richtlinien und Lehrpläne für das Gymnasium – Sekundarstufe I – in Nordrhein-Westfalen. Deutsch. – Frechen: Verlagsgesellschaft Ritterbach.
Kultusministerkonferenz (KMK) (2004): Bildungsstandards im Fach Deutsch für den Mittleren Schulabschluss. Beschluss vom 4.12.2003. Neuwied: Luchterhand (http://www.kmk.org/schul/home1.htm).
Levinson, Stephen C. (1990): Pragmatik. – Tübingen: Niemeyer. – Originalausgabe: Pragmatics. Cambridge etc.: Cambridge University Press, 1983.
– (1992): „Activity types and language". – In: Drew/Heritage (eds.) 66–100.
Lörscher, Wolfgang / Schulze, Rainer (1994): „Die britische Diskursanalyse". – In: Fritz/Hundsnurscher (Hgg.) 51–68.
Lüders, Manfred (2003): Unterricht als Sprachspiel. Eine systematische und empirische Studie zum Unterrichtsbegriff und zur Unterrichtssprache. Bad Heilbrunn: Klinkhardt.
Ludwig, Otto (1988): Der Schulaufsatz. Seine Geschichte in Deutschland. – Berlin: de Gruyter.
Maier, Hermann / Voigt, Jörg. (Hgg.) (1991): Interpretative Unterrichtsforschung. Heinrich Bauersfeld zum 65. Geburtstag. – Köln: Aulis.
Mazeland, Harrie (1983): „ Sprecherwechsel in der Schule". – In: Ehlich/Rehbein (Hgg.) 77–101.
McHoul, A.W (1978): „The organization of turns at formal talk in the classroom". – In: Language in Society 7, 182–213.
Mehan, Hugh (1979): Learning lessons. Social Organization in the Classroom. – Cambridge (Mass.)/London: Harvard University Press.
– (1985): „The Structure of Classroom Discourse". – In: van Dijk, Teun A. (ed.) (1985): Handbook of discourse analysis. III: Discourse and dialogue (London etc.: Academic Press) 120–132.
Merkelbach, Valentin (1995): „Zur Theorie und Didaktik des literarischen Gesprächs". – In: Christ et al. 12–52.
– (1998): „Über literarische Texte sprechen. Mündliche Kommunikation im Literaturunterricht". – In: Der Deutschunterricht 50, 1, 74–82.
Meyer, Hilbert (1980): Leitfaden zur Unterrichtsvorbereitung. – Königstein/Ts.: Scriptor.
– (1987): UnterrichtsMethoden. I: Theorieband. II: Praxisband. – Frankfurt/M.: Scriptor.

Michaels, Sarah/Sohmer, Richard/O'Connor, Mary Cathrine (2006): Discourse in the Classroom / Diskurs im Klassenzimmer. In: Ammon, U./Dittmar, N./Mattheier, K./Trudgill, P. (Hgg.) Soziolinguistik. Ein internationales Handbuch zur Wissenschaft von Sprache und Gesellschaft. Berlin (de Gruyter), 2351–2366.

Miller, Reinhold (1986): Lehrer lernen. Ein pädagogisches Arbeitsbuch für Lehreranwärter, Referendare, Lehrer und Lehrergruppen. – Weinheim/Basel: Beltz.

Ministerium für Schule und Weiterbildung NRW (1996): Bereinigte Amtliche Sammlung der Schulvorschriften (BASS). (11. Ausgabe) – Düsseldorf.

Mönnich, Annette/Spiegel, Carmen (2009): Kommunikation beobachten und beurteilen. In: Becker-Mrotzek, Michael (Hg.) 429–444.

Nürnberg, Gabriele (1999): Das Unterrichtsgespräch als Textsorte und Methode. – Frankfurt/M. usw.: Peter Lang.

Otto, Bertolt (1907): Geistiger Verkehr mit Schülern im Gesamtunterricht. Unterrichtsprotokolle. – Großlichterfelde.

– (1963): Ausgewählte pädagogische Schriften. Besorgt von K. Kreitmair. – Paderborn: Schöningh.

Petersen, Jörg / Sommer, Hartmut (1999): Die Lehrerfrage im Unterricht. Ein praxisorientiertes Studien- und Arbeitsbuch mit Lernsoftware. – Donauwörth: Auer.

Petersen, Peter / Petersen, Else (1965): Die Pädagogische Tatsachenforschung. Besorgt von Th. Rutt. – Paderborn: Schöningh.

Pfaff, Harald (1983): Dialogregeln im Unterricht. – Frankfurt a.M./Bern: Peter Lang.

Platon (1958) Menon. Sämtliche Werke (Hg. Walter F. Otto / Ernesto Grassi / Gert Plamböck), Bd. 2. – Hamburg: Rowohlt.

Polz, Marianne (2009): Die Entwicklung des Lernbereichs: Von der Rhetorik zur Didaktik mündlicher Kommunikation. In: Becker-Mrotzek, Michael (Hg.) 3–22.

Praxis Deutsch (2005): Präsentieren. In: Heft 190.

Prior, Harm (1985): „Sozialformen des Unterrichts". – In: Lenzen, Dieter (Hg.) Enzyklopädie Erziehungswissenschaft. IV: Otto, Gunter / Schulz, Wolfgang. (Hgg.) Methoden und Medien der Erziehung und des Unterrichts (Stuttgart: Klett-Cotta) 143–159.

Quasthoff, Uta (2009): Entwicklung der mündlichen Kommunikationskompetenz. In: Becker-Mrotzek, Michael (Hg.) 84–100.

Ramge, Hans (1980): „Korrekturhandlungen von Lehrern im Deutschunterricht". – In: Ramge, H. (Hg.) (1980): Studien zum sprachlichen Handeln im Unterricht (Gießen: Schmitz) 132–157.

– (1983): „Unterrichtspläne als komplexe Handlungsformen im Deutschunterricht". – In: Ehlich/Rehbein. (Hgg.) 157–176.

Redder, Angelika (1984): Modalverben im Unterrichtsdiskurs. Pragmatik der Modalverben am Beispiel eines institutionellen Diskurses. – Tübingen: Niemeyer.

– (Hg.) (1982): Schulstunden 1. Transkripte. – Tübingen: Narr.

Rehbein, Jochen (1977): Komplexes Handeln. Elemente zur Handlungstheorie der Sprache. – Stuttgart: Metzler.

– (1985): „Institutionelle Veränderungen. Fokustätigkeit, Fragen und sprachliche Muster am Beispiel einer Geschichts- und Biologiestunde". – In: Kokemohr, Rainer / Marotzki, Winfried (Hgg.) Interaktionsanalysen in pädagogischer Absicht (Frankfurt/Bern: Lang) 11–45.

Rehbock, Helmut (1981): „Nebenkommunikationen im unterricht. funktionen, wirkungen, wertungen". – In: Baurmann, J. / Cherubim, D. / Rehbock, H. (Hgg.) Neben-Kommunikationen. Beobachtungen und Analysen zum nichtoffiziellen Schülerverhalten innerhalb und außerhalb des Unterrichts (Braunschweig: Westermann) 35–88.

Rein, W. / Pickel, A. / Scheller, E. (1895): Theorie und Praxis des Volksschulunterrichts nach Herbartischen Grundsätzen II: Das zweite Schuljahr. Ein theoretisch-praktischer Lehrgang für Literatur, Lehrerinnen und Lehrer sowie zum Gebrauch in Seminaren. – Leipzig: Heinrich Bredt.

Reinmann, Gabi / Mandl, Heinz (2006): Unterrichten und Lernumgebungen gestalten. In: Krapp, Andreas/Weidenmann, Bernd (Hgg.): Pädagogische Psychologie. Ein Lehrbuch. (Weinheim/ Basel: Beltz (5. vollst. überarb. Aufl.)), 613–658.
Richert, Peggy (2005): Typische Sprachmuster der Lehrer-Schüler-Interaktion. Empirische Untersuchung zur Feedbackkomponente in der unterrichtlichen Interaktion. Bad Heilbrunn: Klinkhardt.
Ritz-Fröhlich, Gertrud (1977): Das Gespräch im Unterricht. Anleitung – Phasen – Verlaufsformen. – Bad Heilbrunn: Klinkhardt.
Rössner, Lutz (1967): Gespräch, Diskussion und Debatte im Unterricht der Grund- und Hauptschule. – Frankfurt/M.: Diesterweg.
Rolf, Eckard (2005): Metaphertheorien. Typologie – Darstellung – Bibliographie. Berlin/New York: de Gruyter.
Rothland, Martin (2001): Anmerkungen zur Aufsatzbeurteilung. – In: Der Deutschunterricht 53, 1, 84–88.
Sacks, Harvey / Schegloff, Emanuel A. / Jefferson, Gail (1974): „A simplest systematics für the organization of turn-taking for conversation". – In: Language 50, 696–735.
Schröder, Peter / Steger, Hugo (Hgg.) (1981). Dialogforschung. Jahrbuch des Instituts für deutsche Sprache 1980. – Düsseldorf: Schwann.
Schultze, F. E. Otto (1926): Grundlegung der Pädagogik. I: Empirische Phänomenologie des Unterrichts. – Langensalza: Julius Beltz.
Schwitalla, Johannes (1997): Gesprochenes Deutsch. Eine Einführung. – Berlin: Erich Schmidt.
Sinclair, John McH. / Coulthard, Malcolm (1977): Analyse der Unterrichtssprache. Ansätze zu einer Diskursanalyse dargestellt am Sprachverhalten englischer Lehrer und Schüler. Übersetzt, bearbeitet u. herausgegeben v. H.-J. Krumm. – Heidelberg: Quelle & Meyer. – Originalausgabe: Towards an analysis of discourse. London: Oxford University Press, 1975.
Spanhel, Dieter (1971): Die Sprache des Lehrers. Grundformen des didaktischen Sprechens. – Düsseldorf: Pädagogischer Verlag Schwann.
Spinner, Kaspar H. (1997): „Reden lernen". – In: Praxis Deutsch 144, 16–22.
Spitta, Gudrun (1992): Schreibkonferenz in Klasse 3 und 4. Ein Weg vom spontanen Schreiben zum bewussten Verfassen von Texten. – Frankfurt/M.: Cornelsen: Scriptor.
Sturm, Jan (1983): „'Lernen durch Reden'. Zur Funktion der Beobachtung kommunikativer Strukturen in der Schule für die Lehrerfortbildung und die Curriculumentwicklung". – In: Ehlich/Rehbein (Hgg.) 243–258.
Tausch, Annemarie / Tausch, Reinhard. ([10]1991): Erziehungspsychologie. Begegnung von Person zu Person. – Göttingen usw.: Hogrefe (1.A.: 1963).
Ulshöfer, Robert ([4]1969): Methodik des Deutschunterrichts Bd.1: Unterstufe. – Stuttgart: Klett. (1.A.: 1963).
Vogt, Rüdiger (1998): „.... ich wollt jetzt gern aufhören! Über die Schwierigkeiten, im Unterricht eine Diskussion zu einem Abschluss zu bringen." – In: Der Deutschunterricht 50, 1, 14–25.
– (1998): „Lehrer Macht Unterricht. Zur Normalitätskonstitution im Klassenzimmer". – In: Gloy, Klaus / Januschek, Franz. (Hgg.) Sprache und/oder Gewalt. Osnabrücker Beiträge zur Sprachtheorie 57. 117–136.
– (2006): „Metapher erklären". In: Jost, R. / Knapp, W. / Metz, K. (Hrsg.): Arbeit an Begriffen. Fachwissenschaftliche und fachdidaktische Aspekte. (Baltmannsweiler: Schneider Hohengehren) 75–92.
– (2002): Im Deutschunterricht diskutieren. Zur Linguistik und Didaktik einer kommunikativen Praktik. – Tübingen: Niemeyer.
Voigt, Jörg (1981): „Die heimliche Organisation von Aufgabelösungsprozessen im Mathematikunterricht einer achten Klasse". – In: Bauersfeld et al. 172–222.
Watzlawick, P. / Beavin, J. / Jackson, D.D ([4]1974): Menschliche Kommunikation. Formen, Störungen. Paradoxien. Bern etc.: Huber (1.A.: 1969).

Weigand, Edda. (1989): „Grundzüge des Handlungsspiels UNTERWEISEN". – In: Weigand/ Hundsnurscher (Hgg.) 257–271.
– (1994): „Dialoganalyse und Sprachunterricht". – In: Fritz/Hundsnurscher (Hgg.) 411–428.
Weinert, Franz E. / Helmke, Andreas (Hgg.) (1997): Entwicklung im Grundschulalter. – Weinheim: Psychologie Verlags Union.
Weingarten, Rüdiger / Pansegrau, Petra (1993): „Argumentationsstile im Unterricht". – In: Sandig, Barbara / Püschel, Ulrich (Hgg) Stilistik III: Argumentationsstilistik (Germanistische Linguistik 112-113) (Hildesheim: Olms) 127–148.
Werner, Johannes (1996): Literatur im Unterrichtsgespräch – Die Struktur des literatur-rezipierenden Diskurses. München: Ernst Vogel.
Wieler, Petra (1989): Sprachliches Handeln im Literaturunterricht als didaktisches Problem. – Frankfurt/M. usw.: Peter Lang.
– (1998): „Gespräche über Literatur im Unterricht. Aktuelle Studien und ihre Perspektiven für eine verständigungsorientierte Unterrichtspraxis". – In: Der Deutschunterricht 50, 1. 26–38.
Wiersing, Erhard (1983): „Prozessualität und Situationsbezogenheit kommunikativer Akte im Unterricht". – In: Ehlich/Rehbein (Hgg.) 355–370.
Winkel, Rainer (1986): Die kritisch-kommunikative Didaktik. – In: Gudjons, H./Teske, R./Winkel, R. (Hgg.) (1986): Didaktische Theorien (Hamburg: Bergmann + Helbig) 79–93.
Winnefeld, Friedrich (^{2}1963): Pädagogischer Kontakt und pädagogisches Feld. Beiträge zur Pädagogischen Psychologie. – München/Basel: Ernst Reinhardt.
von Wright, Georg Henrik (1974): Erklären und Verstehen. Frankfurt/M.: Fischer Athenäum.
Wuttke, Eveline (2005): Unterrichtskommunikation und Wissenserwerb. Zum Einfluss von Kommunikation auf den Prozess der Wissensgenerierung. Frankfurt/Bern: Lang.
Zifonun, Giesela / Hoffmann, Ludger / Strecker, Bruno (1997): Grammatik der deutschen Sprache I. Berlin/New York: de Gruyter.

Bei Fragen zur Produktsicherheit wenden Sie sich bitte an:
If you have any questions regarding product safety,
please contact:

Walter de Gruyter GmbH
Genthiner Straße 13
10785 Berlin
productsafety@degruyterbrill.com